西周

公元前1046年——前771年

三百年

团结出版社

图书在版编目（CIP）数据

西周三百年：公元前 1046 年至前 771 年 / 张信觉著
. -- 北京：团结出版社，2021.4（2024.7 重印）
ISBN 978-7-5126-8464-5

Ⅰ . ①西… Ⅱ . ①张… Ⅲ . ①中国历史－西周时代－
通俗读物 Ⅳ . ① K224.09

中国版本图书馆 CIP 数据核字（2020）第 225735 号

出　版：团结出版社
　　　　（北京市东城区东皇城根南街 84 号　邮编：100006）
电　话：（010）65228880 65244790（出版社）
　　　　（010）65238766 85113874 65133603（发行部）
　　　　（010）65133603（邮购）
网　址：http://www.tjpress.com
E-mail：zb65244790@vip.163.com
　　　　tjcbsfxb@163.com（发行部邮购）
经　销：全国新华书店
印　装：天津盛辉印刷有限公司

开　本：170mm×240mm　　16 开
印　张：21
字　数：257 千字
版　次：2021 年 4 月　第 1 版
印　次：2024 年 7 月　第 4 次印刷

书　号：978-7-5126-8464-5
定　价：58.00 元

从西周看历史的嬗代

　　中华上下五千年，历史来到东周也就是春秋战国时代，形势才逐渐明朗起来。对于一切历史元素，人们便习惯只追溯到春秋战国时代。但是，如果拒绝溯源东周以前的历史，那么很多事物，包括后来中国的思想文化，以及政治和社会制度，都会成为无源之水。

　　要看清中国历史发展和嬗代，不可忽视东周之前的西周时代，它隐藏中国历史发展的不少秘密。

　　就思想文化而言，如果没有周公进行礼制改革，没有他提倡的礼乐文化，就不会有孔子创立的儒家学派，不会有汉武帝的独尊儒术，不会有近两千年中国政治统治的基调。就政治制度而言，没有封建制和爵位制等的探索与实践，就不会有战国秦汉郡县制和秩禄官僚制；没有西周时代的军事和政治扩张，将中华文明扩散到更广的范围，就不会有后来秦始皇统一中国的基础。就社会制度而言，西周时代形成的以家（家族）为社会和国家基本单位的宗法体制，一直是几千年中国社会的一大特征。

　　长久以来，因为西周史料缺失和东周朝廷的孱弱，造成大多数人对周朝的误解，认为这是一个无足轻重的朝代。其实，周朝的重要性，比想象的大得多。没有西周时代丰厚的积累和沉淀，就不会有后来时代的收成。即使东周衰落，其文化软实力仍然是超然的存在。包括晋、齐、鲁、郑、卫等在内，遍布中原大地的诸侯国，都是西周王朝遗产的传承者。

千年以来，西周的遗产或是显性或是隐性地根植于中国社会，润泽中华文化的根基，塑造中国人的集体性格，影响历史的发展。要了解中国文化精神，不能不了解西周的遗产。而了解西周的遗产，必须从了解西周的历史开始。如果一个时代的历史，不能说清楚来龙去脉，想要人们接受其他观点，只会枉费心机。

从传世文献资料去了解西周，所得甚寡。但二十世纪以来，学界在青铜器考古方面的收获，弥补了部分遗憾。在今日尝试重述西周历史，有了更大的可行性。

本书以《史记》《尚书》《诗经》等经典文献为主干，参考出土青铜器记载，在尊重切实证据的前提下，在尊重客观事实的框架内，致力于还原一幅完整、连续、丰满、生动的西周历史图景。在叙述历史的同时，本书也对西周的政治、军事、社会制度和思想文化方面进行相应探讨，以期让读者对这一时代有更深刻的了解。

借助西周历史，发现三代文化到秦汉文化嬗代之清晰脉络，从而对中国历史文化的发展，有豁然贯通的感觉，这是本书预设的目的。希望这本书籍，让更多人较为清晰地认识西周时代，以及其他流传下来的珍贵遗产，从而增强对我们民族历史和文化的信心。

目录

主要参考文献

周族兴起

第一节　周朝始祖农神后稷

<table>
<tr><td>

姜嫄生后稷的传说

</td><td>

周朝王族始祖，可以追溯到尧舜时代的后稷。据说后稷之母姜嫄，原是帝喾之妃。[①]一次到郊外，看到巨人的足迹，踏上后怀孕，生下了后稷。

</td></tr>
</table>

姜嫄生下后稷后，认为不祥，丢弃在小巷。很奇怪，经行过的牛马看到被丢弃的婴儿，好像有灵性，都避让开他，有的还喂他吃奶。姜嫄又想把他丢到树林里，恰巧山林人多，就放在结冰的河上。奇怪的事情又发生，天上的鸟儿都停在他身边，用羽翼覆盖其身躯，为他遮寒保暖。母亲姜嫄觉得有神灵在保护他，于是改变想法，决定养育后稷。

[①]　帝喾为上古五帝之一。一般认为，五帝为黄帝、颛顼、帝喾、尧、舜。

因为被丢弃过几次，姜嫄又叫后稷为弃。

"稷"为五谷之长，在上古时代，是人民的主食。在某种意义上，"稷"就是农业文明的标志。有了它，人们就能很好地生存，并组建起稳定的社会组织。而主导农作物种植生产，不断提高技术和产量的人物，无疑是那个时代的领袖人物。"后"，在甲骨文中的字形是一个人加一个口（见图1-1），意味发号施令的人，后世引申为"王"。

图1-1
"后"的甲骨文字形

后稷，即主管农业生产的首领，后世把他尊为农业之神。

后稷对游牧采集文明转向
农业文明的贡献

后稷很小就表现出对农业生产的兴趣和种植的智慧。小时候种植大豆，就栽培得很茂盛。穗叶盈盈，田无杂草，果实饱满。后来学习种植庄稼，他懂得选择优良品种，芟刈杂草害虫，种出来的谷禾果实累累，超出常人。[1]

因此，后稷在部族中，很快就出乎其类，拔乎其萃了。因为他的才能，后稷被推举为部族领袖。他与夏朝始祖禹、商朝始祖契同在舜帝朝廷为臣。在舜帝的领导下，后稷播植百谷，解决了黎民食不果腹的问题。而后因为功劳，他被分封到了一个叫邰（今陕西省武功县西南）的地方。

———————

[1] 见《诗经·大雅·生民》。

后稷的相关事迹，以近乎神话的面孔，留给了我们祖先从游牧文明转向农耕文明的历史记忆。在更早的社会发展阶段，人们的食物只能靠渔猎、采集获得，生活漂泊不定。正是后稷对农业种植技术的革新和推广，极大改变了人们生存方式。人们从四处迁移，逐水草而居，转变到定居于一处水草丰茂的住所。有了农业生产的保障，人类才可安心生殖繁衍以及发展文化。

周人认为，后稷的功德，与天同高。祭祀之时，用他配享于天。每年大祭，周人都舂米蒸饭，杀羊宰牛，载歌载舞来到祖庙，请求先祖庇佑，祈祷来年丰收。这位先祖，在他们心目中，处在无可取代、至高无上的地位。

周人以农耕起家，擅长种植，也因之得名。"周"字在上古，便是方方正正农田的形状（见图1-2）。大约在殷商时代，甲骨文便有了周国的记载。那个时候，华夏民族不但习惯了农耕，而且已建立起具有一定规模的城邦。

图 1-2
"周"的甲骨文字形

<table>
<tr><td>**公刘迁都于豳，
开启周的兴盛**</td><td>后稷之后，不知过了几世几代，到夏朝末期，天下大乱。夏王不再重视农业生产，周人首领不窋丢失稷官职位，率领族人逃离到戎狄边境。周</td></tr>
</table>

人与戎狄毗邻，受其影响，染上游牧部落风气。

不窋之后三世，到了公刘时代，周人重振农业生产。公刘带领族人因地制宜，精耕细作，农业收成增长，部族慢慢富庶。周族兴旺之后，远近人民闻其美名，扶老携弱前来投靠。

为了满足日益增长的部落需求，公刘带领周人把都邑迁到豳（今陕西省彬县一带）。在决策之前，公刘对豳地进行了详细的调查。[①]他登上山岗，观测日影，比较山南山北的优劣。又考察土壤，观测流水的方向。然后对这块广阔的平原做出规划，农田、居民区、宗庙等分置有序。

周人群策群力，渡过渭水采运石料，深挖地基；就山伐木，架设房橼。新的都邑，就这样建设起来。而后周人整治旧居的田地，收割粮食，装载满车，浩浩荡荡开往新的目的地。

周人把新都邑称为"京师"，古代首都称为"京师"，便来源于此。司马迁说，周族的兴盛，自公刘时代始，诗人乐思歌咏其德。

第二节　公亶父和季历的耕耘

公亶父修德行义，迁都周原

在公刘数个世代后，周人再次迁都。这一次，主持迁都的首领是"公亶父"，又称"古公亶父"。西周建立后，追尊其为"太王"。从公亶父开始，周人步入一个新的历史发展阶段。

从前周人是一个农耕民族，以掌握先进的农业种植技术闻名。长期具有优越的物质条件，必然促使上层建筑的变化。在公亶父时代，以发

---

① 见《诗经·大雅·公刘》。

达的农业生产为保障，周人社会已经发展成为一个较强大的城邦政治体，有确定的疆域和农业生产收入。人民闲时务农，战时为兵，领袖既是政治上的领导，也是宗族内的领导。这时的周人社会，可称之为国家。现代出土的殷商后期的甲骨文（见图1-3）和青铜器，就有不少商朝和周国来往与纠纷的记录。

图1-3　周原甲骨文，1977年，在陕西省岐山县凤雏村一座西周建筑遗址的窖穴内出土。其中龟腹甲13600余片，牛肩胛骨300余片。内有289片龟腹甲刻有文字。每片字数多寡不等，少的1字，多的30字。文字内容或出自商人，或出自周人，其产生在商周之际。

公亶父积德行义，在政治治理方面有很大成就。周边国家和人民，都钦羡周国的富庶和领导人的名望。但周国的出众，引起戎狄的窥视。他们觊觎周人的良田美土，又想占有周人的财产人口，一次次纵兵南下，对豳地骚扰抢劫。豳地是先人故土，公亶父自然不会轻易放弃。他整治军队，展开了与戎狄的艰苦抗争。但戎狄行止不定，倏忽而来，倏忽而去，令周人疲于奔命。长此以往，极大影响了周人的生产和生活。

看着一具具因抵抗戎狄而丧生的族人尸体，公亶父心生悲悯，说：
"族人拥立我为君长，是想让我保护他们，给他们安定的生活。现在戎
狄侵凌，我被迫把他们驱入战争的苦海，丢失了性命，让他们的妻子失
去丈夫，孩子失去父亲，于心何忍？"戎狄又本性贪婪，不明礼义，争
端不能通过外交途径解决。经过再三思虑与商议，周人集体决定了妥协
退让的策略。他们认为，不必用鲜血和性命，与戎狄一较短长。凭借先
进的生产技术，换一个新的居所，仍旧可以扎根成长。

公亶父迁都的决定，还基于一个重要的考虑。就是经过数个世代
的生殖繁衍，周族人口数量越来越多，豳地平原的承载能力接近瓶颈。
《诗经·大雅·绵》云："绵绵瓜瓞，民之初生。"周人的子孙，像瓜一
样一个一个地生长出来。人是多了，但土地、林木、水源却没有增加。
于是，寻找一块更广阔的良田美土，让周人安居乐业，成为公亶父新的
政治责任。

为了寻找新的定居地点，公亶父沿着渭水西行，来到岐山脚下的周
原（今陕西省岐山县、扶风县和眉县的一部分）。这里是一片广阔而又
肥美的大平原，林木流水资源丰沛，野菜甘甜。公亶父召集族人，共同
商议迁都大计。为了预测决策是否吉祥，使用了龟甲占卜。占卜的结果
是好的，周人于是决定迁徙到周原。

在殷商时代，占卜预测是一种先进文化形式，为殷商贵族所有。周
国兴盛后，吸收了这种来自中央王国的先进文化。从公刘到公亶父时
代，周族的崛起，不仅是人口的增加、经济的富庶，还有文化水准的
提升。

公亶父在周原建立的城邦，无复先代的穴居土处，拥有华丽的城郭
宫室。为了整体统筹，公亶父任命了司徒、司马、司空、司士、司寇等

职官，作为助手。居民家室、宗庙、土神庙、宫殿齐齐动工，一时百堵皆兴，工人的劳作声掩盖了锣鼓声。宗庙庄严，以祭祀祖宗，感恩庇佑；神庙宏伟，以祭祀土神，护佑农业丰收。宫殿建有皋门（外门）、应门（正门），大道宏阔，雕筑精细，初具后代宫殿格局。

<table>
<tr><td>

公亶父传位季历，设立虞国

</td><td>

公亶父娶姜氏女，生太伯、虞仲和季历三兄弟。按理，应传位于长子太伯。但季历生了儿子姬昌，聪明伶俐，有吉祥兆瑞，深受晚年的公亶父

</td></tr>
</table>

喜爱。公亶父说："周族人后世的崛起兴盛，责任就在这孩子身上吧。"于是，公亶父破除传统，把大权传给三子季历。

为了避免兄弟内斗，公亶父把太伯和虞仲分封到虞地。这是一块周人刚开拓的荒地，在今山西省南部。太伯和虞仲受命，在那里建立城邦堡垒，充当周人扩张的前头部队。

公亶父能把儿子分封到如此遥远的地方，说明周国在他统治的后期，实力已经十分强大。当时正值殷商末期，由商汤建立的中央王国，经过五百多年的兴衰交替，影响力逐渐减弱。末期的殷商朝廷更是政治腐败，帝王贵族生活荒淫，四方诸侯离心。面对边疆戎狄的频繁入侵，殷廷无力征伐。

周国趁此时机，迅速崛起，占领有利地理位置，填补殷商留下的权力真空。在虞地设立根据地，是周国和殷廷协议的结果。殷廷无力抵御戎狄，是以把北方托付周国。公亶父借助这个重要契机，扩张周国的势力。从虞地向北可以与戎狄争夺汾水流域，向东可以进入商朝京畿地区，向南可以越过黄河进入洛水流域，战略意义重大。在宗族政治时代，公

亶父当然不会信任其他人，他把这个艰巨的任务，交给了两个亲儿子。

季历为殷商抗狄，被诬陷冤杀

季历时代，周国和殷廷是方国和中央王国的关系，方国首领和殷帝是臣与君的关系。殷商贵为中央王国，不但军事强盛，文化、经济上也远远超越各方诸侯，受四方景仰拥戴。殷帝受命于天，贵为天子，万民皆为臣属。殷帝对周人提出要求，甚至调动他们的军力、物力，周人在法、理、情上是不能拒绝的。

殷商末期，西北方戎狄频频入侵，周国就成了殷廷用以抵御戎狄的重要军事力量。商帝武乙时代，季历奉命征讨鬼方部落，大获全胜，俘虏二十位翟王，歼灭战士不计其数。此次征伐鬼方，耗时三年，[①] 其中艰险卓绝，自不待言。季历两位大哥建立的虞国，处在中原与戎狄接壤边沿，当发挥不小作用。战胜鬼方后，季历亲自到殷廷，向帝武乙禀报胜利情况。帝武乙大悦，赏赐季历京畿之内封地三十里，以及珠玉、宝马一定数量。

季历的胜利，增强了殷廷对他的信任，继续任命他在西北地区与戎狄作战。数十年内，季历带领周国军队与鬼方戎、燕京戎、余无戎等进行多次战争。这些战争有胜有败，但胜多败少。周国的力量越来越强大，成为保卫中原王朝的坚固长城。鉴于季历的卓著功勋，商帝文丁封其为"牧师"，又称西方牧师。

周国实力不断增强，引起了统治阶级的警惕与猜疑。殷商贵族害怕

---

① 《周易》："震用伐鬼方，三年有赏于大国。"

周国的壮大最终会威胁到他们的统治。于是，他们开始制造流言蜚语，在商帝面前谮毁季历。三人成虎，帝文丁听信谣言，将季历下狱。不久，又将这位他亲自授予"牧师"称号的功臣处死。[①] 囿于臣属关系，季历不敢反抗，且考虑到背后还有千千万万族人的性命，季历也不敢轻易赌博。

季历之死，对周国蓬勃发展的事业，是个沉重的打击。面对这起冤案，周人只能打落牙齿往肚子里吞。这反映出周人的力量虽然在不断壮大，但还不足以与中央王国叫板。正当青年的姬昌还显稚嫩，但却表现出超乎寻常的隐忍和深沉。他把父仇深埋心底，统率国人，毕恭毕敬地侍奉殷朝。姬昌决心将悲痛化为力量，把周国经营得更加兴旺强大。

第三节　独夫的王朝

殷商统治五百余年，由盛转衰

由商汤王建立的商朝，延续了五百多年的统治。五百多年来，殷商虽然几度兴衰，却一直能保持着中央王国的权威，统御四方部落方国，享受它们的朝贡。

殷商时代是中华文明发展形成的重要时期。集体耕作形式的推广使用，促使农业生产力提升，大都邑开始形成。成熟的青铜器制作工艺，

---

① 古本《竹书纪年》："文丁杀季历。"

展现出大国文明皇皇气魄。文字在这个时代获得长足进展，数千年后，人们还能依靠掩埋在地下的甲骨符号来研究解读殷商文明。中国人思考宇宙的思维方式，对集体或个人进行道德判断的价值标准，也在此时奠基。通过国家组织形式，商人把这种文明的力量，扩及周边区域，形成一个华夏文明圈。

殷商先王创造了强大的国家和璀璨的文明，然而经过五个世纪的风雨侵蚀，终究阻止不了垂垂老去、终至灭亡的命运。商代最后一个帝王商纣，在中国历史上，堪称昏君暴君第一典型。在他之前的夏桀，因为年代太古，事迹难考。有学者认为，商纣的罪恶，是夏桀的翻刻，有人为复造痕迹。后世因有儒家超强制约力量，君王昏聩暴虐程度，远不及商纣。

通常，人们对亡国之君情感复杂，哀恨交集，有时甚至哀多于恨。但对于商纣，几乎是清一色的贬损批评。这其中，后世对其的一再贬低和抹黑起了不少作用。亚圣孟轲无视君臣大统，斥之为"独夫"。对于周武王灭商，孟轲说："闻诛一夫纣，未闻弑君也。"司马迁对纣王的描写，集残暴、荒淫、自是、自恋于一体，达到不可理喻的地步。

纣王逞能自是，暴虐荒淫

商纣王暴享千古骂名，说明他绝对不是一个普通的昏君。相反，他是一个聪明的君王，一个自作聪明的君王。在司马迁的笔下，商纣拥有很好的资质。他内在记性好，思维敏捷，分辨能力和接受能力强；外在高大魁梧，体力过人，心雄胆壮，敢徒手搏杀野兽。

拥有如此良好的内外本性，如好好利用，最低下限也是一个同代的杰出人物。然而商纣觉得自己如此聪明武勇了，又高居天子之位，便飘飘然，开始眼中无物、目中无人。商纣喜欢在下属面前夸耀才能，跟武将比武艺，跟文臣比口才，处处争强于人。遇上理亏的，强逞口才，大言皇皇，狡猾地把非说成是。在商纣王看来，贵为天下至尊，已经不是极乐，而是处处争强，事事较胜，没有人比上我，才是最大快乐。这是一个自作聪明、自以为是的人，病症发展到极致状态的癫狂表现。

商汤灭夏，自称奉天之命，致天之罚。对于天命的敬仰，商纣走到先祖的另一个极端："我生不有命在天乎！"他自命聪明绝顶，连命运、上帝都站在自己一边。无论予取予求、为所欲为，都不会失败。历史记载辅佐商纣的贤臣，微子启、王子比干、箕子、商容、祖伊等，都是有名望的贤人。他们或私下讽喻，或直言强谏，希望商纣改过迁善，洗心革面。但对于一个师心自用的人，这些苦口婆心毫无效果，相反还激起了他的怒火和报复。

商纣制定了残酷的刑罚，来惩治对他不忠不顺的人。这些刑罚中，最残忍的是炮烙之法。但凡激起了他的怒火，商纣必疯狂报复。九侯和鄂侯在殷廷位居三公，位高权重。九侯家女儿很美丽，献给了纣王。因为她不喜好男女淫乐，不能取悦君心，被商纣杀死。商纣怨女及父，逮捕九侯，扔进沸鼎里活活烧成肉酱。

鄂侯心不平，与商纣争执廷堂，毫不退让。商纣怒火如狂，把鄂侯处死，尸体砍成碎片。王子比干以叔父之亲，多次强谏，也激怒商纣。他说："听说圣人心有七窍，不知叔父心有几窍，吾欲得之一观。"于是凶残地剖开比干腹部，掏出心肝来验证。商纣倒行逆施，举朝噤若寒蝉，逃跑的逃跑，不逃的也乖乖闭嘴。

商纣有个宠爱的女人，叫妲己。为了取悦这个被后世妖化了的女人，商纣对其言听计从，无所不用其极。不但在内宫全听她的，即使国家大事，也任由其插手。在商纣看来，举凡天下之事，不过游戏一场。只要能让自己开心，何乐而不为？特别是他看到满朝文武官员，被妲己抢白得敢怒不敢言，心里更乐开花。那些冠冕堂皇的人，只是一群蠢蛋而已，哪及得上爱妃的万分之一？

为了供应自己和妲己的淫乐，商纣搜刮尽天下财物珍奇，为己所有。他把粮食搜集在一个叫钜桥的地方，把金钱珠宝搜集在一叫鹿台的地方，把珍贵的飞禽走兽搜集在沙丘苑，而且不断扩大规模。商纣就在里面纸迷金醉，彻夜为欢。悬肉成林，聚酒为池，男女裸戏，无所不为。大概他的人生理想，就是永永远远这么享受下去。

如果说商纣王从祖宗那里继承了一棵参天大树，那么他就像一只大害虫，把枝干里面蠹空，只剩腐朽的空壳。只要有人上来推一把，这个维系了五百多年的王朝，就应声而倒。在商纣王在纵情作乐时，他不会知道，在中央王国的西隅，一个原来弱小的方国，已经慢慢壮大实力，收拢民心。他们的领导者挟着父仇民怨，缓缓向他压迫过来。这种压迫不会让对手迅速重伤死亡，但会一点一滴抽去流动的血液，最后让对手油枯灯尽。

第
二
章

文王的扩张

第一节　姬昌渭水觅圣人

姬昌天赋异禀，治平周国

季历死后，儿子姬昌继承为周国领袖。姬昌母亲是太任，季历娶自挚国。太任品性端庄，举止遵从礼仪，是位有很深修养的妇人。自太任怀孕后，目不视恶色，耳不听淫言，口不出敖言，杜绝与负面事物接触。到了夜晚就让瞽官诵诗，讲述伟大人物英雄故事。太任在姬昌还在母胎时，就注重对孩子的感化影响，这是中国关于胎教的最古老记载。[①] 姬昌生下来后，果然聪明伶俐，闻一知百，不论文才或武艺，远超他人。

---

① 见刘向《古烈女传》、贾谊《新书》。

因为姬昌诞生时，有神鸟衔丹书落于屋顶，祖父公亶父认为这是圣瑞。又见他生而颖慧，举凡文字占卜、祭祀祝祷、宾见礼节、军事武艺、治民理事，一学就会，触类旁通，更宠爱异常。因为对姬昌的偏爱，公亶父舍弃了大儿子和二儿子，把首领的宝座传给三儿子季历。

公亶父预见，未来周族必然强盛壮大，取商朝而代之。而孙子姬昌，就是这份伟大事业的承担者。公亶父坚信，他的孙子天赋异禀，绝对不负所托。

姬昌继承父亲权位后，事必亲躬，勤政爱民。他穿着简朴的衣服，到农田巡查，划定田埂疆界，从早上忙到午后，无暇用餐。他关爱小民，体恤鳏寡孤独，做到老而无子，有所供养；长无兄弟，有所居处；少无父母，有所依靠。邦族之内，无一遗漏。他恭正肃己，勤于政务，不敢游逸田猎。

周文王之施政，如日月光照于西土，不因为大国凌辱小国，不因为人多欺负人少，不因为势大侵夺于人。故而，周文王贤德的美名，传遍四方。四方黎民百姓，争先恐后前来投靠。就连偏远的孤竹国的伯夷、叔齐，听说西伯善养老，也前往投靠。

周文王姬昌不但是周朝的英雄祖先，也是中国人备受推崇的圣君。《诗经》中专属姬昌的歌颂篇章，就有十数首。这些诗歌有两个主题，一是歌颂姬昌受天之命，艰苦创业，壮大周国；二是歌颂姬昌施行德政，慈惠爱民。周文王因此而形象更加丰隆，道德更加伟岸。《维天之命》中称赞他道："文王之德之纯！"这是对姬昌的无上褒扬。

姬昌招揽英贤，等待圣人

饶是文王如此优秀，但成就伟大的事业，一个人的力量毕竟是薄弱的。周文王必须延揽更多英才，辅佐他富强周国。在姬氏宗族之中，就有不少俊杰。文王的兄弟虢叔、虢仲很有才干，文王任命他们为卿士。文王叔辈的后代"八虞"，是八个有才能的人，文王量才录用。子侄辈的姬发、姬旦、姬奭，也委以一定量的事务，增加他们的经验，锻炼他们的能力。

除了本族人，周文王还招徕太颠、闳夭、鬻子、散宜生等外族英豪，为周所用。殷廷中不满商纣荒淫暴虐，投奔周国而来的，也不乏其人。辛甲就是多次强谏纣王，不被采纳，投奔西周而来。周文王封他为太史，赐之田土城邑。

周文王英名远播，贤达之士投奔而来，如水之流下。[①] 按理说，有了那么多贤人辅佐后，姬昌可以悠闲得乐，垂拱而治。

然而姬昌知道，仅仅依靠目前的人才，无法成就周国代商的重任。伟大的事业，需要卓绝的人才。这样的人才，出神入化，名为圣人，百年不一出。祖父太王临死前，就经常念叨："我们周国兴旺富强，一定有圣人出世辅佐。我行将入土，等不到了。但你们要记得，这位圣人一定到来，记得善待他。"

姬昌甫一执政，就四方招贤纳才。几十年过去了，他招揽到很多英才，然而没有一个具有雄韬伟略、能帮助他制定改朝换代大战略的人。

---

① 《诗经·文王》云："济济多士，文王以宁。"

看着自己也白发渐生，姬昌内心叹息："难道这个圣人不来了吗？难道我只能像祖父一样，嘱托子孙等待圣人到来吗？"

姜太公家道没落，困顿半生

周朝开国太师吕尚，有很多名号。他姓姜，氏吕，名尚，字子牙。姜太公、姜子牙、吕尚，都是他的名号。

周文王叫他"太公望"，因为他是祖父生前渴望得到的圣人。周武王叫他"师尚父"，是尊他为师傅。

姜太公上溯数十代，祖上也是显赫的人，曾经辅佐大禹治水有功，被封在吕地，因地为氏。子孙相承到姜太公这代，已经沦为庶民，家道破落，无复先世辉煌。

姜太公的一生，是坎坷的一生、困顿的一生。他生不逢时，不遇伯乐，活到六七十岁，还为口食苦苦奔波。为了谋生，他务过农，做过行商，卖过猪肉。曾经饥寒冻馁，流离失所。

历史上大器晚成的人物，最迟也会在四五十岁时，实现生命的转向。而姜太公一直到须发斑白、子孙绕膝，还是柴门茅舍，清贫寂寥。普通人走到这一步，早等着闭眼撒手，痛快西去。但姜太公却是那特别的一个，纵然白发萧疏，纵然气力衰弱，仍然壮志在心，豪情满怀。

中国人向来有崇古崇老的思想倾向。时代愈古，社会愈好。年纪愈大，智慧愈高。姜太公就是那种智慧随着年纪与日俱增的人。后世流传的资料很少，人们不知道姜太公师承何处、受学何人，好像他的智谋和学问，都是独创的。后世学习权谋和兵法的人，都师法其秘术，尊其为祖师。

我们姑且相信，姜太公的智慧是在其聪慧心灵的基础上，通过岁月熬练出来的。太阳底下，并无新事。如果普通人觉得是新事，那么只是他第一次看到。然而对于一个六七十岁的老人来说，世间已经没有他不见闻过的事。很多事情，世人看来纷繁复杂，自姜太公看来，却清晰如一两根线条。

这位伟大而又神秘的老人，看穿人们心里的想法，洞察人与人之间的关系，也理解社会运转的规则。他仿似开了天眼，视天下如股掌，运天下如反掌。

姜太公勘破天机，策杖西行

姜太公看明白，商朝的辉煌已成往事。数代帝王以来，都没有能力统领天下诸侯。如今纣王在位，遍施酷政，苦虐百姓，流毒四海。民怨沸腾已久，诸侯离心离德，商朝已处在覆亡的前夕。

天命已改，自有新的有德者取而代之。姜太公把目光投向遥远的西方，那里据说有一个贤明的国主，善施德政，慈惠爱民，抚恤老弱，国内百姓安居乐业，国外人民也源源不断去投靠他。四海之内，威望盛德之高，无过于此僻居西陲的周国。取代商朝而拥有天下的，就是周国吧。

但是，他们还缺少一个居中策划、运筹帷幄的人物。能辅佐周国一统天下的，当今之世，舍我其谁？姜太公站在东海海滨眺望幽邈天际，看到一个属于他的时代正在走来。

白发萧疏的姜太公杖策西行，心潮却如三十岁的青年澎湃不息。路经朝歌，在昔日烹羊宰牛、街市贩肉的地方，他回想起当年的迷惘。他岂愿做一个市井贩肉的小人，只是身不由己，沦落至此。

每一次挥刀舞刃，把猪牛的尸身剁成齐整的份数，心中未尝不想：

令我宰割天下，必也如此。然而，回报他的不过是微薄的货贝和怜弃的眼神。多少年了，屠刀上溅起的尸血污秽了他的衣裳，却蒙蔽不了晶晶闪烁的双眸。那深邃的眼眸里，幽藏着一个登高望远、倒转乾坤的梦想。

如果姜太公总结他的一生，那么七十岁之前，是属于运去英雄不自由的阶段。这一阶段，他经历了很多很多的平淡、平凡、平庸，品尝过太多太多的苦闷、苦涩、苦痛。

他看尽了千山摧朽，百川枯涸，仍旧原地打转。无数个星光璀璨的夜晚，他默然眺望苍穹，盘数天道盈虚，等待四季流转。他知道，苍天还不想为他衰朽的身躯合上棺材盖，未来的使命呼唤他再次热血沸腾。

他推开枯朽的柴门，从家门口侧身西望，远方一路青山添翠、莺歌燕舞。姜太公知道，天地要翻覆了，乾坤要颠倒了，江河要倒流了。他颤颤巍巍，一步一个脚印向西行去。他的脚步不快，却自信追得上西下的夕阳；他的步伐不重，每一步却震得历史悠悠晃。

姬昌占卜得佳兆，出猎渭水

姬昌做了一个梦，祖父又在梦里嘱托他，要记得寻找圣人，帮助周国发展壮大。醒来之后，他满脸愁闷。

这个圣人，自己寻找了很多年，都没有找到，他究竟在哪里？如果上天眷顾周国，就让他快点到来。如果上天不眷顾我，自己又去哪里寻找？

姬昌想到了占卜。他对八卦占卜之术兴趣浓厚，钻研颇久。在决策政治、军事、农业、祭祀等大事时，多有运用。但从来没想过，用占卜预测寻找圣人。也许，它会在这方面非常灵妙。自己百思不得其解的事情，占卜一点化就开解了。

姬昌召来巫卜，备齐骨签龟甲诸物。两人恭敬而坐，虔诚向神灵祷告。而后点燃烟火，灼烧龟甲。慢慢地，坚硬的骨甲皲裂出条条纹路。这些纹路粗细不一，纵横交错，里面隐藏着神传达给人的信息。

过了许久，巫卜开口说："这是吉兆！三日后在渭河北狩猎，将获神物。"姬昌问："什么神物？"巫卜说："此神物非龙、非虎、非熊，非兽中之王，乃人中之圣。上天赠送给大王师傅，他是治国的天才，辅佐我周国昌盛。圣人的恩泽，惠及三世。"[1]

姬昌喜不自胜，自己日日夜夜求之的圣人，马上就到来。为了感谢上神的指示，以及表达求贤若渴的诚意，他恭恭敬敬戒斋三日。第三天，姬昌带着浩浩荡荡的队伍，到渭河北岸狩猎。名为狩猎，实为寻人。他命令士兵四处寻找，遇到奇异的人物，马上请来相见。

> **千古君臣际遇，
> 姬昌喜得太公**

这一天，姜太公正安坐在磻溪河畔，静静地等着鱼来上钩。不同常日，他今日把鱼竿的钩挦直了，用直钩诱鱼。人生如果没有经历过，就永远不知道什么是运去英雄不自由。没有时运助力，无论怎么努力，多少付出，最终都付之东流。而时运来济，就是反其道而行之，也会大获成功。姜太公觉得，今日用直钩下钓，将大有收获。

一位周兵走乏了脚，坐到姜太公旁边歇息。他想等恢复了体力，再继续寻找。可怎么想不到，这位白发苍苍的老头，就是大王要寻找的

---

[1] 见《史记·齐太公世家》《六韬》。

奇人。临了要离开的时候，忍不住好奇心，问："老头，你坐这半天，怎么没钓上一条鱼？"姜太公说："因为我不放饵，普通的鱼是不上钩的。"

周兵更奇怪了，说："不放饵，你钓什么鱼？"姜太公说："我钓的不是在水中游的鱼，而是天空飞的鱼。"周兵惊愕说："这天下，哪有天空中飞的鱼？"姜太公转过身，慢悠悠地对他说："少年人，你还太年轻，没见过空中飞的鱼。"他深邃而晶亮的双眸，让周兵打个寒战。同时，周兵仿佛也明白了什么，再问道："你钓这条鱼，等了多久？"姜太公哈哈一笑，说："久咯久咯，记不清了，应该有六七十年了。"周兵拔腿就跑，向周文王汇报去。

姬昌听闻，欢喜到来。两人在渭水河岸进行深切的交流探讨，他对姜太公的治国思想、政治谋略和兵家奇术，深为膺服。自己麾下虽然号称济济多士，可是谁又能及得上这位山野老人的十分之一呢？这位先生，就是太公亶父当年一直企盼的圣人啊！

姬昌恭请姜太公登车，同载回到宫城。第二天，姬昌召集众臣，筑坛祭祖，正式封拜姜太公为太师。自其而下，所有周氏臣民都要听从太师教诲。周国臣民听说他是太公亶父盼望已久的治国圣人，亲切称呼他为"太公望"。

姜太公的命运，至此发生重大改变。这位坎坷一生的宰夫，从此变成历史上呼风唤雨的大人物。

第二节　羑里大狱出圣人

姬昌遭逢劫难，身陷囹圄

姬昌得到姜太公，正要制定方策、大展手脚、建设国家，不料天降大难，险些送掉性命。

却说商纣好色荒淫，纵情声色。后宫美女数百，也填补不满他欲望的巨坑，还派出亲信，到民间四处搜集美女。不知谁透露消息，说九侯的女儿天生丽质，容华绝世。商纣听了，心里直痒痒。九侯乃朝廷大员，贵为三公，不好明抢。商纣借助他人之口，数次讽喻于他。九侯明知商纣荒淫，让女儿入宫，无异于把她推入火坑。但已经被他盯上，商纣之残暴，一丝不亚于荒淫，一族人皆系命于此，不得不忍痛屈从。

不料九侯之女品性高雅，志行高洁。对于商纣之荒淫，很是不齿。看到他聚众淫乐，男女裸戏，宛如禽兽般行为，急忙掩面而退。床笫之上，也不尽配合，令商纣不能尽欢。开始商纣还尽力讨她欢喜，数次被拒之后，他感到一个男人、一个君王的尊严尽失。一天夜里，商纣将她捆绑，逼其屈服。九侯之女非但不从，还痛斥其一番。商纣给骂到痛点，恼羞成怒，当即把她绞死。

而后，商纣回想往来种种，越想越气，觉得让她死得太便宜。又想到已杀了女儿，无颜再和父亲同朝做君臣。索性一不做，二不休，连那老头也解决了。当即架起高鼎，添柴加薪，将鼎底烧得通红。派出禁兵，连夜把九侯逮捕入宫，扔入滚滚沸汤中。听着从鼎中传出的凄厉哀号，商纣感到无限快意：既然你们父女喜欢反抗朕，就到地狱为伍吧。

鄂侯听闻噩耗，不及穿戴整齐，匆忙赶入宫内。来之已晚，只看到鼎下柴火旺盛，鼎内噼啪溅起人油。在绝望和激愤之下，鄂侯痛声大骂商纣凶残暴虐，残害忠良。商纣本不想做理会，怎奈鄂侯并不罢休，继续数落他不敬鬼神，愧对祖宗，天怒人怒，如不痛改前非，王朝基业将会覆灭。

鄂侯再次点燃商纣怒火，他下令把鄂侯处死，将尸体砍成数十块。为了警戒那些敢于反抗自己的臣子，商纣想到一个好主意。把鄂侯的尸块加调料腌制，晾晒干，悬挂在王苑之内，请众臣欣赏。

商朝众文武看罢，又怒又惧，缄口离去。姬昌正到朝歌纳贡，也不敢言声。回到朝房，感慨只剩孑然一身，内心哀伤。他和鄂侯、九侯同朝为臣，并列三公，虽有政见不合，但一向钦佩他们忠正耿直，忧国爱民。不料一夕之间，两人身首分离，共赴黄泉。同僚情深，姬昌抚摸故物，悲叹一声："九公！鄂公……"

没承想，姬昌一声哀叹，被路过的崇侯听到。崇侯向来对姬昌不满，又忌惮周国坐大。听到姬昌叹气，他决定以此大做文章。崇侯觐见商纣，向他告密："姬昌因九侯、鄂侯之死，心怀不满，三人原属同伙，恐有不轨举动；而且姬昌喜欢向百姓施惠，收揽民心，周国这些年一直在扩张，已经威胁到商朝统治。"

商纣听了谮言，把姬昌收监下狱。然而在如何处置姬昌时，商纣遇到麻烦。姬昌不比九侯、鄂侯，后两者势力都在王畿之内，容易扑灭。周国远在西土，力量强大，根基牢固。姬昌有十个儿子，属下贤臣良将众多。如果决裂为敌，对商廷将是极大打击。因此，商纣不得不对姬昌的生死再加掂量。他决定暂且囚禁姬昌，观察周国反应。

姬昌被囚消息传到周国，举国震惊。太子姬发召集姜太公、闳夭、散宜生、南宫括等，商议对策。以姜太公为首的参谋团，都以为首领落在敌人之手，兼之周国目前的力量薄弱，无法与商廷抗衡，不宜轻举妄动。为今之计，莫善于行贿商王，先保首领性命。商纣以为周人恐惧害怕，天下无人敢反抗，就愈加骄奢暴虐。周国韬光养晦，修政养民，治械练兵，结好同盟。待势成之日，徐图后举。

太子姬发采纳姜太公的意见，聚集国内珍宝财货，由闳夭带到朝歌，进献给纣王。纣王看到琳琅满目的珠宝，圣心大悦。他本不想杀姬昌，当即要立刻赦免。崇侯在旁谏止："周国力量强大，放了姬昌，等于放虎归山。姬昌一去，将不复返。何不把他软禁起来，羁縻周国。周人投鼠忌器，必为我所用。"商纣宠信崇侯，于是把姬昌转移到羑里监狱，进行长期监管。

姬昌没想到，自己一声长叹，换来牢狱之灾。从此他在方丈铁窗之内，度过漫长的七年。可谁也想不到，终日枯坐在牢内的姬昌，对外界的政治和军事没有影响，却影响了往后数千年的文化走向。

传说在上古时代，伏羲创造了易。易的思想，起源于日和月。人们仰望星空，发现日和月都是周流运转、变动不居的。把日字和月字结合起来，便合成了"易"字。日月为易，这就是中国人最早的哲学思维。

易与易的哲学思维，是华夏先民对宇宙与自然思考的结果。在先周时代，易和易的内容，最早并不是用抽象文字和复杂象数的方法表现出来，而是以巫卜的形式相传承。

当时，这种先进的文化手段，被贵族所垄断。王室贵族们拥有巫师、太卜、贞人等专业人士，专门为他们向鬼神祈祷，占卜凶吉。有的部落首领或贵族也参与占卜的整个过程，判断卦爻的吉凶。在上古时代，大部分政权都实行政教合一的统治。统治者不但是政治领袖，也具有超凡莫测的能力，可以与鬼神沟通。周文王姬昌，就是这样一个集政治领袖和巫卜知识能力于一体的强人。

被囚禁在羑里的七年时光里，姬昌大部分时间无事可做。无聊之余，便思索起八卦占卜之术，自己演习操练。因为深牢没有骨甲，他便以蓍草代替。蓍草占卜的速度，可比骨甲快多了。姬昌想到随着社会的发展，人间的事务越来越复杂，原始的易和八卦，义理简略，很难解释诸多复杂现象。有必要对易进行改革，以应和时代需求。

于是，姬昌在原始易和八卦的基础上，推演开去，由先天八卦变为后天八卦，由原始八卦生成八八六十四卦。姬昌的这一创造，满足人们日常占卜预测的需求，且能解释自然和社会的各种现象。这一改革，在《易经》的形成历史上，占有举足轻重的地位。姬昌不但对易，也对中国文化的演进和走向，起到了重要作用。

第三节　姜太公的计谋

纣王受贿三宝，释放姬昌

姬昌被囚禁期间，太子姬发恭敬侍奉商王，朝贡贿赂不敢有缺。周国臣子所为，大合商王心意，他放松了对姬昌的管制。姬发更令下属四处搜集美女宝物，孝敬商王，以求得父亲释放。

姜太公、闳夭、散宜生等找到有莘氏美女，天姿国色，妩媚妖娆；找到骊戎宝马，红色颈毛，白色皮肤，眼珠如黄金般锃亮，奔跑如飞；找到有熊氏设计的九驾马车，饰于珍玉珠宝，华光闪耀。姬发把这三件旷世宝贝，一齐献给纣王。纣王乐得合不上嘴，说："这三件难得的宝贝，孝敬一件就可以释放姬公，何况三件？"

商纣王不但释放了姬昌，还对他大加褒奖，尊为西伯，赐予弓矢斧钺等象征权力的礼器。纣王自命非凡，觉得周国不敢反抗，便是对他忠诚。如此忠诚的臣子，怎能不委以重任？于是纣王授予姬昌更大的权力，谁敢不服从商廷的，姬昌可以代表朝廷进行征伐。

想到把姬昌投入监牢那么多年，商纣内心有些歉疚。他把姬昌拉到身旁，悄悄说："爱卿，其实我一向信任你。之前是崇侯在我面前说了些你的坏话，我轻信了他。"纣王被周人财货迷惑，转身就把崇侯卖了。

姬昌回到周国，众臣商议发兵攻打崇侯，以报七年牢狱之仇。姬昌询问姜太公意见，姜太公不赞成轻易采取军事行动，并为之分析原因。崇国身属中原腹地，城池坚固，兵力强大，不容易击败；商廷尚有不少贤臣在朝，在其周边采取军事行动，容易激起反感，如果商臣抱团反对周国，对我们很不利；周国目前国力未强，西方还受犬戎牵制，只有解决了后顾之忧，方可用兵东方，争雄天下。

姜太公助力修齐内外政治

姬昌拜姜太公为师，对他言听计从。姜太公于是为姬昌谋划大策，壮大周国，削弱商国。

第一步，收揽民心，赢得声誉。商纣为政暴虐，多设酷刑，天下臣民厌弃已久。周国就给商纣些许贿赂，请求除去部分酷刑。商纣为人贪财好利，自大短见，必然答应。如此百姓感恩，则渐有德声于天下。第二步，利用泾渭平原谷底，大力推广开发农业，增修德政，施惠于民，招徕四方贤人和民众，不断增强国力。第三步，加大贿赂商纣和其佞臣费仲等，蒙蔽他们视听，离间与一众贤臣的关系。让商纣把朝廷的栋梁之材都杀死或赶跑，变得势单力孤。第四步，拉拢诸侯，软硬兼施。服从我的施于恩惠，不服从的分化打击。第五步，西方的犬戎和密须国，多年以来一直侵扰周国，不但牵制分散周军力量，也造成相当大的损失。应先集中优势兵力，一举歼灭密须，远逐犬戎于沙漠，一劳永逸解决西方边境之忧。最后一步，进军中原，诛灭异己，与商廷分庭抗礼。顺我者昌，逆我者亡。

姬昌于是向商纣贡献洛西之地，请求除去炮烙之刑。商纣看到姬昌画出的大大地图，满嘴流涎，觉得这个老头子真是个大大的忠臣，以前错怪他了。炮烙之刑自己也玩够看腻，免去无妨。这相当于不费一钱一力，白白收获洛西之地，商纣睡觉差点笑醒。只有王子比干和箕子等贤臣相顾叹息："贵为天下君王，却以民心交换些许财货土地，不亡何待？"

姬昌广施德政，抚恤鳏寡，赈济老幼，教民礼法，淳化风俗。四方人民听闻周国大治，皆携老扶幼，前往投奔。周人赐之田土，助之修筑房舍，使之得以耕种自食。周国的实力在增强，姬昌的威望在增高，影响力也在扩大。

有一回，虞国和芮国因为土地纠纷，久讼不决。两国国君认为姬昌德高望重，一同去请求分置裁决。进入周之国境，发现耕田农夫知道礼让远客，年轻人知道礼让长辈。崇让风气，风靡一境。两国君相顾羞惭，皆说："我们孜矻相争的，周人觉得是耻辱。不要去丢人了，还是回去吧。"而后两国君皆相让争讼之地，以之为公田。

姬昌东征西讨，壮大周国

已修内政，姬昌便令姜太公训练军士，准备讨伐犬戎和密须，杜绝边患。

犬戎，亦名獯狁，两词字音相近；"獯"字《尔雅》解释为长嘴的犬，《说文解字》解释是一种黄面黑犬，在意义方面，也是相近。两个名称，实际上指同一部落种族。因为时间跨度太长，记载差异，因此有了不同写法。

犬戎活动在周国西北方向，大约相当于现在甘肃、宁夏、内蒙古南部地带。早在公刘时代，犬戎就开始侵扰四周。周人深受其苦，被迫迁移豳地。犬戎大概是个游牧部落，不以占领为目的，打一阵跑一阵。周人应付起来，非常麻烦。随着周国逐渐壮大，犬戎已不敢深入到周人腹地，但边境的骚扰从未停止。

姬昌有了姜太公辅佐，雄心勃勃，为了扫除东进的后顾之忧，数次对犬戎用兵。此时的周国，兵马强壮，战术有方，犬戎在数次战役中受重创，不敢再撄其锋，退回到漠北地带。周国边境，暂得安宁。当然，犬戎没有消失在历史中，百年后周懿王时代，他们再次发动对周的战争。

密须国是周人的边境小国，地处今日的陕西甘肃交界处。密须国与犬戎勾结，有了犬戎撑腰，密须藐视周国，侵伐占领了阮和共。①阮、共两地是周的属地，土地肥沃，资源丰厚。面对密须的无理侵凌，姬昌勃然大怒，采取了强烈的军事报复。周军击败了密须，解除了他们的军事武装。但姬昌没有灭掉密须国，仍然保留了他们政权的存在。在后面的历史记载中，还能看到密须国的出现。

周文王的军事行动，不以领土扩张和掠夺资源为主要目的。在商周时代，方国的政治机构还没有统治广大疆域的行政能力。强大的国家主要依靠弱小国家的膺服和归顺，来彰显权威，体现意志。具体的行政管理，还得依靠小国自身来实现。在另一方面，周国放生小国，也体现了仁慈的一面，所以姬昌的文德一再被歌颂。

纣王拒绝祖伊劝谏

消灭了西方两股不安的力量，姬昌终于能把精力转向东方。他一步步扩大势力范围，侵邘（今河南省焦作市沁阳市）、克莒（今山西省晋中市祁县）、举酆（今陕西省商洛市山阳县），②蚕食商朝地盘。周国不断向东发展，实力和名声不断高涨，引起了商廷的警觉和恐慌。当周国消灭黎国后，殷商朝廷有人坐不住了。

黎国地处今山西长治，与殷商王畿相邻，只隔了一座太行山。周国征服黎国，商大夫祖伊感觉被一把利剑插入心脏，他预感商朝行将灭亡，慌忙奔往朝廷，再一次对商纣进行忠告。

祖伊说："从前殷商先王积德行善，上天受命我们统治天下。而现

---

① 见《诗经·大雅·皇矣》。
② 见《韩非子·难二》。

在巫师数次占卜国运，都不吉利。周人不断侵伐诸侯，施号发令，好像天下已经是他们的。我们已经被上天抛弃，连先王也不再保佑。"[1]

造成这样后果，祖伊认为商纣难辞其咎，他对商纣提出批评：尊为天子，不勤俭自律，荒淫贪乐，不遵守常法，不畏惧天意。所作所为，注定被上天抛弃。现在广大人民都被牵连，饥肠辘辘，连饭都吃不饱。他们满腹怨言，都祈祷上天降下灾祸，让殷朝早点灭亡。

祖伊希望商纣最后警醒：天命不再眷顾，我们现在应该认识改正了。

但是，商纣自大成狂，又沉迷于淫乐之中。对于祖伊的汇报和忠告，根本不屑一顾。他说出一句足堪万古留名的话："我生不有命在天乎！"祖伊的观点认为天命常改，施暴做虐，不会被上天护佑。商纣不这样认为，他既然贵为天子，生生世世就应当被上天所宠爱和庇护。即使被臣民所诅咒，即使周人的力量再强大，也改变不了什么。

面对他的愚昧和固执，祖伊痛心疾首道："那个人已经恶贯满盈，还指望上天来帮助他，真是无知啊！殷朝马上灭亡了，都是他的罪过啊！为殷朝掘墓的，正是周国人！"

殷廷并非没有忠臣，但他们永远叫不醒那个沉醉于淫乐的人。一个王朝如夕阳西落，一个王朝如朝阳初升，其相互交替的宿命，明朗若揭。明哲保身的人，开始离开这座将即倾塌的大厦；而那些投机还想捞一把的人，继续留在商纣左右奉承谄媚。

---

[1] 见《尚书·西伯戡黎》。

第四节　受天之命扩张

姬昌受命于天，正号称王

一个政权想要长久稳固地存在，必须有来自两个方面力量的支持。一个方面是武力力量，用于镇压消灭敌对者、反抗者，维护安定秩序。另一个方面是统治学说，他会给予大众被统治的解释，让他们从内心上愿意归顺，从精神上放弃抵抗。

商周时代，人们还没有能力在文化、经济、社会层面进行复杂的分析，建构出较为理性的统治理论。对于未知的事物，人们喜欢归之于神秘的力量。商汤灭夏，假设有"天"的存在。[①]"天"指统治天地的非人格化神灵，或一股无所不能的正义力量；"命"指神灵传达到人间的旨意，只有被指定的人才有资格获得。有了天命，商汤推翻夏朝，代之统治天下，才有了合法性。

有周代商，同样要解释其行为的正统性与合法性。不同于商汤毕其功于一人，周朝取代商朝，前后经历文王、武王两代的经营。没有姬昌时代打下的雄厚基础，姬发不可能一蹴而就。[②]

为了推翻殷朝，姬昌做了不少工作，如建立强大的军队，主持正义，讨伐暴虐；修明政治，抚恤老幼，让黎民安居乐业。这些政策，与商纣形成鲜明对比。民心所向，自然倒向周国一边。然而，仅凭这些，

---

① 《尚书·汤誓》："有夏多罪，天命殛之。"

② 《逸周书·祭公解》："皇天改大殷之命，维文王受之，维武王大克之，咸茂厥功。"

远不足说服人们接受武力推翻殷商的行为。

在殷商灭亡前，姬昌和他的谋臣就开始改朝换代的理论构建，并付诸了行动。当时人们经常通过占卜方法，与神灵沟通，预测未知之事。对于占卜的结果，人们鲜有敢于妄议。姬昌及其谋臣，为崭新的统治构建合法性解释，就是从此入手。

在一场隆重的祭祀典礼上，周人为天地山川贡献上丰盛的祭品，众多巫师卜人规行矩步，毕恭毕敬行完拜祭之礼。然后太卜开始一项占卜，为了保证结果的准确性和神圣性，他们采用龟甲、蓍草不同的方法，并经过数次验证。最后，由一群德高望重的巫师团队揭示了上天的预兆：殷商失德当亡，周邦受命崛起。

周文王通过占卜，得到上天受命。[①] 四方来朝的诸侯和周邦臣民见是如此，无不心悦诚服。于是，姬昌在四方诸侯和谋臣推戴下，正名为王，改法度，制正朔。姬昌受命为王的年数，是周王朝纪年的起始点。

文王三分天下有其二

征服邘和黎后，殷商的西北面被周国控制。但由此路东进，再南下克商，道路还是很曲折。当时在殷商的西部——今河南嵩县附近，尚有一个强国。这个强国便是崇国，当日陷害姬昌差点致死的崇侯虎，就是崇国国主。从战略上讲，消灭崇国，挺进中原，可直接让殷商中心地带暴露在周的军锋之下；同时可以南下联络东南方的诸侯，扩张势力范围。从个人感情上说，崇侯虎跟姬昌有深仇大恨，又是殷商的死忠，两国一战不可避免。

---

① 《尚书·大诰》："宁王惟卜，用可绥受兹命。"

相比征服其他国家，伐崇战争显得更为激烈和困难。[①] 为了确保战争的胜利，周人在后勤上保证源源不断的给养，军事上联络兄弟国一起出兵，外交上在同盟国、中立国处做了充分的舆论宣传。周人军力强大，武器精良，把崇国包围起来。崇国都城城墙高大，在崇侯虎带领下，负隅顽抗。周人使用战车循环往复冲击敌人阵地，士兵用钩梯攀缘而上。最后周人攻破崇，抓获了很多俘虏，割下他们的耳朵来记录战功。

这场战争的意义非同凡响，获胜以后原来对周国不恭不敬的诸侯，闻风丧胆，没有人再敢违抗命令。为了庆祝战争的胜利，向保佑自己的祖宗神灵们告谢，同时也纪念那些牺牲掉性命的英勇战士，周人举行隆重的军祭活动。在典礼上，崇侯虎和反抗的崇国贵族，被一一处死，以儆效尤，威慑诸侯。南蛮和东夷，争相朝见姬昌，表达忠诚。

周国的势力大幅扩大，完成了对商都的战略包围。此时的周文王，可谓"三分天下有其二"了，[②] 只差对于商纣的一场决战，便能一统中国。（见图 2-1）

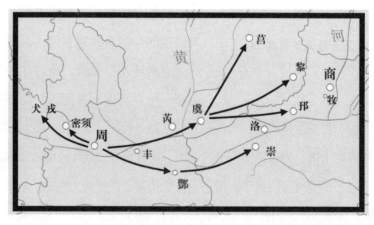

图 2-1　周文王扩张示意图

① 见《诗经·大雅·皇矣》。
② 见《论语·泰伯》。

姬昌并不着急向商纣开战，经过一场艰苦卓绝的战斗，他需要一段时间休养生息。同时，也要考察四方诸侯的忠诚度，如果战争再次爆发，是否可以动员他们的力量为我所用。利用这段时间间隙，姬昌完成了迁都，把周国的都城从周原迁到丰邑（今陕西省西安市西南沣水附近）。

周人在公亶父时便迁移到周原，在此经营百年。中国的中心处在河南一带平原，周原地僻居西陲。随着周国的强盛，领土疆域不断扩大，周国在中原一代进行政治军事行动，调动资源越来越不方便，诸侯到西方朝见，路途遥远。姬昌早就开始谋划，将首都东迁。

丰镐地处渭河中游，与泾水合流处不远，水土资源丰富，有利于农业栽植；又表里山河，是很好的军事据点。很早以前，周人就开始丰京、镐京的营建。这是一个大国的首都，比公亶父时代营建周原，规模更大。丰京拥有更大宫殿、更庄严宗庙、更多居民房舍，还筑有护城墙，引入河水，城内沟渠交叉纵横。可以说，这是当时一座功能齐全、规模巨大的先进城市。

姬昌迁都于丰京，坐西向东，虎视眈眈，还差一举便可以将商朝收于囊下。然而就在此关键时刻，年迈的周文王撒手西去。历史记载，周文王姬昌享年九十七岁，在位五十年，受命称王十年。

他没能完成颠覆殷商、一统天下的任务，但留下皇皇遗产。他的儿子周武王姬发继承使命，创立了一个伟大的王朝，开创了一个伟大时代。

文王给太子姬发的德治遗训

历史上的周文王克勤克俭，积五十年操劳，打下一份雄厚的基业，无时无刻不担忧后代子孙不能保有，让所有努力成一场空。在病入膏肓后，他召来太子姬发，教诲他："我年老了，邦国的基业，未来由你继承。我要告诉你，我治理国家所保持和坚守的原则，你要谨慎地运用，并且把它传给后代子孙。"[①]

姬发侧立，躬身，倾听。

周文王说："厚德广惠，忠信慈爱，是施政的基本准则。作为人君，不要做骄纵奢侈的事，不要做过分浪费的事，不要贪恋华美，要勤俭务实，爱惜民财和民力。"

周文王教导儿子，要善于体察万物的本性，利用它们要把握时机。山林树木，不到季节，不要砍伐，以成就草木的生长；河流湖泊，不到季节，不要张网捕抓，以成就鱼鳖的成长；不吃鸟卵，不吃幼兽，以成就鸟兽的成长；打猎要有季节，不杀怀胎的羊，小牛不强迫它拉车，小马不强迫它奔跑。万物利用得当，百姓就能赖以生存，国家就能赖以振兴。

周文王喻示儿子，灾害患难难于预测，要早有预备。平民百姓没有两年的聚粮，遇上饥荒，妻子儿女就不是他们的了；公卿大夫没有两年的聚粮，遇上饥荒，奴隶侍妾就不是他们的了。国家有十年之积储，可以称王；有五年的积储，可以称霸；没有一年的积储，将会覆亡。在安宁之时，要想到危难；在开始之时，要虑及结束。作为国家君王，一定要谨慎思考。

周文王警告儿子，一定要慎用刑罚，重视德教。推行德教必须身体力行，以宽恕之道待人，才能彰明道德。道德合乎法律而使下属顺从，下属就会成为上司的代理。大家争着谦让，谦让的美德就会流行。要像

---

① 见《逸周书·文传》。

爱护小孩一样，爱护人民。使用刑罚，要经过审慎思虑。我们是代表上天的意志执行刑罚的，不能根据个人喜好胡为。

周文王以德治为主、刑治为辅的政治思想，成为周王朝基本政策。这种思想后来被儒家继承，影响了中国数千年。秦朝曾经矫正以法治，但不久国家覆亡。事实证明，德治在中国根深蒂固，适合中国的政治土壤。但德治的弹性很大，对统治阶级的道德修养要求很高，达不到要求，反而招致腐败。由德治伴生的人治痼疾，是历代王朝都没有解决的问题。

第
三
章

武王灭商

第一节　八百诸侯会盟津

武王继位为王，问策姜太公

周文王的正妃太姒，一共生了十个儿子。长子姬考（伯邑考），二子姬发（周武王），三子姬鲜（管叔鲜），四子姬旦（周公旦），五子姬度（蔡叔度），六子姬振铎（曹叔振铎），七子姬武（郕叔武），八子姬处（霍叔度），九子姬封（康叔封），十子姬载（冉季载）。其中二子姬发、四子姬旦最贤德有才，姬昌舍弃长子伯邑考，立姬发为太子。姬发和姬旦独得参与政事，辅佐文王。

周文王去世，姬发继位为王。除了姜太公仍任太师，姬发任命四弟姬旦为辅政大臣，提拔召公姬奭、毕公姬高等家族才俊进入权力中枢。姬发继续推行父亲的政策，内修德政，抚恤百姓；外结同盟，扩张势力。这时的周国，已经形成从北、西、南三个方向包围殷商的局势。殷商的势力范围，只剩下东南区域一隅。纣王对东南的淮夷极尽压榨盘剥，激起他们的反抗。殷廷兴兵平叛，战争旷日持久，国力再经损耗。

姬发谨慎地观察形势，等待最好的时机。他知道，父亲让他继承王位，不是让他做太平国王。姬昌心中有个伟大的梦想，就是取代殷商，统治中国。然而时不我待，岁月没有给他更多时间，去实现梦想。他姬发继承的，是父亲的权力，父亲的财富，还有父亲的梦想。父亲没有按照常理，选择平凡的大哥，是因为看中姬发是一个雄心勃勃的人，可以有所作为。姬发在内心发誓，一定不辜负父亲所托，实现他最后的梦想。

姬发知道，周国要取代殷商统治天下，最后免不了一场武力的大决战。然而，进行大决战的时机到来了吗？父亲苦心经营五十年，占有中原超过一半的地区，然而迟迟没有发起对殷商最后的总攻。他在顾忌什么？是力量对比没占优，是诸侯归顺不够多，是天命时机未到，还是父亲顾念与纣王终究有君臣名分，不忍心亲手埋葬他？

对于商纣王，姬发没有好看法。他从来没在商廷任职，谈不上什么君臣名分。想起父亲被诬陷囚禁，几乎丢失性命，更视之如仇寇。他不像父亲，有很深的涵养，喜怒不形于色。他是一个外向型的人，英武豪迈，喜欢舞枪弄剑、行军打仗，从来敢作敢为、敢爱敢恨。如果有一天，纣王落到姬发手中，他一定不客气，给他身上刺上几剑。姬发不怕打仗，但他是个有谋略的人，要打，必须打胜仗。

姬发不敢贸然做决定，他问策姜太公。对于这位智慧深沉的老人，姬发一向礼敬有加。他在父亲身边，耳闻目睹过太公的高深谋略。知道在周国发展壮大的过程中，太公发挥了至关重要的作用。从前父亲卧薪尝胆、勤俭耕耘需要他，现在自己雄飞高举、问鼎中原，仍然需要他。对于姜太公，姬发敬之如师，亲之如父，称呼他为"师尚父"。

没能和周文王一起实现改朝换代的梦想，是姜太公的遗憾。这自然有行将老迈、时不我待的缘故，但周文王心中有一道迈不过的坎，他深为知晓。每一个人都有自己处世为人的准则，你这样做了，这样行了，久而久之，就形成一道坚固的墙，把自己包围在内。后来想越过这道墙，去做别的事，内心也不再允许了。

自姬昌走到权力前台，承担起周国兴衰存亡的责任，一直到撒手西去，达五十年之久。五十年来，他一直这么做，这么行，已经习惯了这种行动准则，习惯了人们对他的评价与议论。突然要做一件破格的事，突破之前的行动准则，让人们对他有新的评价和议论，他就不能接受了。在姬昌生命的最后时间，他一直不紧不慢地和死神打太极。那个"文德"纯之又纯的伟大形象，就这么留给后人吧。其他的人间功业，由后辈们去完成。

姜太公明白姬昌的微妙心理，所以不勉强他发动对殷商的最后一击。姬发能取代长兄，继承父亲的事业，与姜太公的力荐不无关系。姬昌有子数十人，唯有二子姬发和四子姬旦最有才能。而姬发那种勇武豪迈、一往无前的气概，正符合能破能立的伟大人物的素质要求。"君子创业垂统，为有继也"，姬发就是继承姬昌伟大事业最好的选择。在先君面前，姜太公不止一次恭维英武的太子，颂扬他高尚的德行。他坚信，姬发就是那个能革故鼎新，把全天下带入另一个时代的领袖人物。

对于和殷商的战争，姜太公持乐观态度。经过多年苦心经营，周国已然成为一方霸主，实力不逊殷商。周文王在诸侯中威望极高，四海归心。商纣王疏远忠臣，宠用奸佞，殷廷内部分崩离析。外表看似强大，实则空虚。如果予以重击，这座腐朽大厦顷刻轰塌。但是现在文王已逝，太子初履王位，未知诸侯心意是否如文王在时，还唯命是从。如果诸侯对姬发继承霸主之位不服，即使强力击败殷商，也不容易收拾残局。若是造成天下分离，诸侯纷争，于天下黎民，反倒有害无益。

姜太公认为，国家遭丧，有必要昭告天下：新君践祚，将秉承先王之遗志，不改旧政；诸侯侍新君，当如侍旧王。当今周国军力强盛，文王恩德又在人心，应无人敢背离。然而新君非旧主，需要召集各方诸侯，再立盟约，确定我王盟主地位。若是有人违约不至，则此人背离联盟。我王可率领诸侯，诛服其邦，扬威天下。诸侯对周国恐惧畏服，召之可以使之来，挥之可以使之去，无命不从。如此，方可为我所用，与殷廷决一死战。

没有一个王者不喜欢被人尊崇，姬发亦是如此。让各路诸侯集合朝拜，重申对周国的忠诚，正合他的心意。但让他们都到丰京的话，就起不到某些作用。姬发更想带领军队，巡狩到中原，与诸侯会合。一来可以勘查伐商道路，为日后做准备；二来向诸侯显耀兵力之强，让有二意者，不敢生离心。这样恩威并施，更符合他的作风。于是，姬发派遣使者，聘问各路诸侯，约定时间率领周军巡狩河南，邀请他们赴会，巩固友好关系，缔结新的盟约。

承命诸侯，北至朔漠，西至羌蜀，南至江汉。

诸侯会盟黄河，武王号令天下

姬发整肃六师，祭罢祖宗，载上文王灵牌，浩浩荡荡从关中出发，经函谷，出崤山，济黄河。路经伊洛之间，姜太公告诉姬发，这里是天下正中，夏王朝曾在这里建立国都，统治四方。姬发巡视旧址，嗟叹不已：旧日王霸雄图，皆化尘土；异日我一统天下，当让此地重现辉煌，纳天下英雄于彀中！

黄河滚滚，波浪滔天，但怎及周军虎贲壮士雄勇？亲随姬发的军队，革车三百，甲士三千，是周军之精锐，几经南征北伐，已经淬炼成金。他们振甲怒吼，山河动色；他们策马冲锋，天下俯首。

姬发乘舟渡于河朔，与八百诸侯会合盟津（今河南省洛阳市孟津县东北）。他接见诸侯，向他们展示兵士之壮勇，器械之坚利。相比于军容的浩大，谈及自己，姬发无比谦虚。他声称自己是一个无知的后人，赖列祖列宗有德有功，才能继承如此伟大的事业。如今德薄任重，希望内有贤臣辅佐，外有诸侯辅助，继续传承和发扬文王的事业。周国与诸侯，永结同好。

姜太公表示，周国将继续执行文王在世时政策，并严厉批评了殷商的黑暗统治。商纣的无道，激起诸侯共鸣。有的抱怨殷廷索取的贡赋过多，难以供应；有的抱怨殷廷征用军队过频，劳民又伤财；有的抱怨殷廷威胁恐吓，要攻伐其国。

之中有君长顺势倡议，纣王宠用奸佞，听信妇人，暴虐万民，已经不配为天下主。文王神武明睿，有德声于天下，四方百姓归心。太子发英武豪迈，子承父业，深孚众望。诸侯愿拥戴新君为盟主，唯新君马首是瞻，讨伐纣王，致天之罚，还民公道。当即一呼百应，跪伏于地，请求姬发下令。

看到诸侯忠诚款款，姬发心满意足，此次兵行盟津的目的达到。然而现在进攻朝歌，并不是最佳时刻。姜太公主持下的离间计，还没达到最好效果。等到商纣彻底众叛亲离，再一举击溃，就只需吹灰之力。

姬发对他们说："承蒙众诸侯君长厚爱！先王曾嘱托我临政治国，务惜保养人民，切勿穷兵黩武。如今纣王暴虐，民怨沸腾。我愿意率领诸侯，进攻朝歌，诛罚纣王，但又怕违背先王意愿。想是其命数未到。我和众诸侯再给纣王两年时间，如果他改过迁善，我们仍旧拥立他为天下主。如果纣王怙恶不悛，我将义不容辞，率领诸侯恭行天罚，诛灭暴君！今日在此诸侯，皆是我同盟之人！有违此誓，人人得而诛之！"

姬发与诸侯巡检军队，重申誓言，歃血为盟而离去。自此，周武王姬发完全继承其父亲的事业，拥有号令天下、莫敢不从之权威。

第二节　伯夷叔齐螳臂当车

> 伯夷叔齐义辞君位，
> 赴周养老

殷商有个封国，叫孤竹国。孤竹君的大儿子叫伯夷，三儿子叫叔齐。孤竹君死后想传位于叔齐，叔齐不接受，让给大哥伯夷。伯夷说父命不可违，也不接受。叔齐见状，就逃离国家，希望大哥能接受君位。伯夷见三弟跑了，把君位传给二弟，也逃离国家跟从叔齐。

两个人在外流浪，不免有上顿没下顿。听说西边周国富庶，政治开明，优待老人。两兄弟相互扶携，找西伯养老去。刚来的时候，还是姬昌执政，政府也优待他们，分给房屋和土地，让他们参与劳动和集体活动。伯夷和叔齐吃上香喷喷的米饭，过上安定美好的生活。

自姬昌死后，太子姬发继承王位，终日秣马厉兵，操练军队，伐商的传闻沸沸扬扬。伯夷和叔齐听了，心转忧愁。他们原是贵族子弟，受过特殊教育，思想和普通平民不同。在他们心中，纣王是君，姬发是臣，臣子讨伐君王，属于大逆不道，万万不可。叔齐问大哥："怎么办？如果周国真的向王开战，我们能做什么？"伯夷叹息说："我俩只是平头百姓，又能做什么？向王开战，就没有君臣体统了。没有君臣体统，怎么可以立国服人？我们不能再接受他们的供养了。"

姬发观兵盟津的第二年，商纣王的暴虐变本加厉，剖杀王子比干，囚禁箕子。满朝文武，噤若寒蝉。站在朝堂上，腿都发抖。生怕一个不慎，又丢了性命。姜太公从中策反，商太师疵、少师强叛逃周国。两人向姬发哭诉，纣王违背天命，叛逆祖宗，杀戮无辜，朝廷人人自危。请求周武王号令诸侯，讨伐暴君，替天行道。

于是，周武王向四方诸侯发出号令："商纣王罪恶滔天，天怒人怨，不可赦免。我小子姬发继承先君的光辉事业，恭承上天的意志和万民的愿望，将率领军队讨伐暴君。四方诸侯率领本国军队与我在盟津集合，有不从命或怠慢者，我将诛戮你们！"伯夷和叔齐在街市上看到公告，知道周国将要兴兵，相顾流泪："这个世道变了！竟然有人做这样的事。我们再不能吃他们的粮食了。"

周文王统治下的周国，周军兵力六万多人，号称六师。周武王野心勃勃，统治两年，军力翻了一倍多，有十余万人，分十四师。除了留下老弱的两师防卫京城，周武王率领十个师的力量，浩浩荡荡从关中出发，开往朝歌。师行华山脚下，伯夷和叔齐在此等候已久，他们冲上道路，拦住周武王舆车，请求觐见。周武王下车道："两位老人有什么话说？"

伯夷说："我们是两个不中用的老头，当年听说西伯爱戴百姓，照顾老人，所以前来投奔。我们依靠周济的粮食活命，没贡献过什么。如今听闻大王要讨伐纣王，所以前来劝谏。"

周武王说："纣王恶贯满盈，我奉天命讨伐。不然我德望浅薄，岂敢劳师动众？"

叔齐质问说："先王为民劳碌而死，大王不让他下葬，却载灵位从事征伐，让他的灵魂不得安宁，这算得上是孝的行为吗？纣王是天下共主，是大王的君。大王以臣子的身份，讨伐天子，这算得上是忠的行为吗？"

四周将士被激怒，把刀架在伯夷、叔齐脖子上，说："大王，把这两个犯上不尊的老头杀了吧！"

姜太公制止他们："两位老人敢冒着生命危险，以忠孝仁义劝谏，可谓义士。我军方出师征讨，杀害义士不祥，不如释放他们。"

周武王说："纣王昏暴，令生民坠于涂炭。方今天命已改，纣王不得为天子。我统率诸侯诛戮暴君，罪止一人。姑且念你们老弱，饶恕一命，不得再妄言。"

望着周军浩浩荡荡向东开去，伯夷、叔齐知道无法阻止大战的爆发和商朝的灭亡。他们丢弃原来在周国获得的产业和粮食，孑然一身逃亡到首阳山，隐逸于此，与世隔绝。衣裳破了，就摘树叶遮体；肚子饿了，就采豆苗根吃。曾经有人上山打猎，听到他们在唱歌："周国的粮食，已经不能再吃了。我们登上那西山，采摘豆苗根代替。那个人啊，用暴力推翻暴政。他不知道这样的方法，是错误的。神农虞夏的淳朴风气，现在已经消失。命运衰败啊，我们生在这个没落的时代，又能到哪里去？"

没过多久，猎人发现两个老人的尸体，他们被饿死了。猎人喃喃自语道："两个疯子！"

第三节　苍黄牧野战

问卜龟策，盟军强渡黄河

此次东征，周朝文臣武将精锐尽出。谋臣有姜太公、周公、召公、闳天、散宜生、苏忿生等，武将有吕他、侯来、百弇、百韦、陈本、新荒等。甲师十万，一月下旬抵达黄河南岸。正值隆冬，雨雪纷飞，庸、蜀、羌、微、鬃、彭、濮、轳等诸侯，[①] 皆率师来会。数十万人，驻扎在黄河岸边。（见图3-1）

是日突起狂风，武王的车乘被折成三段；天降冰雹，许多兵士营篷被毁。河上波浪滔滔，舟船震荡。周武王召集众臣和诸侯商议，决策渡河作战日期。众人议论纷纷，姜太公认为甲子是吉日，利于大决战，应尽早渡河，抵达战场。

周武王心转烦闷，天象突变，是否昭示什么？现在开战，是否合

---

① 见《尚书·牧誓》。

044　　　　　　　　　　　　　　　　　　　　　　　　西周三百年

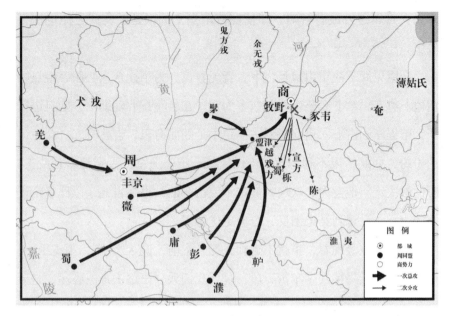

图 3-1　周武王灭商图

适？他征求四弟姬旦的意见。姬旦说，如果王兄犹豫，何不决之卜筮？武王知道这个四弟多才多艺，精通八卦占卜，由他主持，定会灵验。于是，武王答应了姬旦。

姜太公反对说："我们绸缪伐商已久，如今诸侯已合，战之必胜，何必决之鬼神？"武王说："尚父莫急。先由四弟占卜，如果是吉兆，我们必定渡河。"姜太公是军队总参谋，战争计划早已制订，事到临头反过来问神问鬼，迟疑不决，不免有些不快。他退在旁边，任由姬旦鼓捣。

却说姬旦是一个天赋异禀、智通天人的奇才。所有事物学问，一触即通，一学就明。举凡军事、政治、农业、音乐、礼仪，无不通晓。八卦占卜之学，经父亲面授提点，更是深晓其中奥秘。文王有子二十多人，当属姬旦最有智略。即使在济济多士的朝廷，文武之臣也深怀敬服。

众臣见武王决定由姬旦占卜，皆无异议。为了让众人心服，姬旦决定龟卜有二，筮卜有三，取其数多为定。在随军祝卜辅助下，姬旦进行了完整程序的占卜。当众揭示占卜结果：凶兆有三，吉兆有二。众臣议论纷纷，如此结果不利行军，当做何策，难道退军？大家都看着武王，盼他做决定。姬发内心坎坷，他本希望占卜的结果是吉兆，以此坚定进军的决心。没想到结果相反，令他更犹豫了。

姜太公在旁观看，早就不耐烦，挺身上前，说："大王，雨雪纷飞，是因为我们天降神兵；车折三段，是要我们兵分三路；舟船震荡，是天地鼓舞。此次征伐，得天之助，时势不再来，万不可起退兵念头。"占卜由姬旦主持，不免要维护其结果，说："卜筮通神明，不可不警惕。况且臣弟卜之以五，已免于轻率。为今之计，退兵之策不可取。不如暂且休兵五日，等风雪息止，以观后效。"

姜太公说："兵贵神速，休兵五日，等于给殷商准备和喘息时间。"他走到案桌前，把占卜工具拂落地上，再踏上一脚，道："龟壳朽骨，蓍草枯叶，怎么能预知凶吉！大王，臣追随先王近二十年，日夜绸缪颠覆暴君，拯救生民于水火。如今功在旦夕，有进无退。请大王下令渡河，老臣亲率前锋攻入朝歌，屠戮纣王于刀下，以报效先王！"

周武王见姜太公慷慨激昂，顿时豪情勃发，他站起来道："太师所言甚是！我周国和诸侯为黎民讨伐暴君，天必助之。今日之战，有进无退！特令太师姜公率甲士三千、革车三百为前锋，即时渡过黄河，陈师商郊。朕亲率诸侯和大军于后渡河，与商人决一死战。"

姜太公后退屈膝："臣领命！"他转身离去，带领先锋军渡河。各大臣和诸侯先后退去，准备渡河。唯独姬旦一人留在帐内，内心悻悻然。自此以后，姬旦与姜太公有了嫌隙。

决战牧野前的誓令

当日，姜太公率领前锋军冒着风雨，横渡黄河。紧急行进，扎师于商郊牧野。未久，武王率领诸侯大军抵达。风雪息止，天气转晴，夕阳照得原野上金灿灿的。姜太公指挥将领和大军列好队伍，武王左手持着黄钺，右手持着白旄，登台誓词：[①]

"我们尊敬的友邦国君，诸位官员，各部落从征的将士们，举起你们的戈，排好你们的盾，立好你们的矛，敬听我的誓词：

我听说好人做好事，恐怕时间不够；坏人做坏事，也恐怕时间不够。现在商纣王疯狂违反法度，抛弃贤能的老臣，亲近奸邪的小人，淫乱而又酗酒，肆意暴虐。臣民受其威胁，人人自危，勾结成党，相互残杀。

上天慈爱苍生，圣明君王奉承天命。从前夏王桀不能奉承天命，流毒天下。上天授命成汤，废黜夏桀，推翻夏朝的统治。现在纣王罪恶超过夏桀，残害忠良，杀害劝谏的臣子。他竟然说自己有天命护佑，说敬天没有必要，祭祀没有益处，暴虐没有害处。他的鉴戒并不远，就在夏桀身上。上天命令我讨伐商纣王，拯救黎民。我的梦和卜兆相合，预示此战必胜。纣王有亿万百姓，却离心离德。我有治国能臣十人，同心同德。他至亲的人，都比不上我仁贤的人。

---

① 见《尚书·泰誓》。

黎民苍生看到的，就是上天看到的。黎民苍生听到的，就是上天听到的。现在我遵从天意民心，讨伐昏暴的纣王。正义的大军已经抵达牧野，我们要攻进首都朝歌，抓住那些凶残的恶人正法。我的将士们，努力吧！鼓起你们的勇气，保持无所畏惧！千万黎民寄希望于我们，一定要勠力同心，建立伟大的功业，流传到千代万代！"

　　牧野上十万军士同声呼喊："我武惟扬，侵之于疆，取彼凶残！我武惟扬，侵之于疆，取彼凶残！我武惟扬，侵之于疆，取彼凶残……"响彻天地。

纣王强迫民众参军备战

　　商纣王第一次听说姬发会合诸侯时，内心是恐惧的。后来又撤退了，他松了一口气："毕竟还有自知之明，知道朕的力量。朕是不可战胜的。"商纣内心又多几分自信。对于丢失的领土和日益缩小的势力范围，他没有放在心上。因为在宫城之内，他已经搜刮了太多珍珠宝贝，还有大量的粮食储备，足够醉生梦死，了此余生。

　　第二次听到姬发统军开往朝歌时，商纣王正拥着美人和兽皮被袄，瑟缩在床上："什么？这天寒地冻的，他们要干什么？"直到军报一次次传来，商纣才信以为真。除了西周的主力军，四面八方的诸侯也正在集合。他们共同的目的地，指向商都朝歌。

　　"叛逆！叛逆啊！"商纣心痛如狂："现在的人，无法无天了，都要背叛至高无上的天王！"他召来信任的费仲和恶来："给我动员全国的军队，全部的，有多少动员多少！还有臣属国的军队，全部召来。我要惩治这群叛逆，剥了他们的皮，吃了他们的肉！"

费仲和恶来迅速发出商纣的命令，调动东方未被周国控制的属国，紧急派军进京勤王。但得到的回报令人失望，除了零星小国，没有大国愿意出兵。"怎么会这样？从前你们不是口口声声向朕担保，天下臣民忠诚于朕、爱戴朕吗？你们这些奸臣误朕，奸臣误朕啊！"商纣指着费仲和恶来怒斥："你们和我那叔父比干、奸臣商容一样，都恨不得朕死！"

商纣盛怒之下，费仲惊恐万端，害怕被开膛破肚，忙说："大王，我军尚有十万之众，可与周人一战。料想周人与诸侯只是乌合之众，怎敌我精锐之师？况且我王畿之内的百姓，有百万之众。他们都是大王的子民，理当为大王力战而死。只要动员民众入军参战，我们以众敌寡，敌人将迅速分崩瓦解。"商纣龙颜一霁，拍手怒赞："甚好！朕怎么没想到，王畿之内有那么多人呢？你等赶快去动员百姓起来，同周人作战。如果朕死了，百姓皆不能活！"

是夜，如狼似虎的商军士兵闯入民居，极尽驱赶、殴打、抢劫之能事。老的除了不能下床的，幼的除了不能走路的，都被强迫加入军队。没有兵器发放，全部让百姓自备。于是百姓们捡了破铜烂铁、木棍、石头，充当兵器。他们被驱赶到城外列队，由纣王检阅。为了防止有人逃跑，士兵在外围围上一大圈。

商纣登上护城楼，极目远眺，看不到阵容的边界，心花怒放。他搂着妲己笑说："爱妃，你看我大商壮士漫无边际，何等雄壮威武。有他们在此，何愁周人不灭？你我永享仙福，万寿无疆。"他召来司令官，向他下达指令："凡与周军作战，有退步者杀，有逃跑者屠全家；不击败周军，不准回城；没有军功的，全部充做奴隶。"商纣一生以刑威骇人，自觉无往不利。下达完指令，便高高兴兴返回宫城，又与嫔妃们开始作乐。

商军倒戈，溃败于牧野

青铜器利簋铭文记载："武王征商，唯甲子朝，岁鼎，克昏夙有商。"据不同专业的现代学者联合考证，认为甲子日即是公元前1046年1月20日。（见图3-2）

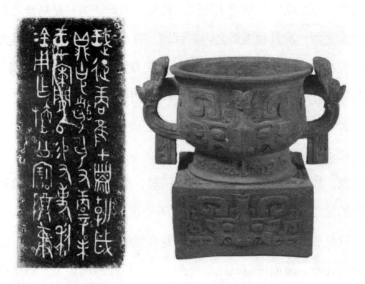

图 3-2 利簋，又名"武王征商簋"，1976年出土于陕西临潼县零口镇，现收藏于中国国家博物馆。器内底铸铭文4行33字，记载了甲子日清晨武王伐纣这一重大历史事件。

这一日黎明，迎着熹微的晨光，姜太公先率领三百甲车、四千虎贲壮士出击，与商军遭遇牧野。姜太公手挥白旗，下令周军发动攻击。勇猛矫健的虎贲壮士手执戈矛，冲在前面，轰隆隆的战车紧随其后，一起杀入商军阵营。

商军数万正规军在前，几十万民兵杂兵在后。商军统帅命令正规军出击，迎战周军。怎料殷廷暴政，早失军心。商纣战前严厉的命令，更令将士恐惧颤抖。如今周军强大，苦战必死，逃亡连累妻儿，投降说不定尚有活命可能。于是，部分商军将士抱着二意，临阵迎敌。

冲在前面的商兵，刚与周军兵刃相接，就掉头回跑。后面的士兵往前冲，与他们相撞，霎时乱成一团。周军赶上，挥舞大刀戈矛，围成一圈劈砍，顿时肢体横飞，哭声震天。飞溅的鲜血，映红朝阳。后方的民兵见状，纷纷丢掉手头生锈的铜铁与枯朽的木棍，四散逃跑。所有商兵都抓紧逃命，没人顾得节制他们。

周武王策马登上高原，看到姜太公的前锋军所向披靡，商军兵败如山倒。马上发出总攻命令：凡抵抗者杀无赦，放下武器投降者不杀。

周军和诸侯十万雄狮由南至北，向商军进击。商军集体奔溃，无人指挥作战。腿脚快的，溜在前面跑了。腿脚慢的，被周军围上屠杀。从早上杀到中午，原本锋利的刀刃都给砍出钝卷。这场大规模的屠杀，数万人倒毙在冰冷的草原上。流在地上的鲜血，浮起沉重的铜杵。

周武王听着众将汇报辉煌的战果，嘴角浮起笑意。杀死了多少人，俘虏了多少人，这些数字现在已经没有意义。看着地下敌人分离的尸首以及他们破烂倒地的军旗，就是最直观的感受。他突然想知道，商纣王现在是什么感受？他会害怕吗？会慌乱吗？他会继续战斗，还是胆怯逃亡？周武王想起被殷廷害死的祖父，想起被纣王打入深牢父亲，一阵愤怒涌入脑海。他内心想："纣王，你一定活着等我到来，我要你品尝痛苦至极的滋味。"

甲子日午时，武王向姜太公发令：日落前攻入朝歌，俘虏商纣王。

第四节　纣王自焚鹿台

纣王砍杀近臣，自焚于鹿台

听到商军大败的消息，商纣王震惊又不可思议："怎么……怎么会？那可是七十万大军？全部国家的军队，还有全部百姓，都去了。他们有多少人？"费仲说："大王，跟人数没有关系。我们的士兵没开战，就被敌人冲击散，不是逃跑就是投降。"

商纣咆哮起来："呀！这群叛徒、反贼，全都造反了！他们忘了，是朕养活他们吗？没有朕，哪有他们今天？忘恩负义啊，忘恩负义！"他永远想不明白，没有他建立这个国家，日夜为国操劳，他们哪里有饭吃？哪里有衣服穿？哪里有房屋住？我待他们如父母般情深义重，到头来却被抛弃，这个世界究竟怎么了？

商纣愤怒得全身要燃烧出火来，脸面涨得通红，眼珠子几乎鼓出眼眶。他一步一颤，走到费仲面前，贴着他的脸问："现在，该怎么办？"费仲感到纣王的唾沫，如冰雹一般砸在脸上，生疼。他的心好像坠落十八层地狱，无限冰凉。他很想闭嘴，但又不敢沉默："大王，我们已经没有军队，周军兵临城下，朝歌即将沦陷。"商纣揪住费仲的衣领，把他举起来，重重摔在地上，喊道："毫无用处！朕要你们做什么？"商纣膂力非凡，几乎把费仲骨头摔断。他龇牙咧嘴，一时喘不过气。

商纣步出殿门，眺望远方，只见天际烟火升腾，仿佛听到阵阵厮杀声。他好像看到自己十万将士在牧野上豕突狼奔，被周军围追堵截，哭爹喊娘。呆立了一阵，他突然亢声高喊："姬发竖子！朕有手搏豺狼、足追四马之能，若是单打独斗，何惧于你？"

费仲跪了起来，滚到商纣身边说："大王，留得青山在，不怕没柴烧。周军势大难敌，不如暂避其锋芒，离开朝歌。待召集四方忠诚诸侯，再和周贼一较高下，以报今日大仇。"商纣用一种莫名的眼神盯着费仲："什么？你要朕逃跑？朕是胆怯的人吗？今天有死而已，朕绝不做夏桀，被叛贼俘虏囚禁，更不会逃跑！"

费仲想再劝谏："大王，忍一时之辱……"突然觉腹中一凉，低头一看，纣王一柄剑已插透他心腹。费仲再说不出话，颓然倒地。看着鲜血汩汩地流到地上，他脑里一片空白。慢慢地，痛楚消失，空白也变成黑了。

"废物！"商纣一脚踢开费仲尸体，鲜血一滴一滴地从剑尖坠落地上。身旁侍卫目睹这一幕，神情恐惧慌乱。商纣抬起剑，指着他们："你们，是不是也要背叛朕？"侍卫把枪矛一扔，拔腿就跑。商纣追砍过去，已是不及。

他气喘吁吁，回到内宫，妲己花枝招展地迎出。商纣看着妲己，眼神突而温柔，突而冰冷。他问妲己："你可愿追随朕到天涯海角？"妲己不知情况，娇声说："贱妾愿与大王生死相依。"商纣冷漠地说："好，不愧是朕最爱的女人。大商要亡了，你是朕的爱妃，不能受辱于叛贼，就到地下陪伴朕吧。"商纣又是一剑，杀死妲己。他内心一阵剧痛，似要呕吐出来，用尽力气死命压抑，才平复些许。

军号声，锣鼓声，呐喊声，逐渐由远而近。最初还有军士前来报告军情，后来没有了。偌大的宫殿，空荡荡只剩一个人。纣王喃喃自语："世道变了，人心变了，忠诚在这个世界，再没有价值。"他心里想，我是成汤王英勇刚烈的后代，决不接受被俘虏的命运，也不会让叛贼辱及尸身。这个没落而污浊的世界，已经不值得留恋。我是世界的王者，即使死到另一个世界，也应该与众不同。

商纣想起天环玉衣，这件用四千颗高等天环玉和四千颗普通玉，经能工巧匠三百六十天精心制作而成的宝衣，在这个世界上独一无二。即使到另一个世界，身着如此宝衣，也能睥睨凡俗。他找到仅有几个还忠诚于自己的人，吩咐他们把所有珍珠宝贝堆积在鹿台上，周围架上几层木材。商纣穿上天环玉衣，走上鹿台最高层，手中举起点燃的火把。

他又贪婪地看了这个花花世界几眼，突然热泪涌出："列祖列宗们，你们的子孙受，就要来看你们了。我们大商亡了，朝廷没有了，宗庙也要没有了。但这不是我不肖，实在因为世界太丑陋了。朝臣们背叛了我，士兵们背叛了我，百姓也背叛了我。我孤身奋战，已不能扭转乾坤。但是，我不会逃避责任当一个逃兵。我将以身殉国，报答祖宗们的厚爱！我的一生，仰不愧天，俯不愧地，轰轰烈烈来，痛痛快快去！后世明智者当知，不是我负天下人，是天下人负我！"说罢，商纣王把火把扔入柴堆，点燃火焰。不一会儿，熊熊烈焰和浓烟把商纣王吞噬。①

鹿台下几个忠诚的老奴痛哭流涕，跪在地上哭喊："大王，大王啊……"

_____
① 见《逸周书·克殷》。

牧野之上，商军兵败如山倒，周军紧随其后，一路冲杀而来。酉时，朝歌城破，周军占领王宫。一个五百多年的王朝，在不到一天之内就覆灭。突然间天降大雨，仿佛在为这个古老的王朝哭泣。

姜太公带领兵士，在朝歌内搜寻商纣王。根据俘虏的交代，在鹿台火堆之中找到商纣王的尸体。本来纣王燃起的熊熊烈火，足以把他烧个尸骨无全。谁料突然天降大雨，把大火浇灭。可能上天也厌弃纣王，不想让他死得那么干脆。被天环玉衣裹着的纣王，被烧成黑乎乎的肉棒，面目模糊难辨。根据身着的宝衣和身体特征，姜太公判断此尸身就是商纣王，派人飞报周武王。

次日，周武王在诸侯和卫队拥护下，进入朝歌。微子袒露上身，左手牵羊，右手把茅，带领纣王儿子武庚和商民在城外投降，请求处罚。周武王接受投降，并慰勉道："纣王罪恶滔天，我与诸侯奉天诛讨。祸在纣王及其同党，百姓无罪。"武王登上鹿台，检视纣王尸身。看到一身沉甸闪耀的珠宝，怒不打一处来："独夫死犹不知悔改！"

周武王后退数十步，行射杀礼。[1] 他高举大弓，弯弓搭箭，瞄准纣王的尸身，射出三箭，分别命中颈、腹、腿，箭镞插入肉身三四寸有余。收毕弓箭，又拔出青吕剑，走到尸体旁，深刺两剑，浓黑的血水从伤口上汩汩流出。姜太公在旁，为武王献上黄色大斧。武王道："暴君，你死到地狱，也逃不掉报应。这一斧，是为天下百姓和被害死的忠臣们

---

[1] 见《逸周书·克殷》。

报仇的！"当即一斧砍下去，纣王脖子断成两截，脑袋弹到半空，掉在地上滚了几滚，方停下来。

姜太公吩咐士兵，将纣王脑袋穿过绳子，系上白色大军旗。因找不到妲己，周军找来两个自缢而死的嫔妃尸身。周武王如法炮制，射三箭，刺两剑，斩一斧，把脑袋悬到小军旗上。周武王擎着大白旗，走上高台。姜太公擎着小白旗，站在旁边。周武王向诸侯、众将士、商臣商民明告："纣王罪大恶极，已被正法。商民商臣投降归顺，赦罪免死。胆敢反抗，杀无赦！"

为了彻底消灭商军败逃的将领，以及剪灭不服的势力，武王当日回到军营，又部署军事行动，派遣将领四处征讨。命姜太公追击恶来，吕他讨伐戏方（今河南省郑州市巩义市），侯来讨伐陈（今河南省周口市淮阳区），伯弇讨伐豕韦（今河南省安阳市滑县），陈本讨伐栎（今河南省许昌市禹州市），百韦讨伐宣方（今河南省许昌市长葛市），新荒讨伐蜀（今河南省郑州市新郑市）（见图3-1）。各路大军从朝歌出发，扑向殷商的顽固势力。

同时为了笼络人心，武王派闳夭修整王子比干的坟墓，命姬高旌表商容的旧居，命姬奭把箕子和无辜百姓从牢狱释放出来，命南宫忽发放鹿台的钱财、钜桥的粮食赈济百姓。[1]

七日后姜太公回军，奏报追击恶来的战果。第八日，武王在商郊举行祭祀文王的盛大典礼，向父亲汇报灭商的成果。

---

[1] 见《尚书·武成》。

武王被拥立为天子

众臣、诸侯都向周武王劝进，殷命既黜，周当承之。武王理应继天子位，为天下共主。武王命人整修社庙，准备拜祭后土之神而膺受天命。

未久，各路兵马陆续来报捷，俘虏和杀伤数量不等，擒拿霍侯、艾侯和将臣百余名，缴获战车近千乘。周对殷的战争，取得全面胜利。[1]

到了吉日，举行武王受命典礼。百名士兵手持白旗，在前开路。姬旦手持大钺，姬高手持小钺，夹辅武王前行，闳夭、太颠手持青吕剑护卫。姬振铎负责引领群臣诸侯随后跟进。

武王进入王宫，在社庙南面继天子之位。[2]

在典礼上，姬郑捧明水，姬封负责相礼，姬奭从旁协助，姜太公牵入祭祀用的牛羊。由史佚宣读策文："殷人亡国之君纣，迷乱先王成汤英明，侮慢神灵，施狂暴于殷人臣民，恶迹昭彰，达于昊天上帝。今昊天上帝废黜殷命，由周继之。周方武王姬发神武英睿，能致天之罚，克敬其祖，恤爱黎民。其承天之命，为天子，统御万国兆民。"周武王向皇天后土再拜稽首，完成典礼。台下臣民、诸侯皆高呼万岁。

就这样，一个王朝灭亡了，另一个王朝兴起，历史翻开崭新的一页。但周武王知道，他虽颠覆了殷廷，逼死纣王，但殷商的力量，远远没有灭绝。想要征服他们，稳固周王朝的统治，还有许多工作要做。他抚摸着自大禹传下的九鼎，陷入深思。这个代表天下一统、国家昌盛的宝物，现在落入了他的手中。他接下来要做的，不仅是自己拥有九鼎，

---

[1] 见《逸周书·世俘》。

[2] 见《逸周书·克殷》。

还要子子孙孙后代都能拿稳九鼎。

　　一统大业、经世济国的策略，一条条从周武王脑海里浮出。作为领导者，他不能每个方案都亲自谋划，很多策略是由左右之人贡献的。然而，有些策略截然不同，令他倍加烦恼，难以抉择。

封建诸侯

第一节　三叔监商

确定王族兄弟监商

　　武王在伐商的战斗宣传中，将商纣王和普通臣民分开。战争胜利后，逮捕纣党百余名。对其余臣民，慰勉有加。纣王的儿子武庚，也被赦免。为了稳定对殷商臣民的统治，周武王想扶持武庚上位，助他统治殷民。这种统治，必须以效忠周王朝为前提。

　　但周武王又不信任武庚，不想给予他自由的权利。因此，他在设想指派人员参与殷国政治，号为辅政，其实是监视武庚。原来商王畿很大，还有必要把它瓜分，分封给有功之臣。外有功臣属国包围，内有大臣监政，就不怕武庚图谋不轨。

问题在于，应该派谁充任监政？关于这个问题，有不同观点。

姜太公希望任命具有丰富行政经验和军事实战能力的大臣监政，如吕他、太颠、苏忿生等。姬旦则表示反对，他更想对姬姓兄弟委于重任。在姬旦心中，自己兄弟，有相同的血缘，才能保证忠诚。武王同母兄弟八人，皆可派任。姜太公则认为，正因为不是自己兄弟，无所凭依，才能保证忠诚。如果派任亲兄弟到远方执政，时久坐大，反难归服管控。实在要任命亲兄弟，也不可全是兄弟，要配任一名大臣。

姬旦提醒武王，吕他是姜太公族人，可能存在私心。此事的争论让武王很是烦恼，依情而言，他也想任命自己兄弟。七八个兄弟都引颈而待，他不忍拂逆他们。但论理来讲，姜太公说的也不是没有道理。只有无所凭依的人，才不敢生叛心。放几位兄弟在东方管理众多的土地和军队，谁知道他们以后会不会对自己儿子效忠？特别是想到儿子还是个儿童，武王心里就惴惴的。姜太公通晓世情，神机妙算，他的话深入武王心坎。

然而这不仅仅是姜太公和姬旦观点的分歧，背后还牵扯到姬姓贵族和外姓功臣权力的争夺。外姓名臣有姜太公、吕他、闳夭、太颠、散宜生、南宫忽、苏忿生等，姬姓贵族除了武王嫡庶兄弟十几人，还有召公姬奭、毕公姬高、荣公姬伯等。监政殷商，是周王朝建立后第一次权力大争夺。其最后落定拍板，关系到周王朝的政治大局，也会影响到今后周王朝的政策走向。

姜太公和姬旦的分歧，不仅是具体事件的分歧，更是治政理念的分歧。姜太公的核心理念是"尊贤上功"，选拔人才，先疏后亲，先义后仁。有贤德才能的人，有功绩的人，不论是否亲族，应该被尊崇和重用。姬旦的核心理念是"亲亲上恩"，选拔人才，先内后外，先仁后义。

王族宗亲，应该优先任用，这样才能枝蔓繁衍，强大而稳固。姜太公和周公姬旦的政治思想，不但体现在这场监政的斗争中，还体现在他们后来的封国齐国和鲁国的治理上，影响两国百年国运。

在这场重大权力争夺中，因姬姓宗族力量强大，最后以姜太公一派败北告终。周武王没能抵挡住亲情攻势，倒向自己兄弟一旁。周武王把武庚贬爵为公，仍驻朝歌，治理殷朝遗民。并把殷商王畿划分为三个地区，分别封三弟姬鲜于管地、五弟姬度于蔡地、八弟姬处于霍地。三国从三个方向包围殷商，防止作乱。武庚作为亡国君王之后，实际上没有什么权力，国内政事被姬鲜和姬度插手主导。

| 武王对商遗民的训誓 |

在任命武庚和姬鲜、姬度、姬处三监的典礼上，周武王召集殷商宗族族长、旧臣、大小吏、里君、贤民等训话：[①]

"殷朝的官民百姓们，你们要恭敬接受我的任命，信从新任官员们的治理告诫，才能享有安定的生活和光明的前程。

"你们听着，我是顺应天命而来，岂敢违背天命！我来这里是执行上天威严的命令，并昭示惩罚。我告诫你们的话，要铭记于心。

"从前我们先祖后稷播植百谷，功劳与大禹媲美。黎民苍生，都食用后稷的谷物，并用它祭祀鬼神。你们商人圣明的先王，也用我们的谷物祭祀天地山川和祖先。他们让你们食用我们的谷物，你们才能过上温饱美好的生活。所以，商王褒扬周人，给了我们很多封赏。

---

① 见《逸周书·商誓》。

"后来纣王昏乱，背弃上天的命令，残虐百姓，令天下忧愁。所以上天不再护佑纣王，命令我的父亲文王说：'杀掉殷朝多罪的纣王！'我姬发继承父亲遗志，不敢违背天命，所以在甲子日执行上天的大罚。承蒙上天的恩赐，我们打败纣王的军队，纣王自杀身亡。我所做的，只是恭行天命，我岂敢违背天命！

"官民百姓们，我再次重申：商朝的百姓无罪，有大罪的只是纣王一个人。我已恭行天命，诛杀了元凶。上天告诉我，商朝的百姓们应该获得新生。现在，我要赐福于你们，为你们指引美好的方向。今后你们要审视天命，听命于周朝，胆敢作乱，劳累我再进行二次征伐，我将致你们于死罪，全部杀死，不再赦免！

"你们要注意！我讲的这些话，不要不听不信。如果违背了我的命令，我就流放你们，对你们使用刑罚。我虽然回到西方，但还会回东方用刑。你们要记住，全要听我的训告，我不再说第二遍！"

第二节　封建诸侯

封建诸侯，犒赏功臣

周武王为了表示对先代君王的尊重，团结有势力的异姓贵族，巩固周朝的统治基础，寻找到黄帝、尧帝、舜帝的后代，分别加封。

神农的后代被封在焦地（今河南省三门峡市陕州区），黄帝的后代被封在祝地（今江苏省连云港市赣榆区），尧帝的后代被封在蓟地（今天津市蓟州区）。舜帝的后代，原来就在周朝担任陶正之官，武王把他封在陈地（今河南省商丘市柘城）。后来，武王还让大女儿下嫁陈胡公，对其极尽笼络。而夏朝的后代，被封在杞地（今河南省开封市杞县）。殷商的后代，仍在旧地，只不过领土被三分。

对伐商的功臣谋士，武王也大加封赏。姜太公是首功之臣，因东海是太公故乡，武王把他封在营丘，是为齐国。司寇苏忿生被封在温地（今河南省焦作市温县），大臣檀伯达被封在檀地（今河南省济源市），两者比邻。其他太颠、闳夭、散宜生、南宫忽等各有封赏，但史料缺失，现在已考证不出封地。

姬姓亲属，封地多在王畿内。如周公姬旦封邑在周原，祖先公亶父时代就在此开发。召公姬奭封邑在周公西南面的召地，毕公姬高封邑在丰京北面毕地，荣伯、毛叔也封在宗周周边。姬旦是武王的得力助手，在王畿之外还得封鲁国。鲁国初封在河南鲁山，后来迁到山东曲阜。

武王克商及征讨四方，总计攻灭九十九个国家，杀敌十七万七千余，俘虏三十万人，总计征服国家六百五十二个。[①] 彼时的国家，相当于城邦或部落。因此这样的数据，不足为奇。此次改朝换代，不包括周朝的伤亡统计，死亡人数十七万，更见战争的艰苦卓绝。

武王在商纣的宝库中，搜到宝玉一万四千枚，佩戴玉十八万枚。在商纣的狩猎区，豢养的野兽数量巨大。武王率领下属进行数天的围猎，捕获野兽数千只。这些战利品，除了大量俘虏留在当地改编，其他的都被带回宗周。

---

① 见《逸周书·世俘》。

凯旋宗周，报功太庙

四月二十二日，周武王率领大军凯旋而归。到达丰京，武王下车，命令砍掉纣王党羽一百人手脚，杀死军俘和反叛部落首领一百余人。命司徒、司马在南门祭祀上帝，史佚献告辞。其余的俘虏和割下的敌人的耳朵，被带到周国的太庙。姜太公扛着悬挂纣王和他两个王妃的首级的军旗，率先进入太庙，燃烧起柴火。

周武王身穿祭服，来到太庙，献上大禹铸造的九鼎。姬氏有功业的祖先，公亶父、太伯、虞公、季历、周文王、伯邑考的神位被并列在庙堂。周武王把诛灭商纣，封建诸侯之事，告之先祖，并献上俘虏和各类战利品。而后武王手持黄钺，在宗庙大堂，隆重任命诸侯君长。

在周公姬旦指挥下，乐师演奏《大亨》《武》《万》《明明》《崇禹生启》等乐曲，歌颂祖宗功德和武王业绩。其中《武》主题为歌颂武王灭商和臣服诸侯事迹，由姬旦加紧创作编排出来。姬旦认为乐是治国大典，国家大事威仪，能借助乐舞表现出来。武王灭商，功劳盖世，比拟先王。率领诸侯祭祀祖先这样的盛况，不能不有所歌颂。武王初次听到《武》曲对自己的褒扬歌颂，圣心大悦。诸侯一向认为周人僻处边陲，习俗与蛮夷无异，没料想还有此典雅的乐舞，对姬旦之才德，很是钦服。

祭祀的典礼，一连进行数日。丰京镐京，欢喜如年。周人杀猪宰牛上千，欢享诸侯。

在此期间，在姬旦封建亲戚、藩屏王室的建议下，武王又加封几位异母弟于毛（今陕西省宝鸡市扶风县）、郜（今山东省菏泽市成武县）、雍（今河南省焦作市）、滕（今山东省枣庄市滕州市）、原（今河南省济源市）、丰（今陕西省商洛市山阳县）、郇（今陕西省咸阳市旬邑县）等地。同母弟姬振铎封在曹（今山东省菏泽市定陶区），姬武封在郕（今山东省泰安市宁阳县）；姬封、姬载因年纪尚小，暂未得封。

至此，姬姓势力遍布黄河中下游，起到威慑四方、监视诸侯的作用。

在姬旦"亲亲"思想主导下，周初建国方策信任同姓，排斥异姓。在灭商中发挥重大作用的姜太公，逐渐淡出西周权力中心。

第三节　与箕子的哲学对话

武王问策于纣王叔父箕子

被俘虏到宗周的商人，除了士兵、百姓，还有重要的大臣，如箕子。箕子是纣王叔父，向来反对纣王暴政，在朝野很有声望。周武王雅敬箕子德望，对他礼敬有加。在宗周举行的重要典礼宴席，都邀请他出席。箕子迫于形势，不能不参加。但每每感物伤怀，沉默无言。

一次祭礼后，周武王大宴诸侯臣士。席上，武王袒露双肩，亲自执刀割肉，众人开怀畅饮。武王独见箕子位列下席，意兴阑珊。一时兴起，步至箕子坐处，向其劝酒，说："久闻箕子大师学问渊深，见识高明，我有疑问，想讨教已久。"

箕子不知缘故，淡然应道："不知大王有甚指教？"武王说："诸侯和臣士论及纣王亡商，每多陈见。然仁者见仁，智者见智，多是片面之词。箕子大师深通古今学问，又久在纣王身旁，多有我等不可及、不可见之处。殷商立国五百年，至纣王而灭亡，其中缘由，箕子大师必有独到见解。请不吝赐教，让姬发将来引以为戒。"

听了武王的话，诸侯齐齐沉默。箕子内心羞愧，欲言又止。故国覆亡，是箕子的伤痛。遭此直面相询，怎能不感到心痛而难堪？但在武王面前，他又不能不说。箕子抬起了头，沉声说："纣王昏虐，我辈不能规劝辅佐，上负天恩，下负百姓，无颜面对列祖列宗，皆是我等之罪，我等之罪……"武王说完了话，就觉不妥，没有人愿意当众揭开自己国家和家族失败的伤痛。听了回答，更感尴尬。他咳嗽了几声，回到座上。

酒过三巡，武王又问箕子："我听说上天不言不语，赐福天下，使万物资生，苍生百姓和谐相处。天子作为百姓父母，承天之命，统御中国，必有安定百姓和治理国家的方法。您能告诉我其中的道理和次序吗？"

箕子恭敬地站了起来，说："我听说上古时候，鲧堵塞河道，治理洪水，违反自然之道，败坏人伦道德。上天大怒，没有赐给他安定百姓和治理国家的九条大法。后来鲧被舜帝处死，大禹继承他治理洪水，立下大功。上天奖赏大禹，赐给他九条安定百姓和治理国家的大法。这些大法被夏后氏继承，传到我们殷商。"

于是，箕子把藏在殷商秘府的"洪范"九畴一一向武王阐述，在座诸侯臣士皆肃然聆听。

今本《尚书》所存的"洪范"是中国哲学史和政治思想史上一份重要文献，后世许多蔚为大观的思想观念，都萌芽于此。想要了解中国人的思想和思维，"洪范"是一座必要攀越的山峰。其主要内容，被概括为"洪范"九畴。

"洪范"第一畴：五行。提出木、火、土、金、水五种物质组成要素。探讨世界生成原理。"洪范"第二畴：敬用五事。讨论了解和认识人的五种方法和手段。"洪范"第三畴：农用八政。描述古代国家组织设计的理想结构。"洪范"第四畴：协用五纪。讨论的是时间的记录方法。"洪范"第五畴：建用皇极。阐述建立政治管理的最高准则。"洪范"第六畴：乂用三德。讨论治理国家臣民的方法。"洪范"第七畴：明用稽疑。讨论用卜筮的方法解决疑难问题。"洪范"第八畴：念用庶征。讨论自然变化征兆和君臣修身治政之间的关系。"洪范"第九畴：向用五福，威用六极。阐明君王教化、羁縻臣民的方法。

经与箕子几番谈论，周武王很是钦佩他的学问道德。他想加封箕子为诸侯，但考虑到中原腹地不宜有太多殷商旧人，故将其远封到东北的朝鲜。周武王允许箕子带领一部分殷人前往开发，建立箕子朝鲜。

许多年以后，箕子从朝鲜回宗周朝贡，路经殷墟。看到旧日宫殿倾塌，断墙败瓦，禾黍离离，衰草丛生，一片伤感。因有周官在旁监视，不敢哭泣，于是赋诗道："麦秀渐渐兮，禾黍油油。彼狡童兮，不与我好兮！"狡童，喻指纣王。殷商遗民闻知，无不伤感流泪。

武王从中原迁 富庶贵族入关中

周武王既定天下，觉得关中地区作为王朝根据地，理应最为富有。虽然他从战败的商朝席卷许多珍宝而回，但这还不够。周武王决定从中原迁徙富庶的贵族，填充关中地区，使关中平原在经济、文化、人口资源方面的实力，得到重大提升。

青铜器史墙盘记载（见图 4-1），微氏高祖在武王灭商后，派儿子（即微氏烈祖）前来宗周朝见武王。武王命周公为其在周原安置居所，赐予"五十顷"的土地，并任命其为王朝史官。从此微氏家族在关中定居下来，并世代担任周朝史官。从武王时代的烈祖到恭王时代的墙，微氏家族六世效职于周朝。

图 4-1　墙盘，1976 年出土于陕西省宝鸡市扶风县，现藏于宝鸡青铜器博物院。墙盘型巨大，底部铸有铭文 284 字。铭文前段颂扬西周文、武、成、康、昭、穆、共（恭）七代周王的功绩，后段记叙微氏家族高祖、烈祖、乙祖、亚祖、文考和做本盘者自身六代的事迹。

第四节　王道代帝道

> **武王宣布卸甲休兵，许诺天下太平**

周武王率九州诸侯到毕拜祭先祖。登上高原，眺望东方商邑，武王说："殷商的衰败，始自帝乙。从我姬发未出生时到现在六十年，谗佞小人把持朝政，忠贤之士流落荒野。上天不再护佑殷商，命先王诛罚暴虐。先王不以我不才，得以继承遗志。众贤辛苦劳碌数十年，于今方粗定大业。"

武王展目远视，叹息一声道："兵者，不祥之器，圣王不得已用之。岂是我姬发好兴师弄兵，置黎民百姓于危亡之地？至今而后，九州一统，天下太平。我周人当偃武修文，与百姓共休息；复修文王之政，致九州以升平。凡我盟邦，有违此令，天下共诛之！"为做示范，武王下令"纵马华山之阳，放牛桃林之野"，① 偃干戈，振兵释旅，宣告于天下，将不再采取军事行动。九州诸侯明白武王心意，皆愿共守誓约。

从此"纵马华山之阳，放牛桃林之野"成为一个寓意深刻的政治符号，它代表德政、爱民、圣君、天下太平、美好田园生活等诸多含义。后世每逢大乱，百姓无不期盼圣明君王出世，平定海内，然后"纵马华山之阳，放牛桃林之野"，还给他们美好而平凡的生活。这样一个意思，也可称之为"王道"。

先代君王，多以帝为号。在商朝，如帝纣、帝乙、帝祖庚等。在夏朝，如帝（桀）履癸、帝孔甲、帝皋等。上古时代，如帝舜、帝尧、帝颛顼、黄帝等。在字源学上，"帝"本意指族群血缘上可以追溯的女性始祖。从母系氏族社会逐渐过渡到父系氏族社会，"帝"的威望和权力一直保留，后来千年的统治者都称"帝"。

图 4-2　"王"的象形字

而"王"字的象形意思（见图 4-2），是一个提着斧钺的男人，象

①　见《尚书·武成》。

征武力和杀伐。在氏族社会末期，部族之间的冲突和战争愈发频繁，男性的力量优势突出，因而成为军事活动的领导者，再变而成政治活动和社会活动的领导者。一些部落或部落联盟的领导者，开始称王。到了周王朝，摒弃了"帝"的称号，改称为"王"。因为周文王、周武王和周公治理天下的德政仁政，开始有"王道"的提法。

周武王和平的愿望是美好的，但现实却不一定如心所愿。他颠覆了商朝，征服了诸侯，以为海内已定，不需再兴大兵。不料祸起萧墙，后来中原再起纷争，差点导致王朝败亡的，却是自己的亲兄弟。

东巡伊洛，确定天保

武王知道天下初定，百废待举。回到宗周未久，武王再次东巡，他是不放心三个弟弟远在东方，是否监管得住众多殷商遗民。

自文王迁丰后，武王继位，又营造镐京。丰镐两地相隔二十来里，中间隔着一条沣水。相比丰邑，镐京规模更为庞大，大型建筑辟雍建立在此。周朝的重大活动，如祭祀大典、集体行礼、宣布政令以及宴会、练武、奏乐都在辟雍举行。不久前克商郊祀大典和九牧之君朝拜之礼，也都在这里举行。

各方诸侯散去，周武王回想起来，心内颇有缺憾。如今周朝已经不是西方蕞尔小邦，而是一统四海的王者，仅丰镐两京的规模体量，体现不出王朝的威仪。而且丰镐僻在西陲，诸侯每次朝拜，都需长途跋涉，多有不便。若东方有事，王师东出，路途遥远，将士疲劳，影响战力。武王还忧虑上天赐命与周，虽然已经灭商，但未确定天保，难保百年基业。

武王思虑数天，通宵难眠。近侍报之姬旦。姬旦深夜进拜，问道："王兄为何深夜不眠？长此以往，对身体健康不利。王业初造，天下百姓仰赖王兄，万望保重身体。"武王说："你我秉承父业，创立大周。如今天下之大，不易统治，我恐有失天命。丰镐僻远，殷民顽劣，恐不惧我威仪。"

姬旦说："有三哥等监视武庚，暂时无妨。然京师远离中原，想威慑诸侯，必须在中原驻扎重军。殷商遗民众多，时久难测，最好将其按氏族分解，迁移到各封国。这样他们的力量被消解，就造不成大威胁。"

武王说："我久有此意。往日东征，太公曾和我言，伊洛河畔是夏后氏古都，乃天下之中。我从那里南望望过三涂，北望望过太岳，回头望望过黄河，顺势望望过伊水洛水，真是一块平坦开阔的好地方。我谋划在那里建设新都，统治天下。"姬旦说："伊洛平原是个好地方，可以在那里建设东方的军事基地。而且那里是天下的正中，与四方诸侯距离相等。大禹之九鼎，可迁置于此，方便他们前来朝贡。"

武王于是说："好，你去准备一下，三日后我们东巡，视察伊洛平原。叫上太公、司徒和司空。"他停了一下，又继续说："还要去一下朝歌，我始终不放心三弟他们。"姬旦犹豫了一下，说："大战之后，再经劳碌，或对王兄身体不利……"武王一罢手说："不须说了，我无碍。"

三日后，武王整治军队，再向东出发。与前一次相比，阵容规模小了不少。因为这次只是巡视，不用作战。姜太公正好染了小恙，武王就命他留守镐京，主持政事。

来到伊洛河畔，武王率领着文武众臣勘查地形水文，选择新都地址。司空和司徒负责起草设计和建设方案，交由众人讨论。关于新都建设需要大量劳工，姬旦建议迁徙部分殷商遗民到此，进行基础建设；以后又可做本地居民，供养王室。武王和文武大臣赞同此议。

初步确定洛邑建设方案后，武王继续东行，到朝歌视察。

授予三叔治民政典

姬鲜、姬度、姬处三兄弟和武庚在朝歌会集，向武王述职。武庚亡国之后，虽受命公爵，然只是个空架子，并无实权。平日里战战兢兢，小心翼翼侍奉三叔。武王看到武庚在堂上瑟瑟抖抖，说话也不麻利，喜而又怜。喜的是武庚是个懦弱无能的人，今后也造不成什么威胁。怜的是殷商诸王雄踞天下五百年，想不到子孙沦落到向人俯首低眉的地步。

武王召集了殷商贵族臣民，又进行一次训话。正告他们一定要效忠周朝，否则纣王及其党羽的结局，就是下场。

对于三弟姬鲜，武王并不是十分放心。因为姬旦才能超凡，武王一直信任他。姬鲜看到四弟受重用，而作为三哥，自己却被压了一头，不得参与朝政大事，心里一直不忿。武王把他安置在东方，寄于监视殷人之重任，也是对他的一种安慰。

对于这位志大才疏的兄弟的政治治理，武王还是很担忧，唯恐他举止不慎，激起变故。武王让姬旦把父亲治理国家的方策总结归纳出来，赐予姬鲜，让他遵照执行。文王之政，分别为"禁九慝""昭九行""济九丑""尊九德""务九胜""倾九戒""固九守""顺九典"。[①]姬鲜当即乐呵呵地接受了，内心巴不得武王马上离开，自己好留在朝歌作威作福。

---

① 见《逸周书·文政》。

武王把迁移殷人营建洛邑之意，告诉三叔。姬鲜马上召来武庚，让他听令。武庚瑟瑟抖抖跪下，说："大王在上，我殷人一定尽心尽力，全力以赴，把新都建造好，报答大王的慈悲和厚爱！"姬鲜笑嘻嘻地说："王兄但请放心，臣弟定会辅佐商公处分好这事，不会耽误洛都营建。"武王颔首微笑。

武王再次在商郊燎柴祭祀天地，以始祖后稷配享。姬旦创作《时迈》一诗，歌颂武王功德，并明告天下，今后周朝将偃武修文，致力于治理国家，安定百姓。诗中"载戢干戈，载橐弓矢"一句，就是马放华山、牛放桃林的意思。

留置朝歌的第十天，武王突感身体不适，下令军队缓缓启行，回往镐京。

第五节　金縢藏书

> 武王病重，与姬旦密谋后事

西归途中，周武王的病情加剧。他不能再骑马，只得卧于车中。姬旦命车马放慢速度，自己亲侍左右。武王的内心，跟他的病情一样沉重。他知道，自己不是普通人，而是身系国家天下安危的君王。如今初始克商，基业未定，一旦闭眼撒手，动荡不小。可惜自己的儿子姬诵，尚是孩童，不能继承大业。后事的安排，也无着落。

姬旦安慰武王，上天保佑，祖宗眷顾，一定会病体康复。然而武王的情绪，并未好转。一天，他把姬旦召入车内，问："方今天下忧患，在于何处？"姬旦答道："殷商遗民甚多，恐其死灰复燃。我朝制度未定，人多纷见。"

武王问："以何策定之？"姬旦回答："封建我周人亲戚，令其势大权重。分离殷商之余民，使其势孤力单。"武王沉默一会儿，说："三弟可依靠否？"姬旦说："三哥多欲好求，专断自是，然其敬畏王兄，必不敢造次。"武王说："若我一病不起，他肯服谁？"姬旦一下噎住，转移话头说："王兄身体清健，仅染小恙，不出数日定当痊愈。"

武王说："我何尝不愿身体康复，然天命有定。若是此次有故，我秉承祖宗大业，岂能不早做谋断，令后事有定。此番在朝歌，见武庚怯懦胆小，以其主事，不成气候。但见三弟志气骄盈，举止奢侈，恐其挟制武庚，坐大成患。当初为震慑殷人，分重军驻扎朝歌，未知是福是祸。"姬旦说："三哥志大才疏，缺乏令名，即使手握重兵，也不能有所作为。太王、王季、文王三世积德，天下诚服，但我朝中稳定，外患不足忧。"

武王说："大哥早逝，我儿尚小。我去之后，谁可弹压三弟？"他意味深长看了姬旦一眼，继续说："我们兄弟十人，数你聪明智慧为第一。我忝为兄长，先得继承王位。辅佐我灭商，数太公和你最为功高。自古帝业传递，有子孙相继的，有兄终弟及的。没有必然的道理，只选择有利的决定。现在天下多故，除了你，谁能担此重任？我打算立你为储，若我故后，由你继承王业，安定天下。"[1]

姬旦恐惧颤抖，俯首于地说："请王兄收回成命，臣弟不敢奉旨。

---

① 见《逸周书·度邑》。

古人虽有兄终弟及之事，然此举多开争端，引致兄弟纷争相残，于国家不利。若我继承大位，三哥如何肯服？他若不兴兵作乱，也会裂地自尊，天下从此多难。臣弟虽然鲁钝，但愿披肝沥胆，辅佐太子，保我周室传承百世！"武王叹息一声，说："立你为王，三弟不服。我儿又尚小，不知政事。真是左右为难，事难两全。"

武王又说："太公德高望重，劳苦功高，此刻竟不在身边，让我得以咨询。"姬旦陷入沉默，低头不语。武王说："四弟是否有难言之隐，不可隐瞒为兄？"姬旦抬头说："太公智谋高深，当世无二。辅佐父王和王兄剪灭殷商，功劳盖世。然今日时势已变，太公乱世之诈谋，未必可用于当今之治世。"

武王问："何出此言？"姬旦说："父王以明德之教行之国内，太公以诈谋之略行之国外；父王以亲亲之义拔用我姓才俊，太公以尊贤之名引荐外姓之士。如今已无外敌，诈谋之略不可多行。外姓之士多用，必孤弱姬姓之力量。治世良方，当承父王遗志，明德亲亲，令百姓归服，王族壮大。"

武王说："太公勤劳王事，功在社稷，未可轻易弃之。况且王儿尚小，将来尚需依赖太公辅佐。有太公在，三弟不敢造次。"姬旦说："王兄思之尚浅。若三哥莽乱行事，太公靖难成功，必然功高震主。自此以后，朝廷无人能与太公抗礼。王兄没有听说伊尹功大，流放太甲于桐宫吗？太子孤弱，臣弟恐前事重演。"

姬旦一席话，击中武王弱点。今日虽说要传位四弟，但内心还是有些不愿意，他更希望儿子继承王位。如今姬旦以旧事相劝，触动他心头大忌。武王无法想象，他弱小的儿子被流放到边荒的情景。

姬旦继续说："王兄，兄弟相争，尚是我姬姓天下。若太公主政，天下未必姓姬了。"武王良久方说："四弟言之过矣，想太公之为人，必不至于如此。"

姬旦知道一时之间，无法让武王接受自己的观点，就没再说话。但他心内知道，若武王一旦撒手归去，留下顾命大臣辅佐年幼的儿子，那么他和姜太公，只能选择一人。两个政见相异的人，必不能同立朝堂之上。

> ### 姬旦为武王祷告，藏书金縢

东巡队伍回到镐京，武王病势并无好转。太医用尽珍贵药草，皆无疗效。文武大臣忧虑，束手无策。姬旦说："就让我向先王祷告，祈求他们再次降福吧。"于是命下人清除一块空地，在上面筑起三个祭坛。姬旦恭敬戒斋三日，然后素衣净手，放好玉璧，捧着玉珪，登上祭坛，向太王、王季、文王祷告：[1]

"圣明的祖先，您们的子孙发，患上暴病。他承受天命，要建设和治理周朝，不能丢下天下百姓。如果三位先王在天有灵，请让我姬旦以自己的性命来交换王兄吧！我聪明仁孝，又多才多艺，能侍奉鬼神。我王兄不如我多才多艺，不能侍奉鬼神。他从上天那里接受旨意，正在统治万民，要让周人的统治权世世代代延续下去。唉，不要毁弃上天赐给的宝贵大命，这样先王们的魂灵才有所归依。现在，我就通过龟卜来接受你们的命令，假若你们答应了我的请求，我便拿着璧和珪死去。假若你们不答应我的要求，那我就把璧和珪扔掉。"

---

[1] 见《尚书·金縢》。

而后，令人在太王、王季、文王灵位面前各放一块龟骨，进行占卜。占卜结束后，打开竹简，看见的结果都是吉兆。姬旦说："好啊，大王不会有什么危险了。我从三王那里接受命令，只有如何保住我们的统治权的问题，才是我应当考虑的。先王也因为这个问题，无时无刻不在为大王祝福。"

姬旦这番祭祷和占卜，他人并不知晓。只有身边的史官，把他的祝辞写到竹简上，放入匣子中，用金质的绳子捆绑，收藏起来。奇怪的是，第二天周武王的病势竟然有所好转。

第六节　霸王最后的抉择

姜太公失势，远赴齐国

然而，姬旦的祈祷，只有暂时之效。没有多久，周武王的病情再次恶化，精神消散，躯体枯瘦。这位刚刚完成改天换地伟业的绝代霸主，知道自己命不久矣。虽然心有不愿，但他再不能左右这个世界的格局。他召来最信任的弟弟姬旦，要把国家的未来委托于他。

武王告诉姬旦，太子姬诵尚小，在其成人主政之前，朝廷内外你最大，文武百官、中外诸侯皆受节制调令。武王抚摸着老弟的臂膀，勉励他负起重任，稳定局势，照抚幼小，光大周室。姬旦低跪俯首，泣不成声。武王说："不要哭了，人之生老病死，不是正常的吗？你还有什么愿望，让我帮助你实现的？"

姬旦拭去眼泪，抬了头，停了一会儿说："王兄，太公功勋巨大，深得人心。臣弟德薄才小，恐怕不能节制。"武王转头上望，叹息一声："唉，太公忠心耿耿，辅佐父王与我，历经二十载努力，终克成大业。难道我们姬姓，要有负于他吗？"

姬旦说："王兄，形势不同，此时非彼时。太公有才有德，然终非姬姓之人，其于我之行政必有所掣肘。方今天下，乃太王、文王、王兄之天下，乃我姬姓之天下。太公大功，已有封在齐，是我不负太公也。"武王沉默一阵，说："为我传旨，召太公觐见。"

姜太公枯坐家中，忧心武王病情。屈指一数，他已经有数日没有见到武王了。每次求见，都被侍从以病重休养拒绝。姜太公久于政事，老谋深算，已经嗅到异常信号。回顾灭商以后，武王对自己渐次疏远，中外大事，不再看重他的意见。相反，武王的亲弟姬旦备受倚重，其势力不断膨胀。姜太公空有才智，怎奈疏不间亲？他内心想，可能自己太过老迈了，已经不足成为武王的依傍。雏凤清于老凤声，方当盛年的姬旦，要成为新生王朝的主宰了。

听闻武王传召，姜太公忙拾掇妥当，进宫拜见。看到武王倚靠床头，形容枯槁，面无血色，姜太公悲从中来，跪下哭道："老臣无能，不能保大王玉体安康，愧对先王托付！"武王勉强露出笑容，说："死生有命，怎能由人左右。尚父请起，我方有事托付。"姜太公说："大王请吩咐，为王效命，老臣赴汤蹈火，在所不辞！"

武王说："尚父自辅佐我父王以来，二十有余年矣。赖尚父的计策谋略，我方可诛灭暴王，克成大业。尚父劳苦功高，我常恐无以为报。前时在朝歌，为慰尚父故土之思，已拜封在齐。如今天下粗定，诸侯未服。丰镐远在西陲，东方诸侯无所畏惧。尚父德望过人，如果坐镇东方，其不逊者必畏惧收敛，不敢反叛朝廷。我命将不久，临死托付尚父，望尚父答允。"

姜太公一听，心头凉了一截。武王表面话是让他坐镇东方，威服叛逆，其实是远斥边疆，让他离开中央，无法干预朝政。姜太公纵然内心有不同想法，但王命已出，又怎能说不？姜太公无奈跪下磕头："大王托付，老臣无有不遵。此去山东，必然尽心竭力，效忠王室。自臣而后，齐国世世代代辅弼王室，以此在大王面前为誓。"

姜太公停了一会儿，又说："老臣去后，太子年幼，不知大王托付何人？"武王说："尚父不需忧心，我已将太子和国家托付于四弟。四弟智慧超群，远见卓识，必然不负所托。"姜太公早有意料，听到答案，也不惊奇。他内心叹息一声，想托付给姬旦也罢，总比托付给姬鲜、姬度等好上几倍，于是说："大王托付有人，老臣放心。"

武王转头看了姜太公一眼，说："东方事急，望尚父以大局为重，早日启程。"姜太公内心悲痛，说："臣奉命。老臣回去收拾妥当，前往太庙拜别文王，明日便即启程。若无文王，老臣尚是朝歌屠夫、渭河钓叟，怎有今日成就？文王知遇之恩，老臣没齿难忘，必当终生效忠王室！"

武王听到说起了父亲，勾起伤感之情。蒙蒙眬眬中，他看到姜太公转身子，就要离去。他抬起手，朝他喊了一声："尚父……"

姜太公回转身，看到武王神情凄然望着自己，走了过去，握住他的手。武王颤颤巍巍地说："尚父……尚父此去……恐怕再无相见之日。平生教诲，朕……铭记在心。"姜太公紧紧握住武王双手，老泪纵横。直到武王疲惫得慢慢闭上眼睛，姜太公才放开他的手，安静离去。

是夜，姜太公备齐酒菜祭品，前往太庙拜祭文王。行毕贡献跪拜之礼，姜太公说："文王在上，下臣吕尚前来拜别。臣本山野草民，承蒙王赏识起用，得以位及将相。二十余年来，尽忠竭力，唯恐不能报答大恩。如今商王已灭，天下初定。大王愿望，已经实现。无奈臣年已老迈，不能再辅佐君王，治理国政。武王和太傅姬旦乃文王之子，聪明英睿，必能振兴周室，永定海内。老臣不德，即将告老东归，今夜前来辞别。万望文王及周室列祖列宗，保佑武王天年永续，保佑周朝国运昌隆！"

是夜，姜太公辗转难寐。黎明时分，曙光微露，他便令家人起身收拾，驾车离开镐京。车行缓慢，七日方入河南境内。是日，姜太公等在一驿店歇脚。路上人来人往，烟尘弥漫。姜太公恍惚看到，二十多年前自己拄着拐杖，一步一行西去渭阳的情景。驿店座中有一客人，听闻姜太公到齐国就任，说道："我听说时机难得而易失。现在看到太公您车马悠闲，随行又慢条斯理，不似到封国就任的人。"[1] 姜太公突然醒悟，赶紧收起怏怏之意，命令随从星夜赶路，速往齐国。

姜太公到达齐国，正值莱夷前来侵犯。太公率领军民，击退来敌。而后整修国政，顺应民俗，简化礼法，大力发展渔盐业，鼓励工商业流通，国家富裕，四方人民归服。而后，齐国逐渐成为东方大国。

武王薨逝，托孤姬旦

周武王寿享几何是一个不解之谜。历史上有说九十多岁的，有说六十多岁的，也有说五十岁的。按他自己的话：殷商衰落，自其未生以来，六十

---

[1] 见《史记·齐太公世家》。

有余年。推测终年六十余岁，比较合理。如果文王执政五十年的大数没错，作为文王嫡生二子，他的寿享年龄不能再年轻多少。

令人不解的是，一个六十岁左右的老人，他可继承王位的最大儿子，竟然只有十岁左右，以致不能亲政。有人会说他可能之前生的女儿多，后来才生儿子。但历史记录，周武王的大女儿下嫁陈胡公，在灭商以后。估计当时大女儿的年龄，不超过二十岁。那么就是说，周武王在四十岁之后，才生育儿女。这是非常让人困惑的现象。

众所周知，同为帝王的刘邦，也是四十岁后才结婚生子。但刘邦长期落魄贫穷，混迹社会底层，没有妻儿实属正常。周武王贵为王子，不可能没有妻子——可能不止一个。有妻有妾的周武王，在男人精力最旺盛的二十年内，竟然没有生下一子一女，岂不神奇？

周武王的儿子，除了成王姬诵，后来封侯的，还有唐叔虞、邢叔、应侯、韩侯。也就是说，自姬诵以后，周武王生育能力爆发，快速再生了四个（还不包括女的）。反复推算，总觉得很矛盾。作为文王二子，他年龄不能太小；但其生育能力长期沉寂，突然爆发到高峰，又极其不合理。

历史记录，或许在哪里出错了。但一个点的怀疑否定，牵连到整个面的重新修正，既定历史就会轰塌。于是，人们不得不接受一个尴尬的事实：一个六十余岁的老人，留下不满十岁的大儿子继承他的王业。

周武王何尝不知道，最有利于王朝的做法，就是把王位传给年富力强、才智卓绝的四弟。但作为父亲，他又有内心自私的想法，那个未通人事、刚学会言谈举止礼仪的孩子，因为晚年所得，而特别怜爱。他和他那群嗷嗷待哺的弟弟，让周武王感受到人生的另一种乐趣。他第一次发觉，自己沸腾的血液和伟大的事业，有人传承下去，是何等的欢喜！

这种喜悦让他忽略，主少国疑对一个新生王朝的危害性。

周武王又发了噩梦，他看到一个身材魁梧、满脸虬须的汉子，自远而近，向他走来。他对他说："来吧，你也快死了。纵然打败我又如何，最后还不得死去？我在人间享受到极大的快乐，这些你有吗？地狱也很美，我在这里等你。"周武王睁开眼睛，浑身无力，只看到红彤彤的锦帐。他觉得纣王来招魂了，知道自己命不久矣。他最后一次召来姬旦，还有太子姬诵。

周武王命人取来刻在铜板上的《郊宝》《开和》和《宝典》，授予姬诵。[1]告诉他，这是先王治政要典，一定要刻苦学习，遵照执行。他抓起姬诵嫩滑的小手，放到姬旦宽厚的大手中，说："四弟，太子和姬家的王业，就托你看管了。"

姬旦紧握姬诵小手，忍住泪水说："王兄安心，臣弟对祖宗立誓，定保太子和国家无忧。"姬诵抬起头，仰望这位魁梧高大的叔父，感觉他好像一棵古老的参天大树，沉稳而又安详。

是夜，周武王阖目而逝，一代霸主告别人世。

周武王一生功绩，主要在颠覆殷商之暴力革命。后来他对国家建设进行了规划，但没来得及着手实行。周武王站在中国历史的中心点只有短短两年多的时间，造成的影响，却绵长数百上千年。后世对他的评价之高，可能超出他本人的预想。

周初五十年是远古最后一个黄金时代，这不是某一个人的功劳，而是文王、武王和周公三人合力的成就。之前有周文王五十年的劳力积累、苦心经营，之后有周公姬旦高屋建瓴、继往开来，才能成就周朝

———————————
① 见《逸周书·武儆》。

八百年的统治和礼乐文化千年的影响。周武王正好站在中间的节点，推动了历史的前进与王朝的发展。

因此，周武王得以和文王、周公并举，位居圣人之列。后人提到周初的王政，统称"文武周公之道"。除丰伟的军事政治功绩，其闪耀出的道德光芒，永为后世敬仰。

但周武王临死之时，不会想到这些。他把还未稳固的江山交给一个孩童，是怀着坎坷不安的心告别世界的。未来如何，只能依靠那位在他心中才智绝伦的兄弟了。为了他，自己放弃了有着二十载辅佐之功的姜太公，希望这不是一个错误的选择。

第
五
章

摄政和东征

第一节　临朝摄政生流言

<table>
<tr><td>

幼主当朝，周公摄政

</td><td>

姬旦知道，武王崩逝的消息传出，一定会众议纷纭。国人忧心幼主当朝，不知能否保证政局稳定，生怕引起变故。四方诸侯各打算盘，有人觉得武

</td></tr>
</table>

王去世后，周国的力量衰弱，无法再统御诸侯，再也不用尊周人为盟主，更不用去朝贡了。殷商贵族蠢蠢欲动，认为天赐良机，复国的机会来了。

任由这种情况发展下去，好不容易形成的一统局面，就会瓦解，文王、武王数十年的努力，将付之东流。然而年方十岁的姬诵，还太过稚嫩，无法承担起这样的重任。想起武王的重托，姬旦明白未来周朝的兴亡，系在自己身上，不能退缩。

他在心中谋算，必须让天下人知道，周朝除了幼主，还有主心骨。文王的德政仍旧执行，武王的权柄仍旧在握。既定的秩序，不容更改。谁要挑战，就会灭亡。当姬旦牵着姬诵稚嫩的小手，登上朝堂时，心想：我们的王朝如同这个小孩一样，需要自己全力扶持。

姬诵一边迈着小步伐，一边左顾右盼，看着那些似识未识、须发斑白的朝臣，内心一片迷惘。他内心不知如何区处，只好跟着公叔的步伐，一步一步向前走。朝堂最深处的中央，安设了一张大座椅，坐板与自己的脖子齐高。他知道，这张雕刻着似龙似麟图纹的座椅，平时是父亲的坐处。如今父亲去世了，由谁来坐呢？是自己吗？姬诵站在王座之前，一阵发呆。

姬旦向前一步，把他抱上王座。然后后退一步，与朝臣作揖拜首道："参见大王！"姬诵眨了眨眼睛，用爽朗的童音答道："众卿有礼。"停了一会儿，又说："父王劳碌国事，不幸宾天。我年纪尚小，虽继承王位，但未晓政事。父王生前有旨，国家政务由公叔辅佐治理。今后臣卿们有何奏议，均向公叔请示。"

这段话是左右亲近，教了姬诵好几遍，要他在朝堂上说的。赖其天分不浅，在大众场合，竟然一字不差背了出来。朝臣听了，左右互望一眼，然后拜首说："臣等遵旨。"

姬诵咽了一口唾沫，等朝臣说完，接着宣布："自今日起，封公叔为太师，统理中外朝政。"他眼睛骨溜溜看了姬旦一眼。姬旦向前一步，说："臣领旨。"姬诵又看了左边两人，说："封召公为太保，封毕公为太史，协助公叔。"姬奭和姬高走出行列，道："遵旨。"

等成王说完，姬旦走到成王左下方，转身面对朝臣说："先王神武英迈，受天大命，克定暴商。如今王业已成，奈何天未假年，撒手西去，致使大统着落在孺子身上。姬旦追随先王左右已久，赖先王之信任，托付我于孺子与国家。姬旦才德浅薄，本不敢担此重任。怎奈国家肇建，四方多事，心怀不轨之人，日夜望我周朝生乱。若国家有故，孺子逢危，我复有何面目见父王与王兄泉下？因此，姬旦不敢妄自菲薄，承受今日之重任。在朝众臣，皆是文王武王旧人，望文臣同心，武臣同力，护佑孺子和文王武王之基业。姬旦虽然驽钝，岂敢不身先士卒！"

姬奭和姬高首先应和："我等必勠力同心，辅佐大王和太师行政，克定文王武王盛德大业。"众臣见如此景象，皆先后出列，宣誓忠诚。朝堂之上，无人对周公姬旦摄政有异议。从此，周王朝进入周公姬旦摄政时代。

能有如此效果，与姬旦事前的安排设置分不开。他想到自己摄政，自然有不少人有意见，特别是姬姓宗族的兄弟叔伯。为了安抚他们，必须提拔一些姬姓同族的人参政。但不能是自己的兄弟，否则分散权力不说，还有可能导致争权。姬旦选择了自己政见相同、关系融洽的姬奭和姬高——他们两个是王室远房宗亲，与自己组成三公集团。如此，不但减弱自己行政的阻力，而且近亲兄弟也不能以孤弱同姓为借口，对自己加以攻击。

对于文王时代招徕的贤士，如闳夭、太颠、散宜生等，姬旦如姜太公一般，增加他们的采邑，削弱他们的实权。最后，让他们在朝廷内，只起到咨询参谋的作用，慢慢变成养老的闲官。想着姜太公曾经位高权重，也在一日之内跌落，远赴山东。闳夭、太颠、散宜生等掂估己方的力量才智，无法与姬旦抗衡。采邑增加了，年龄又大了，个个乐得清闲养老，免生事端。

诸侯会丧，周公试探三监

所谓天子之丧动四海，历古如此。各诸侯国君，都要前来京师吊问。因此天子下葬，需要七个月时间。对于姬旦而言，这是试探诸侯忠诚与否的良好时机。毕恭毕敬前来吊问，礼节不缺者，必然忠诚周朝。无故不来，态度傲慢者，即是不认可周朝的宗主国地位。

天下来朝，固然是姬旦心之所愿。然而这样的想法，毕竟太过美好。现实的处境，最好未雨绸缪，以备万全。姬旦执政的第一要务，就是重整军备。之前武王一统宇内，马放华山，牛放桃林，打算不再动用武力。然而时势不同，现在天子幼弱，诸侯有轻慢之心；殷商遗老交通勾结，有难测之意。

姬旦预感到，即将有大风雨来临，考验新生的王朝。虽然他内心更倾向文王的理念，以文德服人，但若没有武王的武功，也无法镇服诸侯。如果有人怀疑周朝的统治地位，或者质疑朝廷的权力结构，姬旦会毫不犹豫使用武力手段来改变他们的想法。他已经下令，把散养的牛马收回军队，把存入武库的戈矛剑戟取出来，让士兵们加紧操练。姬旦想借助诸侯吊丧的机会，展示周军阵容实力，表明不惮使用武力的决心。

在周武王下葬典礼前夕，四海八方诸侯齐聚镐京。虽然没有重要人物无故缺席、态度怠慢，但姬旦知道，他们之中很多人暗存观望态度，内心期望天下格局发生变动。姬旦在京师集中六师的兵力，向他们展示庞大的阵容。

秋风猎猎，军旗翻飞。战车驰骋，黄尘滚滚。矛戟林立，将士如云。他们震声怒喊，如虎啸龙吟。在座诸侯，倒抽一口凉气，心想：这就是王者之师的气象吧！

"诸位友邦冢君、卿士！殷商暴君当政，丧其天命。我文王修德养民，积五十年之久，才能承受上天的大命。武王继承大命，克成大业，奄有华夏。"姬旦满身缟素，牵着成王的手，登上祭坛，向诸侯训话："无奈天不假年，武王早逝，以王朝基业遗之孺子。姬旦受先王嘱托，辅佐新天子行政。待天子成年之后，姬旦再归政于他。姬旦心在公室，诸侯、大夫不要以为我有其他想法。诸侯、大夫也不要欺负天子幼弱，心怀他想。文王的文德泽被苍生，武王的武烈威加四海，他们虽然逝世了，但还像生着一般。如果有诸侯或殷商臣俘，阴谋不轨，敢做叛乱，我将怀抱天子，亲自讨伐你们。今天给你们看到的，我周军勇猛强大，是要让你们慑服。如果你们恭敬对待天子，天子将授予你们爵位，让你们统治臣民。如果你们背叛天子，王师将毫不怜悯，诛杀你们的家族，焚烧你们的宗庙。"

姬旦再对他们说："殷朝已亡，周朝振兴。四海诸侯，应当遵行周朝的典章制度。改正朔，易服色，殊徽号，异器械，别衣服。这些有典有章，你们要遵从。周朝乃天下宗主，当居中国。武王遗命，将在伊洛河畔营建东都，以便四方来朝。甸服宾服诸侯，以及东夷、南蛮、西戎、北狄，不要仗恃你们居住偏远，而轻视朝廷。王师军威无远弗届，在西方驻扎六师，在东方驻扎八师，可以横行天下，你们要警惕所作所为！"诸侯以为天子幼小，朝廷会以怀柔政策笼络他们。没想到姬旦态度之强硬，远超所料。在座小国瑟瑟，大国屏息。

因为三叔要监管殷商之地，姬旦令姬鲜、姬度留守，只派姬处携武庚来便可。然而姬旦只看到姬处只身而来，武庚被留置朝歌。姬旦责问于姬处，为何武庚不来？姬处答道："三哥和五哥认为，如今局势敏感，武庚若西来，恐怕殷人会有异动。"

姬旦说："殷人有异动，为何不汇报朝廷，而擅做决定？"姬处说："三哥说天子尚小，还未亲政，就不惊扰他了。些许小事，我们能处理得了。"姬旦怒道："天子虽小，三公在朝执政，你们敢藐视朝廷？"

姬处脸面上觉得怪不好意思，说："四哥，三哥和五哥没有这个意思。就是近来朝廷多事，他们也不想你增加烦恼。"姬旦冷然道："在朝言公，莫挟私情。武庚乃殷人之头脑，事关大局，有关其一切处理安置，只能政出朝廷。你们负监管职责，不能擅越！"姬处低头不语。

殷人之动向如何，难于预料。然而晚变不如早变，姬旦决定测探他们的底线，也测探他三位兄弟的底线。他告诉姬处，营建东都的计划刻不容缓，殷民众是都城建造主力，他们要尽快组织人员就位。之前因为武王之丧，已经推迟了一段时间。

姬旦再次向姬处强调，天子未亲政，三公之命，就是朝廷之命，就是天子之命，希望他们谨慎遵从，切勿擅作主张，行差踏错。否则即使兄弟至亲，也是法令不宥。姬处觉得四哥当朝主政后，未免过于严厉。他悻悻然内心不服，回到朝歌向两位哥哥禀报去。

教育栽培成王，抗礼于伯禽

姬旦担负周朝的未来，不但体现在对内政外交的统筹上，还体现在对成王的教育培养上。姬旦知道，自己临朝摄政，不过是权宜之计。成王长大成人，自己是要把大权奉还的。彼时成王的品德才能，就是决定王朝未来的主要因素。因此，他必须注重对成王的培养引导，以最高的标准塑造他的德性，培育他的爱心，锻炼他的才干，丰富他的知识。

姬旦对成王教育培养的思路，首先要求君王要有博爱之心，推爱护子女之心及天下百姓，方可急民所急，忧民所忧。其次要明晓人伦礼仪，君臣、父子、兄弟、夫妻和朋友间关系，有其自然准则，循规而行，才能表率万民，使天下归心。至于治国方策，内依兄弟宗亲，外揽天下英才，集思广益。难决之疑，可问卜神明，询及庶士。

太保姬奭同样对成王的教育，负有责任。古代储君，出则有师，入则有保。师保协作，才能培育成储君的道德学问，达到教育的目的。成王虽然继位，但未亲政，所以对他的教育，还是以储君的规范对待。师保分工，太师姬旦以实事教导成王明晓德行，同时教授他掌握实践的理论方法；太保姬奭对成王健康成长和安全负责，且确保将他所有的言行举止，导引向合乎规范的方向。两人有主外和主内的分工，但姬旦总揽全局。对成王的教育成长的各方面，姬旦都有监督建议的权力。

然而成王毕竟是天子，不能以常人待之。在教育问题上，终究有不便之处。首先他在万人之上，不能与其他儿童混杂一处受学。若无人陪伴，孩童一人又无聊，听课枯燥无味，难有功效。其次成王若有惰性，或犯了错，臣子不能责罚天子，则不能训勉其尽心改过，教育计划便不能推进。所以，姬旦让自己的大儿子伯禽入宫，与成王一起受学生活。

伯禽大成王七八岁，已经是个少年。孩子之间，有共同语言。成王有了伴儿，就不觉得孤单。其次成王若有怠懈，则施罚于伯禽，以警示天子。有些特殊礼仪，成王听不明白，不知操行。姬旦便命伯禽如法演练一遍，成王再照着模仿。形体的动作，毕竟比语言的描述更为生动形象，易于儿童理解。这样的施教方法，叫"抗礼于伯禽"。

有一回成王犯了错，姬旦便让伯禽趴下接受鞭策。纵然最后成王求情，执刑者也不收手，前前后后抽打了十八鞭。众人散去，成王扒开伯禽给血迹印红的裤子，一条条鞭痕纵横在雪白的屁股上。成王看得热泪盈眶，说："哥哥，累你受苦了。今后我一定好好学习，让哥哥不再挨打。"伯禽憨厚地笑了，说："我屁股肉厚，没有关系。"

除了普通教育，姬旦还把自文王以来治政的方策，传授于成王。他敬告成王："王啊，我早晚勤勉，不敢懈怠政事，为了什么？现在纣王的余孽，还在网罗流散的人们，企图危害我们的王朝。王，您只要敬重天命，上天是不会护佑他们的。从前先王修治五典，勤勉九功，尊重人而又敬重天，教给我们六则、四守、五示、三极，敬顺八方。您要认真学习这些经典，把伟大的王业继承下去。"姬旦对成王的教育训示，内容不免晦涩艰深。但成王不是普通人，必须接受高标准的要求。只有他从小处处走在其他人的前面，方能承担起天下兴亡的重任。

姬旦还传授给成王学习修身的方法：在邪念未萌芽之时，加以禁止，叫预防；在可以接受教育之时，认真学习，叫适时；不跨越学习每个阶段，循序渐进，叫顺时；相互观察，学习别人的优点，叫观摩。在处理艰繁政务之余，姬旦还不忘朝夕督促成王学习。他对这位侄子的成长，可谓费尽心力。

然而他的一片赤诚，不是所有人都理解。有的人看到他趁着天子年幼，独揽大权，就觉得他有别的想法，或会取代成王。这种猜忌，在同姓兄弟间流传得很炽烈。如果不是按照子承父业，而是兄终弟及的话，其他人也有继承王位的权利。

第二节　大义灭亲定叛乱

三叔散布谣言，阴谋反叛

姬鲜听了姬处的报告，姬旦多有责备之词，心中不悦。姬鲜觉得："姬家兄弟，现在就我最大，你老四有没有一点尊重哥哥的意思？凭什么你说什么我就做什么，把朝廷当成你的一言堂？二哥去世，你给自己升官，跟你一伙的也升官，我呢？不是为了朝廷，为了天下，我会不辞辛苦跑到这遥远的地方来操劳？我自问勤勤恳恳，尽忠职守，没有功劳，也有苦劳。得不到褒扬罢了，还被申斥。"

姬鲜想着，气不打一处来："从前二哥给你撑腰，我无可奈何。现在我不甩你，又能奈我何？"

姬处在京师，被姬旦当面教训，心里没好气，不免把姬旦专权独断、架空成王的话，添油加醋说一遍，煽动姬鲜的不满情绪。姬鲜听到伯禽和成王同窗，学习天子礼仪，一掌拍在桌案上，说："这成什么话！难道伯禽以后要当天子，还是他把自己当天子了？"

姬处不怀好意地说："是啊，现在四哥，跟王有什么区别。伯禽以后是要当天子的，咱哥几个，以后都要跪下，给他磕头。"

姬度久跟姬鲜在一起，两人早抱做一团。他说："按理说，三哥排行大。如果王位是传给兄弟的，理应三哥接班。"姬鲜心内一片空落，但嘴上却掩饰自己的野心："我何曾贪恋那个王位？有这样的想法，我就不答应在这里监管商人，早回京师，日夜陪在二哥身边。"

姬处缓缓摇头说："你不想，难保有人不想？想想太公吧，对咱们姬家和国家，可是劳苦功高。辅佐父王，又辅佐二哥。没有太公，哪有姬家的天下？不知四哥在二哥面前说了什么话，竟然被一纸命令，放逐到东海边疆。可叹啊，可叹！"

姬度叹息一声说："二哥是给灌了迷魂汤，还是神志不清了？如果太公在朝，还有个主持公道的人。现在孺子被欺凌，三哥又不能参与朝政，天下的事，都由四哥一个人做主了。"他瞄了姬鲜一眼，继续说："三哥，我可是支持你的。不论继承王位，或是临朝主政，你都是首选之人。"

姬鲜瞥了他一眼，摆手说："你支持有什么用？姬家那么多兄弟，那么多叔伯，都不知他们怎么想！"

姬处向姬鲜挨近，贴着他说："话不是这么说，三哥。现在咱家亲人，数你最大。你不站出来说话，谁敢站队？你一发声，大家自然向你靠拢咯。"姬度跟着说："论理你占优，论力你也不差。我们在朝歌的驻军，就有四万，都是灭商的精锐之师。百万商人，有其需求，也可为我所用。只不过三哥你，要给别人点好处，他们方肯卖命。"

姬鲜低头思索良久，吐出一口大气，问："你说，给他们什么好处，他们方肯卖命？"

姬度答道："武庚现在不是公爵吗？你答应他，只要发动商人拥护三哥你为周王，就恢复他王爵，允许他独立自治。武庚为人懦弱，此刻命运掌控在我们手中，不敢不答应。"姬处接着说："向来效忠殷商的淮夷，也可以联动。到时我们的力量，不亚于京城一方。"

姬鲜给自己倒了一樽酒，仰头吞尽。他伸了伸舌头，不住在两唇间来回舔，直到酒味散尽。此刻他正在思考一个重大决策，想着是否还有缺漏，怎样才能处于不败之地。"朝外的力量，我们心中有数。如果朝中有内援，胜算更大。"

姬处一拍胸膛说："三哥你下决定，我负责联络京城的兄弟，还有虢国、虞国的叔伯。我不信那么多人，就没有支持三哥的！"

姬鲜面色通红，抚摸着双掌，看了两人，缓缓说："五弟、八弟，你们两个如此帮助我，我怎么报答？"

姬度一挥手说："自家兄弟，说什么报答不报答的！我们只希望常随三哥左右，一起有酒喝、有肉吃！"

姬鲜乐呵呵地说："好！好！我若当了王，定封你们一个大官，封你们一个大国。三兄弟一起有酒喝、有肉吃！"三人顿时哈哈大笑起来。

当下三叔按压住征发商人前往营建洛邑的事，只往朝廷发了一封回复，说殷人窥视时局不稳，阴谋复辟，如果强制征发他们服劳役，恐被奸徒利用，酿成变故。三叔自言身在朝歌，可暂作东都，以威服诸侯。洛邑之营建，建议从缓。

与此同时，姬处派遣亲信到处散布姬旦架空成王，要取而代之的消息。联络京城各叔伯兄弟，试探他们的态度，希望获得支持。而姬鲜派遣使者出使诸侯，争取他们的力量，至不济也让他们保持中立。

三叔对抗中央，胁迫武庚叛乱

姬旦收到三叔回复，非常震惊。他们一再抗拒中央的命令，摆明无视朝廷，想要分庭抗礼。姬旦请来姬奭、姬高，商议应对的策略。他们是朝廷三公，最有权力的执政者，他们的意见，就是政府即将采取的措施。

姬高主张免除三监职务，调任他国，另派忠诚的宗子主政朝歌，以维护朝廷权威。姬奭认为三监反迹未彰，褫夺职务，容易激起军变。不如虚与委蛇，察看其今后动向。如果仍旧自作主张，再采取强硬措施未迟。姬旦觉得，放任三叔肆意妄为，不是好的方向。于是折中两人意见，先派遣特使前往朝歌，听取三叔详细汇报，并且察看殷人动向消息。

此时三叔的使者已奔向各方，联络诸侯阴谋叛变。朝廷重臣和姬姓王族，都是他们招揽的对象。姬处排行老八，与老九姬封年纪相仿，感情很好。前些时候回京城参加武王丧事，言及成王年幼，大权旁落，姬封还很赞同。于是姬度觉得，姬封一定支持他们的计划。派遣密使将全盘计划告诉姬封，要他居中接应，承诺事成封他百里大国。谁知姬封内心敬畏四哥姬旦，表面上敷衍密使，回过头却向姬旦告发实情。

姬旦没想到三叔势力，竟然渗入京城。不知道除此之外，他们还在哪里活动？姬旦当即逮捕密使，并传令四方诸侯，三叔职务已经被罢免，各国不得与其来往。若有三叔使臣在国，应速逮捕，送往京城。

姬奭和姬高是中央朝廷权威的维护者，他们坚定站在姬旦一边。三人紧急召回前面派遣的特使，重新以天子的名义发诏，解除三叔军事和行政职务，命其即刻回京城报道。姬旦暗示使者，天子念在与三叔的叔侄情分，可格外赦免他们，保留爵位和封邑；如果再抗拒命令，将致严刑大罚，死罪难逃。

中央的使臣还未到达朝歌，三叔就已知道事情败露。三人聚集在一起，浑身激动到战栗。姬处咬着嘴唇，恶狠狠地说："老九啊这个老九，我万万想不到他是这样一个人。前面一套，背后一套，枉我那么信任他，对他那么好！"

姬度白了他一眼，良久才拍大腿叹道："当初你是怎么打包票的，我们让你去联络叔伯兄弟，事情没一件搞好，却捅了一大马蜂窝。派到各国的使者，大部分被抓了，怎么是好？怎么是好？"姬处羞愧地低下头。

姬鲜看着两位兄弟慌乱的样子，勉力使自己镇静下来。虽然事情突如其来，打乱原先的部署。但他自我安慰，自己是姬旦的三哥，未来当天子的人，为了小事就乱阵脚，有失领袖身份。他故作平静地看着他们，慢声说："早来晚来，都是要来。谋大事者，应该处惊不乱。两位兄弟切莫害怕，天塌下来，由哥哥挡着。"

两人一听，内心宽慰，心想："是啊，怕什么？一切有三哥顶着，没理由怕四哥。"他们又联想到，大事告成，姬鲜成天子，他们位列三公的辉煌未来，兴奋的劲儿又起来了。姬鲜捋捋他那稀疏的胡子，说："当务之急，是逼武庚就范。我们有四万驻军，骁勇善战，加上商人的力量，何惧西师？"姬处赶紧传令，召武庚入殿商议。

武庚未知缘由，揣着一颗七上八下的心来见三位跋扈的监管者。虽然他曾经是天子（商纣）之子，现在也贵为公爵，但他另一个身份，是一个失败者。别看身着锦绣，居处荣华，其实过得毫无尊严。姬鲜三兄弟，对他是招之则来，挥之则去，视如奴仆。不知何时，他也学会了奴颜婢膝，唯命是从。

武庚是个胸无大志的人，每次梦见父亲在武王剑下身首分离的惨象，都会吓醒。他下意识摸摸脖子，确信是完好无损的，才能松口气。国仇家恨，对武庚是不存在的。此生他只希望老婆孩子热炕头，平平安安度过。

每次姬家兄弟召见，对他都是一种折磨。久而久之，他也习惯了他们的折辱与嘲笑，习惯了厚着脸皮去逢场作戏。经历一番煎熬，能换来几天平静安详的日子，他也是知足的。然而听闻姬家兄弟要起兵造反，武庚惊呆了，嘴巴大半天合不拢。过了许久，他方摇手说："三位主君，我一心侍奉天子，不敢有二心啊。再说我无德无能，行军打仗，一窍不通，也帮不上什么忙。"

姬鲜用他锐利的眼神盯着武庚，说："商公，此言差矣！我们三兄弟，对天子一片忠心耿耿。只因我那四弟太不像样，竟然架空天子，大权独揽。我是心念先王留下孺子，遭逢大厄，令人心酸。此番用兵，只想替先王讨公道，为天子做主。只要四弟还政天子，我们即刻休兵。"

姬度在旁附和，说："是啊，商公，你顾忌太多了。我们只想威吓四哥一番，也许不须打仗，他就乖乖还政天子了。"

武庚畏怯看了他们一眼，说："我……听说，太师秉政，是先王遗命。要他还政，恐怕……不妥。"姬处手掌猛拍桌子，站起道："武庚！不要敬酒不喝，喝罚酒！我们和你商谈，是给你面子。须知道，你不过是我们手掌中一只蝼蚁。我们要你三更死，你活不过五更！"武庚给吓一跳，把桌上的酒带倒，湿了一桌。

"老八，看你怎么说话的？"姬度安慰武庚说："商公是我们座上宾，能这样对他吗？商公，只要你答应，与我们兄弟合作，事成之后，我们奏明天子，恢复你商王称号。你帮助了天子，天子能不答应你的请求吗？恢复王号，对祖宗而言，是多大荣耀，你们商人，就更加敬仰你了。"

在姬家兄弟软硬兼施，主要是武力威吓下，武庚再也不敢说不。姬家兄弟说什么，他就做什么，完全成为三人的傀儡。

武庚下面，许多商朝贵族不堪忍受亡国耻辱，听说姬鲜答应恢复商朝王号，皆欢欣鼓舞，踊跃响应。姬鲜再夸大宣传他们对殷民的恩德，说朝廷本意要押送他们前往洛邑服苦役，兴建都城；他悲悯殷民不幸，不忍看他们再承受苦难、妻离子散，所以才抗拒朝廷命令。姬鲜告诉他们，如果他失势了，殷民将沦落为奴隶，被遣送到远方服劳役，身家性命难保。殷民果然感念姬鲜恩德，踊跃投军，保卫家园。姬鲜三兄弟控制的军队急速膨胀，达到十万之多。他们派遣到东南的使臣，也回报好消息。淮夷、徐戎愿与结盟，对抗周朝。

手握这样的底牌，姬鲜胆子壮了。听到中央来的使臣令他解职归朝，姬鲜一脸惊讶，问道："这是谁的命令？"使臣回答："是朝廷的命令，也是天子的命令。"姬度用他那枯涩的语气反问："朝廷是谁的朝廷？是天子的朝廷？还是太师的朝廷？"

使臣尽力保持内心的平静，缓缓地说："天下只有一个朝廷，是文王武王的朝廷，也是当今天子的朝廷。"

"既然如此，你也知道我们三兄弟，亲受先王册封，肩承重任，屏藩周室。"姬鲜放缓语速，增强语调，每一个字都想强调出自己的威严，说："且不说我们在朝中地位举足轻重，不是说撤职，就能撤职。即使我们听命离去，这偌大朝歌，由谁做主？殷民生变，谁负责任？"

使臣分别向他们拱手，说道："请管公、蔡公、霍公放心。太师已做区处，只要三位肯离城回朝，曹公即刻入城，代管朝歌事务。"

姬度哈哈大笑起来，说："老六？他胃口未免太大，我们三兄弟的地盘，他一人就吞下了！"使臣微带尴尬地说："曹公只是暂时统管，以防生变，今后如何处置，还待太师、太保和太史再做商议。"

"你口口声声一个太师、太师的，眼里哪有天子？"姬鲜声音变得严厉，他是真的有些恼怒。他发现，他这位四弟，地位声望已经远远高过于他。作为兄长，要他以低姿势仰望弟弟，内心很是不忿。"敢情朝中大事，拍板做主的全是太师，天子也不容置喙？我听闻我那四弟心有雄图，窥视天子宝座很久了。使者，你说是吗？"

使臣一听，慌忙俯首说："罪过！小臣不曾听闻此等谣言。太师受先王所托，辅佐天子行政。当今天子年幼，太师以天下为公，是以不辞劳苦，事必亲为。日后天子成年，太师必还政天子。太保、太史皆同秉朝政，小臣不敢妄言。"

"呵呵！我看你就在妄言！"姬处昂头站起来，双手叉腰，在使臣眼前踱来踱去，说："你没有听说小伯禽和天子一起上课，天子行什么礼仪，伯禽行什么礼仪吗？还是伯禽行礼在先，天子行礼在后。四哥的用意，以后伯禽就是天子，你们，我们以后都要向他跪拜，嗯？嗯？"

使臣咳嗽一声，声音有些不安地说："学习的事，不能当认真论。天子年幼，有些礼仪繁复，不看人效仿，他不明白。此番小臣前来，只是传达朝廷之命，其他一概不闻。"

姬度在旁接腔说："此事干系甚大，关乎我朝未来安危。不讲明白，岂能说撤职就撤职？还有太公，辅佐文王和武王多年，开疆扩土，颠覆殷商，劳苦功高。不知四哥给二哥灌了什么迷魂汤，竟然把太公放逐到海疆。现在朝廷都成他的一言堂，留下儿子给人欺负。"

使臣看到他一口一个四哥、二哥的，就沉默不说话了。

"呀，你怎么不说话啦？"姬度看到使臣沉默，步步紧逼说："是不是给我们说中了？四哥就是心怀鬼胎，想对天子不利。我们可不能放弃权力，交出兵权。如果我们三兄弟什么都没有了，还有什么能制约四哥？天子还有什么依靠？可怜的孩子，年纪轻轻没了爹，撂下那么大一个担子。还没懂事，就给人欺负。三哥、八弟，我们不能不管啊！不能不管啊！"姬度说到后面，声音凄怆，连自己都感动了。姬鲜和姬处装作悲哀的样子，低头擦眼。

使臣继续沉默，看他三人做戏。过了良久，才开口说："小臣此番前来，只是告知三位尊公，前往京师述职。其他事务，小臣位卑官低，未曾与闻。太师还让小臣转告，天子顾念宗亲之谊，承诺往事不咎，还保留三位尊公爵位和封邑。"

姬鲜终于发话："哼！天子已被挟制，我们怎么知道这些话，是不是他的意思？这样的情况，我们是不会交出兵权、离开朝歌的。"

使臣见姬鲜把话说死，也就不再苦口相劝，他说："三位尊公如此意思，那么小臣领旨，就回京城复命。"

三叔扣留使臣数日，一面拖延时间，进行反叛准备；一面商议对策，拟定给京师的回复。最后给使臣的回复：拒绝交出权力，拒绝回朝述职，拒绝派送商徒到洛邑；同时要求姬旦自动辞职，归政于成王。

姬鲜拟定了一份重新任命朝廷要员的名单，其中有姬鲜、姬度和姬处三兄弟，还有姜太公。姬鲜派了使者到齐国联络姜太公，想拉拢他入伙。然而齐国肇建，国弱兵寡，姜太公不想参与这样的纠纷，没有给他回复。其实姬鲜和姜太公的关系并不佳，拉拢他是想利用他的声望，兴兵起来理直气壮。姜太公不回复，也不惋惜。凭借现在的兵力，已可以同朝廷一较高下。想起姜太公神鬼莫测的能力，姬鲜心里着实没有自信。他不入伙，未尝不是好事。

委政姬奭，周公率师东征

姬旦听了使臣来报，叹息一声，知道一场战争在所难免。殷末乱政，致百姓流离，黎民受难，几经征战，方安定下来。不想才三年时间，祸乱又起。哀我生民，忧患实多。新生的王朝，几多磨难。他又自言自语："凡今之人，莫如弟兄。想不到兄弟一场，最后弄到刀枪相向。"

他和姬奭、姬高把姬鲜等行为定性为叛变，决定出动王师征讨，平定祸乱。成王看到奏章，问："三位叔伯为什么不听命令，藐视朝廷呢？"姬旦回答："他们狼子野心，与殷人勾结，背叛宗庙，欲对大王不轨。"成王"哦"了一声，说："那公叔和太保公、太史公处置便是。"成王的年纪，还不能明白这件事的性质和意义。他像往常一样，把事情交给三公全权处理。

如果说成王的疑问，尚好回复。那么母亲太姒的责问，那就难以措辞了。在一切还没恶化之前，母亲谆谆嘱咐他："旦啊，你们兄弟之间，一定要团结一致，才能保护这个国家长长久久。老三向来硬气，本性也不坏。老五和老八是不成事的，给他带一起了。你们要好好谈，兄弟之间，没有化解不了的误会。我老了，没多久就去见你父亲。我不想告诉他，你们兄弟最后弄得有你无我。"

姬旦内心哽咽，他向母亲担保，一定妥善处理，和平解决。然而不料自己一番苦心不被理解，三哥如此强硬，导致要兵戎相见。老母年事已高，姬旦不想她受到刺激，是以备战出征之事，对她极力隐瞒。纵是如此，纸终究包不住火。

在姬旦出征前夕，太姒把他召来，说："你们兄弟终究关系破裂了，要动刀子了。既然如此，那就打吧。不打，也不知道谁是对的。不打，这个国家也保不住。男人的军政大事，我老太婆也不插嘴。我只有一个请求，如果他们三兄弟在战场上没给杀死，就请看在老身的份儿上，饶他们一命。带回来，让我看他们最后一眼。这样，我死了也阖目了。"

姬旦知道这对母亲的意义，这不是一个儿子的性命，而是三个儿子的性命。他抑制住内心的悲伤，跪下说："儿子领命，尽力带回三哥和两位弟弟。"太姒长长一声叹息，转身睡卧过去。

在离开镐京之前，姬旦先得把朝政托付给他的政治盟友姬奭。姬奭年龄颇长于姬旦，为人稳重务实，精明能干，文王之时，就备受重用。姬旦选择他作为政治盟友，除了看中他的才干性格外，还在于他与姬姓即亲即疏的关系。说是同族，他又不具备与姬姓兄弟争夺王位的资格；说是外人，他又是同姓，他们共有拥有一个不太遥远的祖先。只有这样的人，才能忠实捍卫姬姓王族的政治利益，尽力去维持当前的政治态势。

"君奭，从前殷商帝王肆行暴虐，上天剥夺了他们统治天下的资格，转赐给文王。现在我们周国虽然一统了天下，但我不敢说这伟大的基业能永久存在。因为天命无常，它不会永远支持谁，也不会永远放弃谁。如果我们不敬畏天威，不仁慈对待百姓，终有一天，上天会收回赐给文王的大命。[①]

"君奭，现在我们的国家遭遇了重大困难。武王死后，东土有人心怀异志，西土的人也不安分了。那些殷商的遗民，看我们王朝基业未稳，欺负成王年幼，企图死灰复燃。我每天都在担忧，害怕后世子孙不能继承文王武王的事业，光大周朝的美德。你曾经说过，我能够负担起治理国家的重任。但是，一个人的力量有限，如果没有同志之人帮助，就难于成就伟大的功业。

"想一想吧，从前成汤王承受天命，有伊尹辅佐他；在帝太戊时，

---

① 见《尚书·君奭》。

有伊陟、臣扈辅佐他；在帝祖乙时，有巫贤辅佐他；在武丁时，有甘盘辅佐他。正因为这些贤人帮助殷王，治理国家，才光大殷商美德，维持了几百年的统治。从前在文王的时候，他有五位贤达的大臣，帮助治理政事，他们是虢叔、闳夭、散宜生、太颠、南宫适。武王的时候，除了虢叔，其他四人仍旧保持他们的禄位，恪尽职守。如果没有他们，文王的美德就不能传播给国人，武王的威烈就不能远扬四海。

"君奭，现在文王不肖的儿子，武王不悌的兄弟，与殷党勾结，在东方挑起了战争。为了不辜负武王托付幼子的重任，护佑文王从上天那里接受的大命，我决定出师东征。我就像要游过宽阔的大江，费劲而艰难。如果没有你的帮助，我就不能完成任务。我率领军队离开京师后，朝廷大事和年幼天子，就托付你看管。从前，武王也曾勉励过你，在王左右，勤于政务，表率下民。现在，是你承担起重任的时候了。西方的军政大事由你负责，东方的军政大事由我负责，希望你做我坚固的后盾，助力我消灭那些反叛的贼子，护佑我们年幼的天子！"

姬旦对姬奭推心置腹，甚至不惜把西方事务的决策权交给了他。姬旦知道，如果托付对人，这些不会对自己造成负面影响。如果托付非人，包揽再多的权力，也于事无补，反而会适得其反。当然，此次东征，他带走大部分的军队。这些军队是姬旦平定叛乱的武力资本，也是维护他摄政王地位的权力资本。

此番东征，未有归期。可能数月，也可能数年。一旦离去，成王就脱离姬旦的视线。十岁，是一个孩子学习成长的重要阶段。姬旦觐见成王，对他进行了深刻的教导。

"王啊，你应该明晓一个道理，君王不能安于逸乐。懂得播种耕耘的艰劳，那么处在安逸的环境，就了解了农民的辛苦。看看那些普通的老百姓吧，有些父母们勤奋地从事播种耕耘的工作，儿子们却贪图享受安逸，丝毫不体会父母的辛苦，反而轻侮父母说：上了年纪的人，没有见识，什么都不懂。王啊，你应该像了解农民耕地一样，了解上代君王的勤劳。①

"我听说殷中宗为人严肃谨慎，行事小心翼翼，以天命为标准来检查衡量自己，不敢怠惰，不敢贪图安乐，在位七十五年。殷高宗幼年时，曾在外行役，和平民百姓一起劳作，知晓民生疾苦，成为君王后，治理国家和耕地一样勤奋，把国家管理得非常好，他在位五十九年。帝祖甲年轻时认为代替兄长继承王位，不合道理，便逃往民间，做普通人。后来他成为君王，也晓知百姓疾苦，经常施惠他们，照抚鳏寡孤独。祖甲深得民心，执政有三十三年。

"王啊，我们的祖先，太王、王季处理政事，也都谦虚谨慎。文王也曾从事过卑贱的劳作，如修整道路、耕种田地等。他心地仁慈，态度和蔼恭谨，能使百姓安居乐业，把恩惠施及鳏寡孤独。文王经常从早上忙碌到下午，没有闲暇去吃饭。他不敢把各个邦国进贡的赋税挥霍在游猎玩乐上。所以，文王得到上天的大报，他承受天命治理国家有五十年之久。

"所以，你要好好地利用诸侯和百姓的贡赋，不要把它们挥霍在耳目视听等个人淫乐上。不能抱着得过且过的心理，享受一天是一天。你要学习殷朝圣明的君王，和我们智慧的祖先，不要效仿纣王荒淫暴虐、沉迷酒色，这样会被百姓诅咒，招致上天的惩罚！

"王啊，我就要带领军队去平乱，不能常在你左右。请你切记我的

---

① 见《尚书·无逸》。

教导，严格要求自己，不要贪图逸乐。要发扬勤奋的精神，就像农民种植庄稼一样，去学习礼仪文化，学习典章制度，学习军事农业和天文地理的知识。你要听从召公和毕公的教诲，不断提升自身的道德修养，磨炼自己坚韧不拔的意志，他们会把你引导到一个光明通达的方向。"

季秋九月，天高气清，军旗猎猎，成王、召公、毕公送行姬旦到沣水边。姬旦铠甲擐身，肃穆巡阅六军，不怒自威。成王扯扯他的衣袖说："公叔，你要保重，早日班师。"姬旦回视成王扑红的小脸蛋，露出慈祥的笑容。他没有说话，纵身上马，绝尘而去。

仲冬十一月，周公大军包围朝歌，铜甲战车绕城疾驰，赤色军旗翻飞飘舞，雄狮怒吼震天。

平定叛乱，周公大义灭亲

朝歌城内，姬鲜猛搓双手，在纣王的宫殿内来回踱步。粗厚的兽皮衣，抵挡不住冬天的寒冷。勉强沉稳的步伐，掩饰不住他内心的慌张。姬鲜没想到，宗周的大军不过三个月，就直抵朝歌城外。之前部署在外围拱卫的城池和军队，不堪一击，一触即溃。对手轻易就插到他的心脏，好似那些派出去的军队，不是去抵抗敌人，而是迎接敌人一样。

姬鲜眼前浮现出商纣王被大火烧焦了的面孔。三年之前，他就是在这里听到商军被周军击溃的消息，然后走出去自焚。难道同样的命运，要降临到自己头上？

姬鲜内心大喊，不，不！他告诉自己，绝不会败给自己的弟弟，绝不会把命运交给他人宰割。坚持抗争！坚持下去！等到淮、徐、奄的援军到来，战局就会扭转。他要打回丰京，打回镐京，在那里拜祭祖宗，登上王位。

姬度和武庚神情慌张走进来，被他们裹挟而入的寒风，让姬鲜打了个寒战。"怎么了？怎么了？"姬鲜话语间带着惊疑，这几天，他已经听到太多的坏消息。从两人的表情看来，一定发生了不好的事，他但求这个消息不至于太糟糕。

武庚低下头，又抬起头，说："我……我伯父带着一帮臣子，到城外投降周军了。"

"你……你……"姬鲜气得指着武庚，一口气连不上来，过了半晌才接上话："没出息啊！懦夫啊！我承诺恢复你们王号，还回你们的尊严，你们却不要。跪久了！奴隶当惯了？跑去投降，他给你们什么？你们永远都会当奴隶，还要去服苦役！都忘了吗？忘了你们的国仇家恨吗！想一想你们的君王怎么死的，国家怎么灭亡的？但凡有点良知，就不会投降敌人！"

武庚的脸红一阵，白一阵。他心里想，我们商人的国仇家恨，你不也算一个吗？要不跪，也先不跪你；要报仇，也先找你。但这些话，他一个字都不敢蹦出牙门。也许正如姬鲜说的，他跪久了，奴隶当惯了。

姬鲜冲着姬度咆哮道："快！再催人去探报，各国援军到了哪里！"他全身开始抖颤，预感不祥。连朝歌城内的都叛变了，千里之外的人可靠吗？

姬旦正在秉灯研究军事，听闻微子启来降，不及着上铠甲，披上斗篷就出门迎接。微子启见到姬旦，长揖下跪，道："商民不逊，劳动王师远征，下臣不敢避其罚，前来向太师领罪受死。"

姬旦向前扶起微子，说道："微子言重了，商民之中有正有邪，有贤有佞，姬旦我岂能不分清？"姬旦博才多学，对殷商历史非常熟悉，对历代明君也很钦佩。在他对召公和成王的诰词中，就多次以殷代明君举例说理。微子启是纣王的同父异母的哥哥，姬旦久闻其贤名，是以亲自出迎。

微子启知道殷商覆灭，大势已去，想要复辟，已经不可能。他知道武庚伙同姬鲜发难后，多次劝阻无效。看到周军包围朝歌，就偷偷带着亲属和部属，逃出围城投奔姬旦。他知道，武庚和姬鲜失败是早晚的事，自己趁早投降，可免被株连，或许还可以说上一些话，保护部分商人。

看到姬旦开明宽厚的态度，他顿时放下悬了很久的心。对于武庚的胁从，他也做解释："商公本无主见，胸乏大志，没有对抗王师之意。只是被威胁之后，不敢抗拒，随波逐流而已。商人之中，许多人不明真相，被人所利用，望太师明察……"

姬旦举起右掌，阻止他继续往下说："武庚伙同叛乱，罪大恶极，不可赦免。除非他和你一般，有后觉之明，现在领军出城投降。如待城破被俘，将罪同首恶，被致以极刑。微子在商民之中，向有威望，希望劝得商人多来投诚。以王师之力，自可定乱平叛。然而多有杀伤，有违天子仁慈之心，也非我心所愿。"

于是，姬旦派微子南行，对朝歌外的商民进行招降。朝歌以南大片土地的商人投降微子，武庚和姬鲜的势力日削。

最开始姬旦采取围而不攻的策略，断绝朝歌的粮草，打击他们的士气，企图逼迫他们投降。这样做的最大原因，在于姬旦顾念母亲的嘱托。如果投降悔改了，就饶恕三兄弟一命。如果城破被俘，叛乱的罪行不能赦免，否则国家律法作废，后世无所畏惧，将继续效仿叛逆行为。

围城期间，姬旦数次派遣使臣入城，劝说三叔投降。每次姬鲜都大怒如狂，把使者驱赶出去。发觉劝降无效，姬旦发动了进攻。数万部队包围朝歌，发起猛烈的攻击，城内进行激烈抵抗。三个月内双方互有胜负，伤亡惨重。周军边围边打，尚有外界补给，而城内物资损耗很快，士气低落。

姬鲜又得到确切回报，淮、徐、奄各方国行军到半途，畏惧周军强大，已经返还。这犹如一个响雷，把姬鲜轰呆了。姬家三兄弟和武庚聚在一起，商议还有什么方策可以保存性命。

半天沉默后，姬度说："不如议和吧，收回之前的奏命，让三哥保留我们原来的职权。"

这么大一个退步，姬鲜咽不下这口气，他说："这怎么成？我们城墙那么牢固，还没有输呢。即使要议和，也是平分天下权力，我管理东方，老四管理西方。"姬鲜坚持这样的条件，派出使臣跟周军议和。姬旦毫不犹豫地拒绝了。

再过半个月，朝歌的粮草更少了，伤亡更多了。城内士气低落，危在旦夕。姬鲜终于决定退让，按照姬度的意见，只要求保留原有职权。姬鲜觉得对于自己而言，这是一个重大让步，几乎是向老弟乞怜求饶，他总该放过自己了。然而这个条件，又给姬旦拒绝。使臣返回来传达，他们只有无条件投降一条道路选择。

姬鲜气得浑身发抖，他拔出长剑，高亢喊道："战！战！战！！誓死不降！老四，不给我活路，我与你势不两立！"

派到周军议和的使臣，是姬处的下属。姬处是个精明狡猾的人，看到形势不利，朝歌破在旦夕，而三哥还坚持抵抗，就心怀他想。他让使臣向周军传话，答应做内应，偷开城门放周军入城，条件是赦免他的反叛之罪。姬旦应允了他的要求。

隔日拂晓，姬处悄悄命令自己统管的军士打开城门，城外周军鱼贯而入。城内将士睁开惺忪睡眼，看到周兵满城，只有放弃抵抗，缴械投降。朝歌宣告城破。

姬处为了立下更大功劳，获得四哥谅解，派兵冲入姬鲜官室，把还在沉睡中的姬鲜捆作一团，押解到姬旦大营。姬鲜尚不知谁行叛乱，稀里糊涂就做了俘虏。

姬姓三兄弟给带入统帅帐篷中，姬鲜和姬度是捆绑着的，只有姬处全身完好无损，行动自由。姬鲜睁大眼睛，瞪着姬处，道："是你？原来是你这个畜生！老八，你背叛了我……"他冲上去，用脚一顿猛踢姬处。姬处内心羞惭，低头避让，不敢看他。

姬旦走入大帐，看到三兄弟狼狈站在那里，心内泛起一阵凄恻之情。然而理性的声音提醒他，此事断不可徇私。他坐了下来，用威严的声音说："三哥，五弟，你们这次犯了大错，国律家规不能饶恕，我也不能徇私了。"

姬鲜挺直腰杆，昂起胸膛，"哼"了一声，说："成王败寇，少拿国律家规说话。若不是这个叛徒，我不至于输。"他说着，狠狠斜视了姬处一眼。

姬旦扫了他们一眼，缓缓说："三哥，你背叛宗庙，反叛国家，罪大恶极，不可赦免。念在父母之恩，血缘之情，我代祖宗和国家赐你绞刑。你可以选择自行解决，或由士兵行刑。"

姬鲜跳了起来，吼道："老四，你心怀不轨，以为我不知道？没我了，你遂愿了。二哥二哥，你孩子好可怜。我不在了，不知道他王位还能坐几日……"姬旦见他越说越难听，不想夜长梦多，喝令士兵拉下去行刑。几位姬姓兄弟在旁站着，没有人敢出声求情。

姬度看到姬鲜被拉出去，顿时吓软了腿，涕泪滂沱跪下道："四哥，我自知犯了大错，罪恶深重。但请看在父母面上，饶我一命吧。"看他落泪求饶，姬旦想起母亲临行前的话语，一时心软。旁边的姬振铎、姬武、姬封几个兄弟也出言求情，姬度不是首恶，希望可以免死。

姬旦叹息一声，下令把姬度收监起来，等候发落。解除姬处兵权和行政职务。

后来姬度被囚禁在郭凌（一作郭邻），不久死去。姬旦起用他的儿子姬胡，辅佐伯禽治理鲁国。姬处在二次分封时，被分到山西一个小城邑，远离中央和中原，土地和兵力都被严格限制。

却说武庚看到朝歌城破，想到父亲纣王身死后的惨象，知道不免死罪，害怕被处死受辱，带领下属逃往黄河以北。周军在朝歌搜索不到武庚，派兵向四方追逃。终于在河北追及武庚，逮捕回朝歌，判处死刑。三监之乱，至此终结。

第三节　开疆辟土

肃清殷商残余势力，
开疆辟土

三监之乱的平定，使周王朝的统治基础得到巩固。宗周的军事力量，再一次覆盖黄河中下游地区。三监之乱，本质上是一次内乱，是管叔姬鲜与周公姬旦（成王）的权力之争。

因为管叔联合了商人反叛，殷商内部原来对周人不服的势力，被牵扯入内，同时遭到打击。经过武王灭商和周公东征两次征伐，殷商的核心力量被打击瓦解，再不能在中原地区组织起有力的反抗。以后姬旦调发商民兴建洛邑，以及把他们分封给各诸侯国，没有再遇到阻力。

经朝歌大战，叛军的主力大部分被消灭，但还有少数残余力量逃亡，继续顽抗。武庚北逃，带走不少部属。武庚被逮捕处死后，残余力量继续北逃。周军一路追击，打到幽燕区域，彻底扫清殷商力量。后来周公、召公的儿子被分封在河北，是为邢国、燕国，捍卫周朝北方边疆。

而当初与管叔、武庚联盟的商奄、徐戎、淮夷，是姬旦继续征伐的对象。他们虽然没有来到朝歌帮助叛军，与周军作战，但朝歌陷落后，也没有臣服周朝，而是继续各行其是。姬旦知道，如果不扑灭这些力量，周朝天下至尊的地位得不到公认。未来他们可能卷土重来，危害王朝。

这些力量中，最为强大的是商奄。武王灭商时，纣王大将飞廉逃亡于此。奄本是商的旧都，飞廉依靠奄的国力，组织起强大的武装力量，与周朝对抗。淮夷与徐戎，方国、部落很多，实力却不是很强。

姬旦本意，想先难后易，先攻灭奄城，再逐个讨伐淮徐部落。殷商降臣辛甲了解东方形势，他向姬旦建议："大国难攻，小国易服。奄国兵强国富，难于顷刻攻取。如果迁延岁月，对远征军不利。不若先摧枯拉朽，征服淮徐九夷部落，形成对奄国的包围圈，其不久将自行灭亡。"①

姬旦采纳了辛甲的意见，先攻打淮徐部落。果然淮徐九夷部落不堪

---

① 见《韩非子·说林》。

一击，周军所到之处，不是举旗投降，就是丢盔弃甲逃跑。在三千年前，城市都邑稀少，高山深林居多，周军跋山涉水，转战山东安徽之间，灭国五十有余。

商奄在南面被周军切断与淮夷的联络，东北面受齐国压力，经过三年顽强抵抗，城都破落，缺食乏用，人民开始逃散。飞廉带领残军，逃往山东沿海。周军紧追不舍，终于在海滨击杀飞廉。与此同时，周军亦令山东东部的薄姑氏臣服。姜太公被封齐国后，兵微将寡，一直被东夷牵制，至周军消灭山东半岛的商人势力，才得舒了一口大气。

奄就是后来的曲阜，姬旦的封国后来从河南鲁山迁徙到此，由大儿子伯禽出任首任国主，与姜太公的齐国共同统治山东半岛。

姬旦东征西讨，南征北战，历时数年，不但稳固了王朝的统治，而且开疆辟土，大大扩张了周王朝的势力范围。被灭亡的部落和国家，难于一一述及。只有那些产生重要影响的，才被历史所记录而流传下来。如山西中部的唐国，在此期间发生叛乱，被姬旦所灭。成王把兄弟姬虞分封于此，就是后来成为春秋霸主之一的晋国。

至此，经过文王、武王和周公三代打拼，周人走出关中，站稳中原，辐射四方，建立一个强大的王朝。这个王朝统治范围，西起雍岐，北到幽燕，东至大海，南到江淮。周人文武并用，使大国畏其力，小国怀其德。大小远近，尽皆膺服。与之前的朝代不同，周朝长期保持着对治下领土的军事和政治控制。王朝在西部常驻六师，拱卫京师，抵御西戎；在东部常驻八师，控制诸侯，威慑东夷。这与之前朝代的部落联盟或邦国联盟式的局部优势，有巨大差别。

姬旦灭奄之后，回到宗周，以成王名义，向四方诸侯发布诰文。姬旦再一次阐述商朝代夏，周朝代商，是天命的流转，天命是决定性因素：[①]

"告诉你们四方诸侯，上天舍弃夏国，是因为桀王统治下政治黑暗，又不恭敬祭祀上天。告诉你们四方诸侯，上天舍弃殷国，是因为纣王过度放纵，闭塞天命，还振振有词为自己的罪行辩护。所以，上天降下大祸，灭亡了夏国和殷国。

"即使原来是贤明的人，但不把上天的旨意放在心上，就会变成狂悖不通事理的人；即使原来是愚昧无知的人，但常把天意放在心上，也可能变成圣明的人。上天给了纣王五年时间，让他自我悔悟，但他仍然无视上天的教导，一意孤行。上天给了你们四方诸侯同样的机会，你们也没有把握。只有我们伟大的文王能广布德教，秉承上天的旨意，接受上天的大命。所以周国取代了殷国，统治天下，治理万民。"

姬旦对殷人及其附属国发动的叛乱进行申斥，告诉他们只有遵从天命，服从周朝，才能拥有和平安定的生活：

"我经常对你们说告诫的话，是想开导和教育你们，服从天命的安排，听从我们的管理。这样，你们将从上天和周国这里，得到幸福的恩赐。我让你们居住在原来居住的地方，耕种原来耕种的土地，但你们不知感恩，屡次发动叛乱。你们丢弃了天命，违背了法度，所以上天发了大怒，命令我使用武力征讨你们。那些执迷不悟、不知悔改的人，被赐

---

① 见《尚书·多方》。

予死罪。你们顺服于我，所以我加恩给你们。我再说一次：谁发动叛乱，我就讨伐谁，给他最严厉的惩罚！不要说我不以文王德教的治理原则，给予你们和平安定的生活，这完全是你们招来的灾祸！

"四方诸侯和殷的长官，如果你们勤勉职守，做臣民的表率，那么你们邑内的臣民也就会勤勉做事；如果你们不打坏主意，那么你们就能在自己的位置上相安无事，国人也能和睦地愉快生活。如果你们服从我们周国的治理，永远努力耕好你们的田地，上天就会怜悯和嘉奖你们，我们周国也会大大地赏赐你们，把你们提拔到朝廷来，授予你们光荣的职务，委你们以重任。

"如果你们不听信我的命令，就没有资格祭祀上天，你们的臣民也没有资格祭祀上天。如果你们一味贪图享受，一味胡作非为，让自己远离天命，妄图以身试探上天的威严，我就把上天的惩罚加在你们身上：夺去你们的土地，没收你们的财产，流放你们到远方，让你们妻离子散！

"这些话并不是我的意思，而是我给你们传递的上天的命令。如果你们不遵从天命，我将严厉惩罚你们，不要对我有所怨恨！"

第四节　营建成周

建立半集权式的国家，
首创双都制

平定叛乱之后，如何维持周朝长久稳固的统治，又回归姬旦思考中心。彼时，周王朝有效统治的疆域，超过一百万平方公里，远超夏商两代。在三千多年前，维持对这样一个庞大区域的统治，没有成功的经验可以借鉴。

在交通非常落后的古代，从京城丰镐到王朝边疆的齐鲁、幽燕、江淮，少则上月，多则数月。如果某地发生紧急的政治或军事巨变，王朝的权力中心很难及时施以影响，发挥作用。

传统观点认为，周王朝是一个王国，它与王畿之外的地区，关系疏松。这种看法是不对的，周与夏、商在制度上，有很大差别。与之前联盟（部落）国家形式相比，周朝更像一个半集权式的国家。周朝开拓的疆土，比夏、商大。周朝的政治影响力、军事影响力、文化影响力，比夏、商大。在属从关系上，周朝对地区控制力也比夏、商强。

政治上的进步，必须以物质的进步和文化的进步为前提。从远古炎黄时代，经夏、商王朝，再到周王朝，文明的演化一直在进行。到了秦朝，终于产生中央集权式的帝国。而周王朝，正是从松散的邦国（部落）联盟，到集权式国家过渡的一个重要阶段，它是一个半集权式的中央王国。

为了能稳定统治开拓出来的辽阔疆域，周人发明了两种制度：一种是双都制，一种是封建制。

在炎黄时代，是没有首都的，首领跑到哪里，哪里就是首府，颇有点逐水草而居的意思。夏代首都不可考，估计也是游居不定。商代有典有册，因为自然的缘故，多次迁都。

强大文明和强大国家的一个特点，就是有稳定和繁华的首都。具有一个稳定和繁华的首都，说明人类已经在某种程度上，征服了自然，不必再看自然的脸色吃饭。这种征服体现在掌握了先进的农业技术，懂得把天文、地理、节气和水利等知识运用到农业种植生产上。即便诸多不利因素汇集，导致农业歉收，国家也有能力调动其他地区的物资进行救济，而不必被动进行迁移。

具有了这种战胜自然的能力，才能去征服更广大的地区和人口。在中国历史上，西周是第一个拥有稳定首都的王朝。终西周之世，西都镐京，东都洛邑，从来没有改变过。最后西周灭亡，镐京失守，也是因为内乱加外患的人为原因，而不是自然的原因。因此，西周的建立，是历史上有分水岭意义的事件，与夏、商不可同日而语。其设立双都的模式，也被后世王朝不断模仿。

营建东都洛邑，扩大周王朝的权力辐射范围

在武王克商时，就谋划兴建东都洛邑，因其突然去世，中断了计划。姬旦初始摄政，就下令调发庶殷兴建洛邑，因三监之乱，终止了行动。经过数年平乱，政治局面稳定下来，洛邑的兴建又提上王朝领导的议事程。姬旦和姬奭、姬高等商讨后，汇报成王，终于开始落实洛邑的兴建行动。

《尚书》记载，某年春季三月，太保姬奭首先抵达洛地，勘查地形，利用占卜测算，确定建立宫室宗庙的地址。率领殷民，在洛水流入黄河处，挖掘地坑。五天过后，地基建设完成。第二天，姬旦也到达洛地，实地视察都城兴建情况，再次审察都城的规划。再过三天，姬旦和姬奭主持举行郊祭，杀了两头牛，献给天神和始祖后稷。郊祭第二日，两人在新建成的社庙祭拜土地神，杀牛、羊、猪各一头。

兴建洛邑，调用了大批庶殷，四方诸侯也来观礼和贡献。姬旦在甲子日这天，向在洛地的殷民和四方侯、甸、男、邦伯发布命令，洛邑城

市建设工程全体动工。之后，姬奭留守洛地监督指挥工程建设，姬旦带了诸侯的贡献品，回镐京向成王汇报。

新建的洛邑内城墙方一千七百二十丈，外城方七十里，南连洛水，北靠邙山。[1] 洛邑距离镐京一千里，以方八百里，为王畿之地。制定郊甸之制，建设王城之外的城邑，不能超过王城三分之一，小城邑不能超过王城的九分之一。

天坛和社坛建在王城南郊。天坛祭天和后稷，配于日月星辰和五帝。社坛是拜封诸侯处，东面青土，南面赤土，西面白土，北面黑土，中央与各方交接处黄土。分封诸侯时，从其所在方位凿取一边土，包上中央黄土，放在白茅上，交予受封者。就是所谓的裂土封侯。洛邑的重要建筑，还有太庙、宗宫、考宫、路寝、明堂，是举行宗庙大典、朝廷大礼或天子起居的地方。

洛邑规划的居住人口，有王室宗亲、朝廷大员、驻守军队和普通国民。上中层人士，主要是周人，而中下层人士，主要是殷人。城市低贱的工作和郊区田地的耕种，需要迁移殷人来充任。耕种农田的庶民，全部被安置在王城之外。

在兴建洛邑的工民外，姬旦又迁徙了一大批殷人前来定居。这些殷人有中层的贵族，也有底层的庶民。为了让殷人了解王朝的意愿，安心定居于此，姬旦向他们发布诰文：[2]

"告诉你们这些殷国的人民，我要把你们迁居西方，不是为了周国的利益，使你们不得安宁，这是上天的命令，你们不要违背。我不敢怠慢天命，你们不要埋怨我。

---

① 见《逸周书·作洛》。
② 见《尚书·多士》。

"你们告诉我，成汤王革了夏朝的命，选拔有才德的夏人，在商朝担任要职。你们的请求，我很了解。但文王制定了以德治国的政策，我不敢效仿成汤王。我已经宽恕你们的罪行，你们应该知足，并且明晓天命。

"我们在洛的地方建造了一座大城，是为了四方诸侯前来朝贡的方便，也为了你们服务王事、奔走效劳的方便。我已和你们达成协议，你们仍拥有你们的土地，可以安定地耕种和劳作，可以休息，可以愉快地生活。只要你们恭敬侍奉我们周国，上天会赐予你们怜爱。如果你们违反我所说的，那么我就代替上天来惩罚你们。

"殷国的人民们，你们要安居在新的城邑，努力地从事劳作，这样你们就能够在洛邑长久地进行生产，并获得丰收。以后你们的子孙后代，会兴旺起来。所以顺从我们吧，安居在这座新的城邑！"

洛邑的兴建与起用，扩大了周王朝的权力辐射范围。百万平方公里级别的政治统治实体，在三千年前得以实现。在当时人的地理概念中，洛邑位居天下正中，四方诸侯距此道路相等。[①] 未来周王虽然常居镐京，但重要诸侯朝贡典礼，都选择在洛邑王城举行。周王朝在西部镐京的常驻军队是六师，在东部洛邑的常驻军队是八师，可见王朝对东部地区的重视程度。

正因为拥有这样超强的军事和政治控制力、覆盖力，才能使"普天之下，莫非王土；率土之滨，莫非王臣"成为事实。这是夏代和商代，远远没有达到的。所以说，西周的建立，是具有分水岭意义的大事件。周王朝，是一个具有半集权式性质的国家。正是有数百年的半集权式国

---

① 《史记·周本纪》："此天下之中，四方入贡道里均。"

家统治的丰富经验，后来的秦朝才进化发展到高度集权的中央帝国，并被沿用了两千年。

第五节　家天下的再分封

周公大肆分封同姓诸侯

维护周王朝统治的另一个新型制度，是分封。虽然有了双都，但在辽阔的疆域内，自治管理的诸侯都拥有自己的军队，谁都不敢保证他们绝对忠诚。周公主导下的分封，是一次权力的重新分配，并且在权力分配的过程中，进一步增强姬姓王室的支配力量。《荀子·儒效》言：周公兼制天下，立七十一国，姬姓独居五十三。

　　早在武王灭商时，便进行第一次分封，黄帝、尧帝、虞舜以及夏朝、商朝的后代都获得分封。一次分封，主要目的是安抚殷商遗民，对异姓贵族进行笼络。周公东征胜利后，周王朝在东部地区的控制力增强，再次分封成为可能。而姬旦治政的主导思想是"亲亲"，依靠兄弟亲戚来管理天下。所以，姬姓亲戚兄弟成为二次分封的最大受惠者。

　　但二次分封，也不全是同姓之人，周公分封一个很大的异姓诸侯，即是微子启。殷商遗民是一个庞大的数量，有部分迁移到洛邑，有部分划给姬姓诸侯，但剩下的人口，还是很多。周王朝武力强大，可以镇压任何的反抗，但完全消灭殷商的政权，剥夺他们祭祀祖先的权利，不符合自古以来的传统，也不能体现对古代圣王圣君的尊重。是以形势需要，必须保留一个商人的封国。

因为微子启是纣王同父异母的大哥，王室血缘关系亲密，商人对他的继承权没有异议；其次，姬旦对他向来的名声，以及在武庚叛乱中的表现很满意，认为他有能力维护好商人与周王朝之间的主从关系。是以，姬旦把微子启封在宋，建都商丘（今河南省商丘市睢阳区）。宋地是商王朝早期统治区，反抗势力没有那么顽固。

纵然如此，姬旦也不能不对宋国有所警惕。他在宋国周遭分封的诸侯，形成对宋国的两个包围圈。第一层包围圈主要是异姓诸侯，西北方是杞国（姒姓，今河南省开封市杞县）、葛国（葛姓，今河南省商丘市宁陵西北），西南方是鄢国（妘姓，今河南省许昌市鄢陵县）、陈国（妫姓，今河南省商丘市柘城）、徐国（姜姓，今河南省许昌市东），南方是厉国（姜姓，今河南省鹿邑县东）。第二层包围圈主要是同姓诸侯，北方有鲁国（周公封国，今山东省济宁市曲阜县）、曹国（姬振铎封地，今山东省菏泽市定陶县西北）、郜国（文王之子封地，今山东省菏泽市成武县东南）、茅国（周公之子封地，今山东省济宁市金乡县西北），西南方有蔡国（姬度之子蔡仲封地，今河南省驻马店市上蔡县西南）、沈国（姬载封地，今河南省驻马店市平舆县北）。在如此严密的包围和监管之下，宋国想再有企图，非常困难。

姬旦发布《微子之命》，对微子启说：

"商王的长子啊，你遵守成汤王的治国之道，早有美名。你恭敬谨慎，能行孝道，侍奉鬼神。上帝能按时享受你的祭祀，下民对你尊敬，与你关系和睦。我赞美你的盛德，因此立你为上公，治理东方华夏之地。微子啊！前去发布你的政令，谨慎对待你的职位和使命，遵守法度，以保卫周王室。弘扬你烈祖成汤的治国之道，用法度规范你的臣民，长久安居在上公之位，辅助我一人。只有这样，你的世代子孙才能享受你的恩德，万国诸侯才会以你为榜样，服从我周王室而不厌倦。去吧，好好治理你的国家，不要废弃我的诰命。"

在周朝设立的公、侯、伯、子、男五等爵中，宋国位处上等的公爵。在礼遇上，周王以宾客待之，其他诸侯，不能比拟。在祭祀礼节上，宋国可以王礼祭祀祖先，也是一种特权。宋国后来成为一个大国，活跃在春秋历史上。

商朝北方的故土，姬旦将其封给了九弟姬封。武王分封时，姬封年纪尚小，不可独当一面，没有受封。姬旦平定三监之乱和东征胜利，姬封都有参与，立下大功。姬旦对这位九弟信任有加，把商朝的核心王畿封予了他，是为卫国。

姬旦在兴建洛邑的四方人民大集会上，发布了对姬封任命的《康诰》。同时聆听了《康诰》训令的，还有侯、甸、男各级别的诸侯，各级官员、建筑百工和殷商遗民等。姬旦对年轻的九弟寄予厚望，敬告他说："告诉你年轻的姬封，天命是变易不定的，你要谨慎考虑。要努力担负起你的重任，经常听取我的教诲，把民众治理好，我们的国家才能得到安康，你才能世世代代统治殷民。"

周朝分封诸侯，包括三部分内容的授赐：一谓封土，二谓受民，三谓赐器。[1] 卫国封土就是封以殷商故地，由十弟姬载在典礼上授予姬封。卫国受民就是接受原来殷商遗民，由六哥姬振铎在典礼上授予姬封。需要指出的是，姬封得到的并不是全部殷民，而是陶氏、施氏、繁氏、锜氏、樊氏、饥氏、终葵氏七族。剩下的殷民，被分封给其他姬姓

---

① 诸侯分封详情见《左传·定公四年》。

诸侯。而赐器，包括大路、少帛、綪茷、旃旌、大吕等，这些都是兴建国家必需的重要礼仪物品。

姬封先是在朝歌主政，后来调到王朝中央担任司寇职务，卫国事务交给儿子管理。在西周时代，卫国是大国。到了春秋时期，国力已变孱弱，无力抵抗北狄侵略，要靠齐国扶持才勉强生存下来。然而就是这样的卫国，竟然成了周朝最为长命的诸侯国，秦始皇统一中国也没灭掉它。直到秦二世时，卫君才被废黜，卫国正式灭亡。

周朝册封的另一个重要姬姓诸侯，是鲁国。武王克商时，曾封周公于河南鲁山。姬旦东征灭奄后，为了控制东方，把鲁国迁到奄地，即山东曲阜，由大儿子伯禽代为上任。分给鲁国殷民六族：条氏、徐氏、萧氏、索氏、长勺氏、尾勺氏；还有祝、宗、卜、史等官员。赐予的器物有大路、大旂、夏后氏之璜、封父之繁弱、典籍简册和各种礼仪彝器等。

姬旦有不少儿子，有的分封在外，有的留朝任职。然独伯禽是嫡长子，是家族大宗，地位更为尊贵。除了封土授民，赐予的器物也非常丰富。姬旦去世后，周成王特别准许鲁国以天子的礼仪祭祀姬旦，以表示他不敢以臣属的身份对待姬旦。鲁国传承了周公思想，在春秋时代，是除了周王室之外，周朝礼仪制度保存得最为完整的国家。秦始皇统治中国前二十余年，鲁国被楚国所灭。

周成王的弟弟姬虞，也被册封予大国。据说有一次成王和弟弟玩耍，摘下桐叶，削为珪玉形状，开起玩笑说要封姬虞为国君。旁边的史佚听到了，就请成王选择吉日进行册封。周成王说："我和弟弟开玩笑的，不要当真。"史佚板起面孔说："天子无戏言。"他严肃给成王讲了一番大道理，告诉他天子独一无二，必须恭肃严敬，言出必践。

于是，成王就把姬虞封在山西汾水流域的唐国；授唐国以北方姓怀的九个宗族，作为民众；任命中央五名官员，为唐国长官；赐予的器物有大路之车、密须之鼓、阙巩之甲、姑洗之钟等。因为唐国都城附近有晋水，后又改名晋国。晋国传到晋文公时，成为春秋霸主，主导中原政治格局百年之久，长期与南方的楚国争霸。晋国后来被韩、赵、魏三世卿所分，独立成三国。晋国的覆亡，标志春秋时代结束，战国时代开启。

姬奭作为与姬旦并立的权臣，也被封于大国，即是幽燕地区的燕国，授予羌、马、驭、微等六个氏族。[①]（见图 5-1）姬奭也如姬旦一般，派长子姬克到燕国主政，自己仍留朝廷辅佐成王。古公亶父大儿子太伯，因父亲传位季历，失去继承权。姬旦寻找到他的后代，封国在南方的吴地。

图 5-1　克盉、克罍，1986 年出土于北京琉璃河 M1193 号墓，现藏于北京市文物研究所。两器口内侧同铭 43 字，记周成王褒扬太保，封克侯于燕的历史。

南吴北燕，是周王朝疆域的极地，他们被赋予重任，捍卫王朝的边

---

① 见青铜器克盉、克罍铭文。

疆。但吴国设立的最初目的没有达到，自分封后，被淮夷隔绝，长期与王朝失去联系。春秋时代，吴国一度崛起，几乎灭亡楚国，后被南方的越国所灭。燕国则存在八百多年，被秦始皇所灭。

周公之后，成王时代分封的一个重要异姓国，是楚国。楚国先祖鬻熊是周文王下属，成王为酬劳文王、武王时代功臣，将鬻熊曾孙熊绎分封在荆楚丹阳（今湖北省宜昌市）。熊绎本封是子爵，不算大国，只是后代不断开疆拓土，春秋时代终于成为大国，自立为王，问鼎中原。楚国存在了八百多年，被秦始皇所灭。

按荀子所言，周王朝立七十一国，姬姓独得五十三国。因年代久远，史料缺失，大多数的国家已不可考。除了上面所言受封的大国外，《左传》还留下一份文王、武王和周公后代分封的记录。[①]（见表5-1）"文武周公"是周初权力最强的三人，他们的二十六位子嗣，都拥有封国。通过这一份资料，可以了解到当时分封的另一面。

表 5-1　文武周公二十六子嗣封国

	后 嗣 地 方 封 国
文　王	管蔡郕霍鲁卫毛聃郜雍曹滕毕原酆郇
武　王	邗晋应韩
周　公	凡蒋邢茅胙祭

周王朝强化对诸侯的管控

周王朝为什么要采用这种姬姓受惠最大的分封方式呢？答案是，最高统治者想通过分封制，来巩固周王朝

① 见《左传·僖公二十四年》。

的国家统治基础。

周王朝开拓的疆土，远比夏、商两代辽阔；统治的人口，远比夏、商两代为多。统治如此辽阔的疆域和众多的人口，是之前的朝代从来没有面对过的局面，没有成功的经验可以借鉴。要解决这样的难题，只有探索和创新。应对新的局面，只能创造新的方法。

分封异姓诸侯，过去是有的。但异姓诸侯能不能有效维护中央王朝的利益呢？这么做，和夏、商两代有何区别？周王朝是想维持原来诸侯与中央疏松的关系呢，还是想建立更为紧密的属从关系？

很明显，周王朝的野心更大，统治者更想强化对全天下的统治，让所有人都臣服于己。于是，为了让所有属国的行政都体现中央的意志，所有属国国君都自觉维护中央的利益，周王朝把同姓亲戚分封到各地，让他们代理统治各地人民。在没有后世周密、完备、科学的政治制度之前，没有什么事物比血缘更值得信任。周王朝的最高统治者相信，自己的亲戚兄弟们会自觉维护王朝的利益。

同姓分封，本质上是一种利己主义。如果没有过硬的实力保证，王室宗亲根本无法在其他部落或城邦站稳脚跟，更别说长久统治。夏、商两代之所以不分封同姓，不是不想，而是没有军事实力和政治实力做保证。

历史演进到周代，人们已经掌握了一定科学文化知识，并且能利用这些知识，缔造出先进的物质实力、军事实力和政治实力，从而具备了统治百万平方公里土地和数百万人口的能力。鲁、卫等姬姓诸侯，能在东方站稳脚跟，因为有东八师在提供保护。南吴北燕的分封能成为现实，同样以周王朝的强大实力为后盾。在实力说话的世界，周人凭借坚硬的拳头，喊出比夏、商两代更为洪亮的回响。

双都制和大规模同姓分封制，是维护周王朝中央统治的新型制度，由周王朝创造出来。有了这两种制度的辅助，在周王朝统治下的中国，才更像一个整体。诗人所言的"普天之下，莫非王土；率土之滨，莫非王臣"，才能成为现实。

那么，周王朝分封了众多的诸侯，又如何进行管理控制呢？

周王朝的爵禄，分公、侯、伯、子、男五等，如宋公爵，齐为侯爵，楚为子爵，许为男爵。爵位越高，地位越尊。各国按照自己的爵序，定时向中央纳贡。诸侯国的君主继承爵位，要得到周王的册封，否则名不正言不顺，周王可将之废黜。

诸侯国内的三卿，皆由周王任命，国君不得擅自做主。周王还派遣大夫在诸侯国任职，监管国君行政。这个制度，可以从《左传》透露的信息中得到证明。公元前648年，齐国国相管仲朝见周襄王，襄王想安排以上级卿士的规格礼仪接待他。管仲拒绝说："我只是个低贱的官员，齐国还有天子任命的世卿国子和高子在，若我接受了上级卿士的接待，异日国子和高子朝见，将以何等礼仪接待？"公元前589年，晋国在鞌之战中大败齐国，晋景公派遣巩朔向周定王告捷。周定王对本次战争的动机以及使臣的人事安排非常不满，拒绝接见巩朔，派单襄公传话道："巩朔并非受王朝任命的卿士，且不在王室中担任职务，按礼不能得到天子的正式接见。"可见，在周王朝衰微的东周时代，中央尚能在诸侯大国任命卿士。那么在其鼎盛的西周时代，中央对各诸侯国的控制就更强了。

周王朝规定，诸侯每年一次派大夫到中央述职，三年一次派卿士到中央述职，五年一次国君亲自到中央述职。而周王五年一次巡守，到五岳祭祀，就近诸侯皆要前来述职汇报。周王根据诸侯行政之功过，斟酌奖黜，或益之以地，或贬之以爵。

　　周王朝对诸侯的管控，与夏、商两代相比，得到极大强化。然而与后世高度集权的秦朝相比，尚不能同日而语。究其原因，主要囿于当时社会的发展水平，周王朝的实力被限制。但不能不承认，如果没有周王朝半集权式管理积累的丰富经验，未来也演化不出秦朝大一统式的中央集权帝国。

第
六
章

周公建制

第一节　制礼作乐的哲学王

周公求贤，
着手制度文化建设

如果说双都制和分封制，是周王朝维持统治的刚性制度，那么周公制礼作乐，就是维持统治的柔性制度。

凡所有事物，皆是太刚易折。国家要长治久安，必须刚柔相济、宽猛互补。所谓"王者功成作乐，治定制礼"，第一个实践者就是周公。

对于社会的改造，有些人有伟大的思想，却没有权力推行。有些人有权力，却苦无指导思想。柏拉图曾经设想，让哲学家按照自己的设想，建设出至善完美的国度。这样的国度叫理想国，它的统治者叫哲学王。

在现实中，很难找到集创造性思想和独一无二的权力于一体的哲学王。因为超世的哲学和俗世的权力，在性质上本相互排斥。如果要在中国历史上找一个的话，只有周公姬旦算得上。这位周初的摄政王，把他对于个体、社会以及国家的伟大设想，实践在一个民族身上，给一种原始的文明着上美丽的色彩，为它的未来开拓出无限可能。

为了王朝根基稳固，为了国家长治久安，在安定政治局面后，姬旦着手进行制度文化建设。这项浩大的工程，绝非一个人或者几个人就能完成。为了保证创建出来的机制文化，适配社会土壤，具有实践成效，并经受得住时间的考验，他聚集大量高级人才，设置严苛的标准，经过周密论证，才一条一条输出智慧的成果。

据说姬旦求才心切，听说有贤才来访，他正在洗头发，就抓起头发，甩干水珠，出来会客。洗完一次头，中间要会见客人三次。赶上吃饭，他嘴里塞满饭菜，不能说话，匆忙吐出来，快步出去迎客。吃完一餐饭，中间要会见客人三次。[①]

姬旦求贤若渴，帐下自然名士荟萃。正是由这些名士，组成了他的军事顾问集团、政治顾问集团和学术顾问集团。他们帮助他东征北伐，开国承家，制礼作乐。

有些功绩，是群策群力的结果；有些创造，是集体的智慧。但是很多时候，领袖人物的提纲挈领，更为重要，特别是具有开创性的重大发明。如果没有姬旦，我们不能预知华夏文明会是怎样的走向。

周公因革损益，改革周礼

周公制礼，那么什么是礼呢？

"礼"，是经过大量生活实践形成的习俗。早在上古时代，礼就已经萌

---

① 《韩诗外传》："（周公）一沐三握发，一饭三吐脯，犹恐失天下之士。"

芽和发展了。在刀耕火种的年代，人们用食物祭祀鬼神和祖先，就是礼的开端。随着时代的发展，礼数不断增加，内容也有所增减。

孔子说："殷因夏礼，所损益可知也。周因殷礼，所损益可知也。"[①]夏商周三代之礼，是因革损益的。三代之间，礼有的传承了，有的改革了，有的减少了，有的增加了。

经过周公之手后，礼有什么变化呢？

在西周之前，礼是粗朴的；西周之后，礼是精细的。西周之前，礼是散乱的；西周之后，礼是有序的。西周之前，礼是简约的；西周之后，礼是繁复的。而最本质的变化在于，姬旦极大拔高了礼的地位，让其成为天命授予的维持人间秩序与国家统治的完美理论学说。

在西周时代，除了"易"和与礼并称的"乐"，几乎所有一切文化现象，都被涵盖在礼的范畴内。周礼包含了天子侯国建制、疆域划分、政法文教、赋役兵刑、冠婚丧祭、朝聘外交、服饰膳食、农商医巫、宫室车马、天文律历等内容，网罗繁复，钩深致远。

姬旦在强大的学术顾问团队帮助下，完成了对古礼的改造变革，纲举目张。周礼是一个庞大的体系，理解起来并不容易。以国家为执行主体，周礼分吉礼、凶礼、宾礼、军礼、嘉礼五大类（见表6-1）。姬旦及其学术团队，为了新生王朝的长治久安，擘画出了宏富精密的礼制蓝图。

---

① 见《论语·子张》。

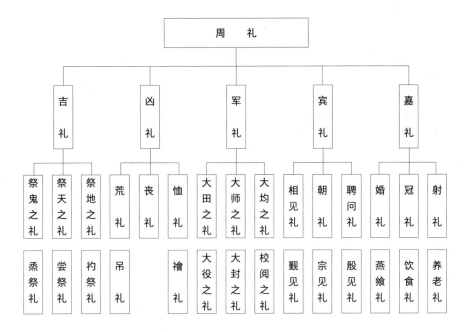

表 6-1　周礼的结构

后世"礼仪三百，威仪三千"，未必都是在周初制定。但周礼的总纲目，是在周公指导下制定完成的。在他去世后，一直有相应的机构在运转，来完成对周礼大厦的修葺补充。

为什么周公会把礼的世界设想得那么庞大，把礼节的细节设置得那么精细呢？

或许他认为，这个理论是那么完美，没有一点缺憾，他不能不对之感到赞叹。所以一经创作，便停不下来。或许他对自己的才华和学问太过自信，以致想竭尽全力，毕其功于一役。后世子孙，不需再进行费力地创新，只需要在他宏大的蓝图上进行枝节修补即可。或许他有一种美好的想象，周王朝会在自己设置的礼仪天下的轨道内，一世二世三世传承下去，直到万世。

但现实是残酷的，周王朝大厦的一根栋梁的腐朽，导致礼制世界的轰塌。也许这根栋梁不是礼制世界的哪个设定，而是王朝的一次战争或一次内斗。两百多年后，周王朝遭遇内外大患，王室被迫东迁，天子的权威被极大削弱，礼制的世界不再秩序井然。出生在乱世中的孔子，对礼仪文化怀有美好憧憬，终其一生，都在为恢复周天子的权威、复兴周公的礼制理想而奔走呼唤，但他的努力没能改变那个刀枪剑影、烽火连天的世界。

后世儒家学者对礼崩乐坏痛心疾首，也一直把回归西周美好的礼制时代当成理想。但普通民众对烦琐的礼节程序，已难以忍受。二十个程序的冠礼，二十个程序的祭礼，四十个程序的丧礼和三年的丧期等等，绝非为生活奔波忙碌的老百姓承受得起。即使是地主或士大夫阶层，也因礼节太过限制自由，而产生抗拒心理。只有高高在上的帝王，为了显示身份的尊贵和权力的权威，才热衷于繁复的礼数。周朝的礼数，到今日已大多数废除，只留下谦抑内敛、文质彬彬的精神，根植于华夏民族的骨血。

作"乐"辅助社会教化

礼与乐的功能，在于节制人的欲望情感，改变人的品性和道德，进而在社会上起到移风易俗的作用。而其着手之处，又有区别：乐者为同，礼者为异；乐由中出，礼自外作；乐主其盈，礼主其减。在古代礼乐理论中，乐给拔到很高的地位，与礼相对，两者相反相成。

古代音乐理论的基本概念，有六律、六吕、五声、八音。六律是黄钟、太簇、姑洗、蕤宾、夷则、无射。六吕是大吕、夹钟、仲吕、林钟、南吕、应钟。律、吕皆指标准音高。五声是宫、商、角、徵、羽五等音阶。八音指金（钟、镈、铙）、石（磬）、丝（琴、瑟）、竹（箫、篪）、匏（笙、竽）、土（埙、缶）、革（鼗、雷鼓）、木（柷、敔）八类乐器。由音、律、器组合形成的曲调，外加之诗歌和舞蹈，就是儒家所说的乐。

相传，上古黄帝时有乐舞《咸池》，尧帝时有乐舞《咸池》，舜帝时有乐舞《大韶》《南风》，大禹时有乐舞《大夏》，商汤王时有乐舞《大濩》。这些都是上古乐教辉煌时代的杰作，古圣先王以此化民成俗、导民向善。

西周最早的歌舞曲，是《大武》，据说是武王授命姬旦所作。《大武》共分为六场表演，分别表现武王东征、克商、南伐、复土、作战、凯旋等功业事迹，对应《诗经·周颂》中的《我将》《武》《赉》《般》《酌》《桓》六篇章。春秋时期，楚庄王、季札、孔子等名人都欣赏过其表演。孔子和宾牟贾曾就《大武》中歌舞表现的意义进行问答，肯定其使"周道四达，礼乐交通"的作用。[1]

除了《大武》，周公在《诗经》中的作品疑有《七月》《鸱鸮》《时迈》《棠棣》等篇章。毫无疑义，这些诗歌篇章当时是配有歌曲和舞蹈的，在祭祀、宴会、朝聘等多种场合应用到，起到宣达某种政教喻义的作用。周公之作乐，其开端在此。

后来，作乐的习俗被固化下来，成为国家制度性的规定。由公卿和列士创作，或者从民间收集的诗歌，再由盲人乐师献曲，经过筛选加工，作成了乐曲。[2] 这些《诗经》乐曲，成为周朝贵族文化教育的重要

---

① 见《礼记·乐记》。
② 见《国语·周语》。

内容。一名贵族，如果不具备深厚的诗与乐的知识，他会遭到众人耻笑，承担不了邦国重要职务。

《左传》内随处可见公卿贵族们引诗表意的记录，外交场合中尤为多。诗、乐、舞这些高端精致的文化，已经在周代贵族阶层普及。如果撇去本初的道德目的不谈，乐教在文化教育方面的成果惊人。正因为在社会上培养了深厚的文化根基，春秋战国文化勃兴，诸子百家竞相迭起，才能自然而然，水到渠成。

公元前 544 年，吴国季札访问鲁国，欣赏了周王朝诸国乐曲，并根据乐曲对各国政治做出评价。[①] 这段资料，反映了当时人们对乐教功能的看法。季札听《周南》《召南》，知民勤而不怨；听《邶》《鄘》《卫》，而知民忧而不困；听《唐》，而知思深忧远；听《魏》，而预言即将产生明主；听《郑》，而知其民不堪忍受，必先亡国。孔子也对郑乐提出批评，要求有为之君要"放郑声，远佞人"。

季札和孔子的言论，肯定了乐具有改变人的情志，转变社会风气，影响政治走向的功能。在那个时代，承认乐教的强大功能，是社会的共识，是思想的主流。

时至今日，乐的功能主要体现在艺术和娱乐上，人们很少强调它的教化功能。实际上，乐也不可能做到这点。后代的乐，与周公、孔子时代的乐，有什么不同，为什么功能差别那么大？其实，乐从来没有变过，不过因为时代环境不同，导致它的地位和功能改变而已。

在西周乃至上古时代，文化内容很少，艺术形式很少，人类能产生出的精神成果很少，获得精神方面的享受很贫乏。而乐的发明和流行，

---

① 见《左传·襄公二十九年》。

正好先行一步。于是，对乐的欣赏和享受，成为人们业余生活的重要内容。当人们的精神和思想被聚焦在乐上，乐的作用就被放大。再加上当时人心淳朴，乐就更容易进入人的心灵之内，达成教化的成果。相反的例子，古代享乐方式稀少，酒的祸害就很大，所以周初厉行戒酒。[①]

酒以亡国，乐以兴教，不过是特定时代的作用显现。音乐，对现代是再平常不过的事情，在上古却是一项伟大的创造。古代的音乐歌舞，倾注了古圣先王的良苦用心，人们对其报之以无限敬重之心。乐的伦理和政教作用，曾经非常强大。而季札和孔子，正好赶上礼崩乐坏后礼乐文化最后一道夕阳。他们被这道美丽的夕阳晃晕，以致完全沦陷在对过去的怀念之中。

春秋之后，乐的衰落更加迅速。西汉叔孙通制礼，东汉曹褒制礼，都没有特别强调乐的作用。[②] 因为实践成效太差，乐已不适合再作为一种国家治理的重要手段。偶尔有人想复兴礼乐文化，也只是怀古的美好情怀在起作用而已。

第二节　还政的拉锯战

周公决心还政于成王

平定叛乱、开疆拓土、封建诸侯、营建洛邑、制礼作乐，是姬旦在摄政期间完成的重大举措。这几项举措，

---

① 见《尚书·酒诰》。
② 叔孙通受汉高祖命，为西汉制定礼仪；曹褒受汉章帝命，为东汉制定礼仪。

每一项都具有划时代的意义。完成这些工作，姬旦花费了七年的时间。

随着时间流逝，成王也年岁渐长。他已经从天真幼稚的儿童，成长为一个气宇轩昂的少年。他不但掌握了师保们传授的文化知识，而且精通骑射技术以及各门技艺。逐渐地，在召公姬奭辅助下，他开始过问一些政事。朝野内外，成王亲政的呼声越来越大。

姬旦也知道，是到自己作出决定的时候了。继续摄政，还是还政呢？作为一个久掌大权的人物，他深知权力的重要。权力在手，众星捧月；权力离手，门庭冷落。如果说权力是一种毒药，大多数人都会上瘾。他姬旦是否能戒掉这种毒瘾，甘守往后的寂寞寥落呢？

如果不能，要么从摄政王转正成真王，废黜掉眼前的少年天子，要么继续执政，对长大成人的姬诵视而不见。前一种选择，正是三哥姬鲜指证的罪恶。如果这么做了，正中他下怀，估计他会在地下为自己的先见之明乐开怀，在人间他也不再是叛贼，而是忠臣。再者，毁弃了曾经对二哥许下的诺言，将无颜面对他于地下，也无颜面对列祖列宗。

姬旦无法为了享受权力的毒瘾，而让自己作出叛逆的选择。如果以时局未稳为借口，抓住权力不放，那么局面也越来越尴尬。已经长大成人的姬诵，顶着天子的大名，无事可做主，他会觉得被架空。在朝野议论纷纷之下，他原来对姬旦的感恩可能会转变成猜忌、怨恨。最糟糕的结果是，叔侄之间形成两股敌对势力，斗争不罢不休，直至一方毁灭。

姬旦临危受命，多年苦心焦虑，目的就是为了保住姬姓家族利益和周朝的王业。如果事情的走向与此相反，那么他所有的努力将付之东流。这样的结果，是他不能接受的。思来想去，姬旦觉得唯有放弃权力，回归田园，方能解开这个大结。当年，他曾经以伊尹和太甲的事迹劝谏武王，现在他必须杜绝让事态往这个方向发展的一切可能。

对于多才多艺、醉心于各种学问的姬旦而言，权力并不是最大的快乐。离开权力中枢，他可以做的事很多，可以静心研究各种高难的学问，可以指导农民种植庄稼，可以优哉游哉享受晚年生活。他唯一担心的是，他几个儿子的爵禄和地位。如果成王能对他保证他的子嗣和王室一样，永远享有尊荣，那么他将把搭在天子宝座的那只手毫不犹豫拿开。

成王与周公推让大权

着手营建洛邑之时，周公就把自己退休、还政天子的想法，表明于成王。当时，召公已经离开镐京，前去洛地勘查东都地址。成王对姬旦的提议，大为惊异，直接拒绝了。他谦虚道，自己年纪尚幼，未熟悉政事，还不能主政朝局；叔父德望厚重，为天下臣民仰寄，朝廷不可须臾离开叔父。

虽然如此，成王悬着的心终于落了下来。这么多年，姬旦总揽大权，成王的周围，难免闲言碎语。他虽不信，心里不免有些疙瘩。姬旦第一次提出还政，虽不成行，但让成王吃下一颗定心丸。他感觉到，他的叔父不是一个贪图权势的人。他心里不须再烦恼，也不须采取什么行动。他相信，总有一天权力会平安交回自己手中。

姬旦继姬奭之后，前往洛邑考察都城建设情况。周成王在镐京接到姬旦的回报，姬旦还派人献上占卜的结果和绘制的洛邑规划地图。

成王回复道："您尊重上天赐予的大任，到洛邑视察宫室宗庙的基地，监督建设，让它与镐京一起，成为王朝的中心，这是一件大好事。您派使者送来的卜兆和图样都很好，希望在您的指挥之下，臣民遵从上天的旨意，尽快完成洛邑的建设。让我们两人秉承上天的信任，不负祖宗的厚望，把天下治理好。感谢您的教导。"①

在程序上，姬旦非常尊重成王。虽然不须他拿主意，但汇报的程序从不缺少。而成王也非常尊敬姬旦，话语之间把叔父和自己并列，没拿他当下属。感谢之言，不绝于耳。

洛邑主体建设完成之后，成王驾临新都，接见了诸侯。然而，此次接见采用是殷商的旧礼，姬旦并不喜欢。此时，他的学术团队已经完成新周礼的拟定。姬旦再派人到镐京，把新礼仪教给百官，让他们学习操练。待到百官们熟练新礼仪，姬旦请求成王率领他们，再前到新都祭祀文王。

远行劳苦，成王不愿再奔波一趟。他心里知道，姬旦是想放手，还政于他了。然而这等好事来到眼前，反而增加内心的不安。说实话，他还没有准备好如何去做一个负责任的君王，做一个对天下、对宗庙无愧的君王，以致萌发出回避的心理。成王回复说："您受先王命令辅助我，就尽力教导百官学习新的礼仪。您查阅文献，选择那些立下大功劳的臣子，让他们在新都城祭祀文王就可以了。"

姬旦让成王再来洛邑，除了祭祀文王之外，目的还在让他熟悉东都的官僚组织，逐渐分担起部分政务。所以，他再派使者请求成王东来："年轻的君王啊，您应该率领百官一起到新都来。君王处理政事，不要像烧火一样，开始火焰冲天，最后却烧成灰烬。您不要耽于安逸，而忘了给火堆添加木柴。希望您赶快前来，跟我一样勤恳处理政事。"

姬旦还告诉他驾驭百官和诸侯的重要性。"您要带上西都的百官，

① 成王与周公的对答，见《尚书·洛诰》。

前来和东都的百官结识。百官们亲善团结了，才能建功立业，成就宽达的政治，君王才能永久被人称道。您要仔细查看诸侯的贡享，记下未曾贡享的诸侯。贡享应以礼仪为重，如果礼仪赶不上贡物，虽说贡物很多，也和没有贡物一样。如果诸侯不重礼仪，就会轻慢您的号令，使政事错乱。"

权力是微妙而邪恶的东西，如果处理有丝毫不当，负面作用就会被无限放大。姬旦觉得时机已经到了，他迫不及待地要摆脱摄政王的事实与称号。

"希望您这年轻人快点赶来分担政务，我没有时间摄理这样多的政事了。我教给您治理小民的方法，如果您不努力去践行，就不能长久保持国家的福运。厚待各国邦君以及同姓的诸侯和大夫，使他们和我一样，不敢废弃您的命令。您到了洛邑主持大局，可要小心谨慎行事啊。我要解除现在的职务，去过退休的生活了。如果你还留恋我，那就给我安排一个主管农业的小职务吧。或许在老迈的晚年，我还能为百姓贡献些什么。"

周成王从镐京起驾，冬天的时候来到洛邑。戊辰这天，成王率领百官在太庙祭祀文王和武王。祭祀文王用一头赤色公牛，祭祀武王也用一头赤色公牛。祭典采用姬旦制定的新礼仪。

周成王对姬旦说："公叔啊！不要说什么退休的话，您还要努力辅佐我这年幼的人。您称述前人的大德，要我发扬光大文王和武王的事业，谨遵上天的命令，治理好四方百姓；您要我驻守洛邑，厚待宗族，礼遇诸侯，按照既定的礼节祭祀文王。公叔啊，您操劳政务，让天下人民过上安定美好的生活；您分权处事，让百官各就各位没有偏差。您的品德与日月齐辉，照耀天上地下。我这年幼无知的人，要恭正接受您的教导，早晚勤谨于政事，不忘对祖宗的祭祀。"

成王亲政，厚待周公子嗣

在姬旦恳切地再三请求下，成王终于答应亲政，但不接受姬旦解职退休的请求，要求他仍旧驻守东都主持政事。"公叔啊！您再三请求让我担负起治理天下的重任，作为伟大的文王的孙子，武王的儿子，我不敢逃避自己的责任，无视您这尊贵的人的要求。我这就要回到镐京，告祭天地祖宗，举行亲政的典礼。现在四方还没有完全治理好，宗人的礼仪也没有完成，您的大功还未告成。您还要主持以后的事，统率百官大臣，努力治理文王武王从上天那里接受来的臣民。公叔啊，我就要回去，您不要挽留我了，我将不懈怠学习您治国理政的本领。但您也要不废弃您应当主持的政务，四方臣民才会受福不尽。"

姬旦回复说："王啊，您命令我继续承担治理文王受命得来的天下的任务，光大您尊贵的父亲的遗训大法，我岂敢不遵从？您前来洛邑，视察宫室宗庙的建设，安抚镇守此地的殷商民众，谨慎处理关于四方君侯的政事，是我们后世君王的典范。我曾说过，如果能够居住在位居正中的洛邑，治理天下，诸侯国将无不顺从，我们的王业便大功告成。我姬旦跟众卿大夫和掌握政事的百官，将继续努力巩固先王的伟大事业，满足众人的愿望，成为周人的表率。我们成就您统治下的法度礼制，也就光大了文王的明德。"

《尚书·洛诰》最后特别提到，成王加封了姬旦的子嗣。姬旦并非绝对的大公无私，什么都交给成王，一所无取。他还政的条件非常清楚，就是他的儿子原有封国的，保持封国和爵位；没有封国的，就要封国授爵。姬家王朝的建立和稳定，有他一份功劳。用通俗的话说，以后天子有一碗饭吃，就得保证姬旦的子孙有一口粥喝。

东征胜利后，姬旦有六个儿子获得封国或采邑，加上最初伯禽封的鲁国以及后来的继封的姬陈，姬旦的儿子共享有八国（采邑），分别是周、鲁、凡、蒋、邢、茅、胙、祭。在姬姓诸支脉中，除了文王，姬旦的子嗣获封最多，最为强势。周成王也没有违背对姬旦的承诺，让他的儿子全部享有封国。除此之外，历代天子还特别信任姬旦的子孙，将他们提拔到朝廷，命为公卿，委以重任。姬旦这一支脉，可谓与王朝共兴衰。

嫡长子继承制的确定

姬旦还政成王，就继承制而言，是古今一大变化。西周之前，权力的继承并无硬性规定，有时传给儿子，有时传给兄弟。殷商一朝，即是传子和传弟并行。然而这种习俗，非但不能保证权力平稳过渡，反而容易引起纷争。帝中丁之后的九世之乱，就是兄弟叔侄间对权力的贪婪、争夺，从而引发的。因为没有成文法的规定，谁继承都说得过去，以致最后都诉诸武力解决。

姬旦继承武王大位，是兄终弟及，按从前习惯是说得过去的。但他知道，若开启了这一做法，后代也会学习，那么不免重蹈殷商覆辙。姬旦本人通晓历史典故，非常注重对前朝成败经验的汲取。他已经意识到，继承权的确定关系王朝未来的兴衰。如果他以王弟的身份放弃了王位的继承，那么自此以后，兄弟之间再不能进行权力传承，只有父子之间的权力传承才是合法的。

周公还政于成王后，将帝王父子相承以明文确立下来。有了这一条文，兄弟被剥夺了法定继承权，他们也再无权利去追问王位归属，更遑论争夺。众多子嗣中，又规定嫡系子嗣优先于庶系子嗣。嫡系和庶系之内，各以年龄排序。

历史记载西周十二位帝王，有十一位是父子相承的，只有周孝王以弟弟的身份，继承了周懿王的王位。然而周孝王的非法继承，得不到普遍支持，不过短短八年，王位又转回到周懿王之子周夷王手中。

到了春秋战国时代，儒家学者对父子相承制度阐述得更为详明。《左传》和《公羊传》都有论及，简而言之，就是"立子以贵不以长，立嫡以长不以贤"。这条铁律，虽然实行未必如此，但自汉以后的历朝历代，表面上都是遵从的。从制度上言，如此立法目的在于杜绝纷争，保持政治稳定。是所谓任天者定，任人者争。①

第三节　最荣贵的葬礼

成王治政成周，冷落周公

姬旦和成王之间的权力交接，是以和平的形式完成的。在以后的朝代，很难想象一把手把权力全部交出去的后果。即使是父子之间，也难得善终，何况只是叔侄？但在西周初期，这种权力的和平交接完全是可能的。

---

① 见王国维《殷周制度论》，意思是嫡长子继承乃由天所定，根据才能、品德、资历确定继承资格，乃是由人所定。人定容易导致纷争，天定则确保稳定。

离西周初期未远，尚有太伯让国、伯夷让国的传闻。人们对自动放弃权力的行为，并不引以为奇。而当时也未高度集权，周王允许其他独立势力的存在。并不如秦汉以后，有一丁点独立势力，就要诛灭九族，斩草除根。所以，在这样的政治环境中，姬旦是有可能在交出权力之后，安定度过晚年生活的。

但并不是说，成王和姬旦之间，没有嫌隙。盖因姬旦在摄政之时，太过强势，以致在幼年成王心中，产生很深的敬畏心理。他时常感觉，这位公叔势力太过强大，形象太过高大，他只能仰望着他，倚仗他的庇护才能存活。他原来只是尊崇他，但另一位叔父被处死，还有一位被废为庶人之后，畏惧的感觉在心里萌芽。

成王有时会想，两位叔父的遭遇，会不会也是未来自己的遭遇。从此以后，他对姬旦更加毕恭毕敬。姬旦的建议，他从不敢否定；姬旦的请求，他从不敢拒绝。每一次见到他，他都穿戴得整整齐齐，行动中规中矩，生怕一个举动不慎，引起他的不高兴。

久而久之，成王甚至认为，他之所以能空坐天子之位，不是因为是父亲之子，而是得之于这位叔父的恩惠。姬旦数次要还政，成王都不敢轻易接受。他在心里想，如果还不还政，都要仰望和感恩于他的话，不如维持现状为好。直至姬旦坚持不罢，他才让姬奭居中传话，达成了还政的协议，厚待姬旦的子孙。

成王亲政之始，还保持原来对姬旦的尊敬。经常到其府邸拜访，就政治疑难咨询于他。逢年过节，赠送厚礼。诸侯朝贡的珍贵之物，都分一份于他。然而品尝到权力的甜蜜滋味后，成王逐渐疏远了老公叔。原来唯我独尊、说一不二，是这么快活。他不想再去拜访老公叔了，因为看到他，自己就得放低姿势，像个孩子似的毕恭毕敬，完全不符天子高高在上的身份。

渐渐地，一些不利于姬旦的话语，也从左近之人之口传到他耳中。他们告诉他，姬旦执政时，挥斥方遒，指令诸侯，八面威风，如真的天子般。他居心叵测，原来是不想还政的，迫于舆论的压力，才不得不如此。开始成王不信，并且禁止他们胡乱非议朝廷宿老。

但政治的爬虫没有停止的意思，他们想利用难得时机，在新王心中占据一席之地。说三次不信，六次半信半疑，九次就相信了。慢慢地，成王断绝了与姬旦的来往。朝廷重要典礼，不再邀请他参加；常常馈赠的礼品，也都停止了。

周公的存在，是成王内心的巨大阴影。虽然不再拜访他、看到他了，但成王无时无刻不感觉到他的存在。宫廷内、宗庙里、寝室中，成王时刻都觉得有双眼睛在盯着他、监视他。他压力巨大，有时甚至艰于呼吸。为了摆脱内心的阴影，成王经常离开镐京，驾临洛邑处理政事。对外说是这里临近诸侯，有利于提高行政效率。只有他的内心知道，远离了那位威严莫测的老人，才能如释重负。

成王把西都又命名为宗周，那里是祖宗根基之地；把东都命名为成周，这里是王朝大业最后告成之地。他是成王，理所当然常驻成周。在这里，他尽情呼吸自由的空气，恣意作为。

周公老死田园，被葬于天子之礼

姬旦明显察觉到成王的冷落，那个他一手养大的孩子，现在犹如叛逆的小鸟，自由飞翔去了远方。作为一个老于政事的人物，后果他早已预知。这样的趋向，已经不能改变。但凡他有一点对权力的眷恋，当初也不会放权。事已至此，只能甘于平淡，清净享受余生了。

当初成王给了他渭南一大片农田的管理权，让他退休后，有事可干，生活不至于太单调。隔上数日，姬旦就会骑上老马，缓缓地行进在杂草丛生的田埂上，向辛勤的农夫们打招呼。偶尔会停下来，跟他们聊上几句，询问麦黍种植和生长情况，对他们的辛苦表示慰问。时值中午，他在树荫底下避阳休憩，也会招呼左近的人一起享用带来的午餐。耕田的农夫不知道他的事迹，只觉得这位退休的大官很是和蔼。在家的时候，姬旦继续研究学问。经常叫来当初的幕僚，一起推敲易经爻辞的精准度。发现差异大的，就重新改写。虽然已经远离政治，但姬旦还想通过在其他方面的创造，让人们永远记住他。

时间就是这样推移着，王朝越来越稳定，国家越来越繁荣，而姬旦也逐渐老去。纵然是学问通天，纵然是功劳盖世，也抵挡不了时间摧杀。姬旦老宅的大门，清净很久了。已经很久很久，没有人再来拜访这位白发苍苍的老人。好像整个世界，都将他遗忘了。

姬旦的耳朵，却变得异常灵敏。有一天，他安坐在院子里的木椅上，许久一动不动。突然，他听到了一片叶子的飘零。姬旦机械式地抬起手，指向儿子姬陈的脸前，用沙哑的声音问道："王……王上，还没回京吗？"姬陈走到他面前，低声说："父亲，王尚在成周。"姬陈好像听到父亲"哦"了一声，又不确信是否是枯枝落地的声音。世界瞬时又安静了。

成王坐镇洛邑，已经一年有余了。新都的繁华，让他忘记旧京的人物和景象。当姬旦去世的消息传来，年轻的君王震惊得不能出声，他感到自己被放空了，内心又隐隐生痛。这些年来，他一直以冷酷的方法与这位老人对抗，现在终于胜利了。白发的，始终斗不过黑发的。然而，他的心灵却无暇去感受快乐，姬旦严肃、慈祥的面孔，以及他的恩惠，一下填满他的脑海。仿佛是愧疚的感觉，在折磨着心灵。但成王不承认自己做错了，他的理智否认这样的想法。他勉力压抑着心中诸多念头，在召公姬奭等一班老臣催促下，起驾回到镐京操办周公丧事。

时值秋季，渭河两岸一片黄灿灿，金穗婀娜着它纤柔的腰身，随风摇曳。成王与大臣们商议周公的丧事级别，以及功绩评定，数日不决。周公棺椁，停放在城郊。突然天气大变，黑云漫天，它们像出笼的猛兽，四处咆哮冲窜。暴雨夹着闪电，滂沱而下，肆虐人间。禾苗偃伏，树木折断，房屋倒塌，就连坚固的宫殿，也摇摇欲坠。

三日三夜，情况未有缓解。成王和大臣们战战兢兢，穿上肃穆的礼服，在宫殿进行占卜，以明达天意。一阵狂风，刮得宫殿嘎吱嘎吱响，好像梁柱要解体。众人惊得四散逃离，过了一会儿，确定无事了，才又集合回来。

有人发现，宫殿大梁上掉下来一个匣子，用金质绳子捆绑着，马上呈送给成王。成王打开，里面一张布匹，写着正是多年前武王犯病，周公祝祷，愿以性命代武王之死的祝词。成王找到当年的执事和史官，追问是否有此一事。他们回答："有这么一回事，但周公叮嘱我们，不要对其他人说起。"

成王双手颤抖捧着祝词，热泪涌出眼眶，说："不要再占卜了。公叔数十年如一日，为国家和王室辛苦操劳，没有怨言，也不计较个人利益。是我年少无知，不能明白公叔一片苦心。现在上天发了大怒，是想让我明白他的功劳和品德。"

他又说："没有公叔，就没有国家的今天，也没有我的今天。公叔的功劳和品德上达于天，我不能以臣属的礼仪对待他，国家将以天子的礼仪来营葬他。此刻，他的棺柩尚在郊外，你们与我一道出城，迎接公叔之灵回归宗庙。"

成王率领文武众臣，冒着大雨，步行出郊，迎接周公棺柩。众人来到周公棺前，风停了，雨止了，雷电也消失了。成王与众臣，在晴朗的天空下，护送周公的棺柩回到祖庙。周成王以国家的最高礼仪，即天子之礼，营办了周公丧事，把他埋葬在祖父周文王墓旁。

周公生不能为真王，但死后得到王的待遇。周成王特别准许鲁国可以郊祭周文王，配享后稷。这是成王因为周公的缘故，让鲁国享有了一部分天子的荣光，是诸侯国的唯一特例。

为了弥补冷落周公晚年的遗憾，成王决定起用周公嫡生二儿子姬陈，主理成周殷民，成王向姬陈发布诰文：[①]

"君陈，你具有美好的品德，既孝顺父母，友爱兄弟，又恭顺君王。你的美德，已经可以承担起治理政务的责任。我现在任命你，担任治理成周人民的大尹。这是一项重大的责任，你要慎重对待！从前周公爱护育养万民，功德无量，百姓都怀念他的恩德。你前往成周，一定要谨慎对待职务，严格遵守周公建立的制度，认真贯彻他的遗训，努力把百姓治理好。

"我听说：完美的政治能透发香气，感动天上的神灵。我们祭拜神灵，并不是依靠稻谷粮食的香味感动神灵，而是依靠圣明德政的香味。希望你奉从周公的谋略遗训，勤于政事，不要贪图安逸。常人不获得圣道，无所成就。获得圣道，不知应用，也无所成就。你要警惕这些道理啊！你就好像那风，百姓就像草，风吹则草动。管理政治，不是那么容

---

① 见《尚书·君陈》。

易的。你有好的谋略或建议，就入宫来向我禀告，再施行在外面百姓身上。这样，人民就会赞颂说：这些有益于百姓的政策，都是出自有德的君主的。啊，如果臣子们懂得这么做，他们的才德就显示出来了。

"君陈，你要弘扬周公伟大的遗训，不要凭借权力作威作福，不要利用法制实行苛政；要做到宽和而有法度，举措皆合时宜。管理商朝遗民，手段要有弹性。你要根据法令和形势判断，作出符合国家利益的决定。你能够恭敬地对待法制，掌握法制的道理，这样就不会使你的政教产生大的变化，达到至上大道的水平。这样，不但使作为君王的我享受许多福分，你的美名，也会流传千万代。"

姬旦尊号"周公"，仅仅这个名号，就知道他在周初影响力有多大。历史上，能以朝代名号自称的，大多是开国君主。如刘邦之前是汉王，后来建立汉朝。李渊原来是唐国公，后来建立唐朝。曹操原来是魏王，他打下雄厚基础，后来儿子曹丕创立魏朝。以此推断，周公地位相当于周朝开国君主之一。成王表示不敢臣属周公，以天子礼仪营葬于他，皆缘由于此。

周公"亲亲"思想的弊端

在歌颂周公的文治武功之时，也不可忽略他的局限。周公"亲亲"的治国思想，导致他大举任用同姓亲戚，排斥异姓势力。姜太公自灭商之后，绝迹于周初历史，就是周公的一大"杰作"。文王、武王招揽的异姓人才，也遭到压制排挤，淡出权力中心。

东征胜利后，他打压同姓反叛分子，同时又提拔起同姓亲戚来填补权力真空。姬奭、姬高与他一起主导朝局，自不必言。而亲兄弟姬封，除了有外封的卫国，还在中央担任司寇职务。最小的兄弟姬载，除了有外封的沈国，还在中央职务担任司空职务。整个朝廷，一眼望去，都是姬姓家人。

周公死后，这种"天下为家"的权力体制一直维持着。周公的后代，除了鲁国、邢国、蒋国等外服诸侯，周氏、明氏、祭氏、凡氏等一直活跃在周王身边，担任三公要职，左右政治大局。一直到春秋时代，还有周公黑肩、周公忌父、周公阅、周公楚等族人，在东周朝廷把持大权。西周时代，与周公家族轮流执政的同姓势力，有召氏、毕氏、荣氏、虢氏、毛氏、单氏、井氏等。异姓势力，想登上权力高层，难之又难。

"天下为家"的权力体制，巩固了周王朝的统治，也腐蚀它的根基。贵族固然掌握了比庶民更多的财富资源和文化资源，但这些资源未必都使他们变得更加聪明和智慧，有时也使他们变得更加愚昧和堕落。末世贵族从世袭中得到的东西太多太多，以致他们忘了努力，没有让自己变得更加优秀。西周之所以灭亡，和重用这些愚昧和堕落的贵族是分不开的。

儒家思想强调"尊尊""亲亲"和"贤贤"，在西周时代，只有前两者得到实行，后者从来没有存在过。因为"贤贤"的思想，与贵族政治，本质上是相悖的。昊天生民，不会因为财富和权力的因素，对某人的才智有所增减。往往庶民中的高才智者，比之贵族尚多。如果真要"贤贤"，就要从庶民之中选拔优秀的人才。这样的结果，必然造成阶层的流动。

然而事实是，西周时代的阶层静止得让人可怕。贵族生来就是贵族，庶民直到死去都是庶民。影响贵族阶层稳定的，只有战争、权斗等少数因素。而某一贵族没落了，取而代之的也是另一贵族，不会是庶民。历史事实证明，西周王朝没有从庶民阶层获得多少智慧支持，这是它覆亡的重要原因之一。

成康盛世

第一节　万国来朝

周公还政之后，召公姬奭成为最有权势的辅政大臣。重要方针政策，都由他与成王议定。两人对周公的政策，有所更改。如山东的奄地再起

周成王处在西周的巅峰

叛乱，召公平叛，就给齐国的姜太公发了诏令，赋予齐国更大权力与责任，允许齐国代表王室征伐诸侯，一改之前周公对姜太公的打压策略。[①]姜太公在成王亲政后，数次到成周参加朝会。他的儿子吕伋，受到成王和康王重用。

姬奭辅政期间，淮河区域的录子发动叛乱。录地约在现今安徽六安

---

① 　见《左传·僖公四年》："（管仲说）昔召康公命我先君太公曰：五侯九伯，女实征之，以夹辅周室。"

市，位于周朝南方。武王和周公，都曾在此用兵。之前录子归服，王朝封于子爵。因地处偏远，归而又叛。这次小型叛乱，由召公姬奭领军平叛成功。成王嘉奖他的功绩，赐予了很多的土地。[①]

周成王提拔重用毛叔郑的后嗣毛伯班，命令他接替了虢城公的职务，统领禁卫军保卫王室安全，并且掌管宫城诸事，还监管繁、蜀、巢三国政务。

不久，周成王赐给毛伯班军事指挥的节符，命他统率诸侯将士，攻打东边的蛮夷。成王命令吴伯说"率领你的军队，作为左师辅佐毛叔父"；命令吕伯说"率领你的军队，作为右师辅佐毛叔父"；命令虢城公说"带领你们的本族将士跟随宗长出征，在出城后要注意保护好宗长的安全"。毛伯班经过三年的征伐，平定了东夷。[②]（见图7-1）

图7-1　班簋，也称毛伯簋。内底有铭文20行，198字铭文，主要记载周成王命毛伯伐东国狷戎的史实。此簋是清宫旧藏，现藏于首都博物馆。

---

① 见青铜器太保簋铭文。
② 见青铜器班簋铭文。

经过三次战争，王朝周边的反叛势力，基本被消灭殆尽。已安定天下的周成王，在岐阳举行大规模会猎活动，四海八方诸侯皆来朝见，重申对周王朝的忠诚，史称"岐阳之蒐"。[①]

自文王受命、武王克商以来，周朝的功业至成王而大定。"成"王，是大功告成的"成"。从此，周王朝进入长达五十年国泰民安、百业兴旺的"成康之治"时期。

周王朝的领土疆域范围，《左传》中有一段记录，周景王派使臣詹桓伯告诉晋国人："魏骀、芮、岐、毕，吾西土也。蒲姑、商奄，吾东土也。巴、濮、楚、邓，吾南土也。肃慎、燕、亳，吾北土也。"[②]这段话描述的西周疆域，南至江汉，北过幽燕，应该是鼎盛时期，即成王时期的领土概况。

《逸周书·王会解》记载了周成王在成周朝会诸侯，四方邦国进贡奇珍异品的盛况：

> 肃慎，贡大麈。秽人，贡浅黑鲵。良夷，贡鳖身人头的在子。扬州地区，贡禺鱼。解国，贡隃冠。发人，贡麃鹿。俞人，贡奇马。青丘，贡九尾狐。周头，贡辉羊。黑齿国，贡白鹿、白马。白民，贡乘黄。东越，贡海蛤。欧人，贡蝉蛇。遇越，贡鮋鱼。且瓯，贡文蜃。其人，贡玄贝。海阳，贡大蟹。会稽，贡扬子鳄。
>
> 义渠，贡兹白兽。央林，贡酋耳。北唐，贡闾。渠叟，贡鼠勾犬。楼烦，贡星施。卜庐，贡纨牛。区阳，贡鳖封。规

① 《左传·昭公四年》："周武有孟津之誓，成有岐阳之蒐。"
② 见《左传·昭公九年》。

规，贡麟。西申，贡凤鸟。氐羌，贡鸾鸟。巴人，贡比翼鸟。反炀，贡皇鸟。蜀人，贡文翰。方人，贡孔鸟。卜人，贡丹沙。夷用，贡焦木。康民，贡桴苡。周靡，贡狒狒。都郭，贡猩猩。奇干，贡善芳。

高夷，贡嗛羊。独鹿，贡邛邛。孤竹，贡距虚。东胡，贡黄黑。山戎，贡戎菽。般吾，贡白虎。屠州，贡黑豹。禺氏，贡騊駼。大夏，贡白牛。犬戎，贡文马。数楚，贡每牛。匈奴，贡狡犬。权扶，贡玉目。白州，贡比闾。禽人，贡菅。路人，贡大竹。长沙，贡鳖。鱼复，贡鼓锺。仓吾，贡翡翠。

由此，周王朝在已知世界里，树立起至高无上的权威，致使万国来朝。后人怀念鼎盛时期的西周，除了"郁郁乎文哉"的文化外，还有无远弗届的政治和军事影响力。正因为鼎盛时期是那么的强大，衰败的路才走得那么漫长。王室东迁后，周王朝足足衰落了五百年之久，还没把原先积蓄的精气消耗完。

<table>
<tr><td>何尊镌刻下"中国"的名字</td></tr>
</table>

周成王亲政第五年的四月，在成周举行对武王的丰福之祭。丙戌这天，姬姓显贵的后代们聚集在京官大室，一起纪念伟大的王朝创立者和族人中的大英雄。周成王发表怀念父亲的讲话，感谢同姓族人为王朝建立作出的贡献，并赐予后代们相应的奖赏。

周成王特别训告宗族少年姬何："从前你的先父公氏追随文王，数十年尽忠竭力，辅佐文王受命于天。后来武王消灭大邦国商，在洛邑告祭上天道：'我要居住在这天下的中央（中国），统治四方人民。'你虽然年轻，还不通晓大事，但你的父亲协助先王完成使命，有大功劳于上天。我们今天在这里营建新都，怀念祖先们的功劳，你一定要恭敬继承先人的遗志！"成王授予姬何认定其祖宗功劳的诰文，赏赐他货贝三十朋。

姬何激动得浑身发抖，自己父祖辈多年追随先王鞍前马后，苦劳多于功劳，没想到朝廷没有遗忘他们。他们得到朝廷的肯定和褒奖，位列开国功臣，是举世无双的殊荣。回到家里，姬何花费了比三十朋更高的价值，郑重请人制作了一个酒尊，刻上记录此事的文字。

在铭文最后，姬何写道："我王恭正的美德与天同高，训告于我这个不聪明的年轻人。姬何阖族将秉承父祖遗志，继续为我王效命，为朝廷肝脑涂地。特铸刻此鼎，以作纪念。"（见图7-2）

图7-2　何尊，1963年出土于陕西省宝鸡市宝鸡县贾村镇（今宝鸡市陈仓区），收藏于中国宝鸡青铜器博物院。尊内底铸有铭文12行、122字铭文，记载的是周成王继承周武王遗志，营建成周之事。

在古人看来，青铜是世界上最坚硬的物品，即使海枯石烂，尸骨腐朽，它仍然存在。祖先的丰功伟绩，值得与青铜永世长存。在这点上来说，他们的想法是对的。历经三千年黑暗岁月的封锁掩埋，何尊与姬何在二十世纪重见天日，举世震惊赞叹。

无论是何尊展示出的青铜制作技艺，抑或上面铭刻的文字资料，都属于珍贵的资产，价值难于用数字衡量。而铭文中提到的"中国"一词，让一直在寻找我们国家何以自称为"中国"的人们，在某种程度上得到了答案。

在西周时代，"中国"除了是天下中心的地理概念，还代表着万国之尊，八方之贵。古人们的朴素思维认为，在所有方位中，只有正中央，才是最尊贵的。上天受命周朝统治下国，必居天下正中。所以武王灭商，夙夜未眠，一定要营建洛邑，居天下正中，才算完成受天之命的使命。

武王未完成的事业，由成王完成了。经过数年营建，西周的东都建成。成王在这里朝见四面八方的诸侯，接受他们的纳贡，册封他们的职爵。一个赫赫威仪、雍荣华贵的中央王国，流光闪耀在空间和时间的经纬中。

第二节　顾命大臣

成王之后西周
史料缺失的原因

西周在开国之初，尚流传下可以寻找其脉络的痕迹。根据《史记》《尚书》和《逸周书》等不相连缀的文本内容，大致能将周初历史梳理明白。然而在成王之后，西周历史陷入无边的空虚和黑暗中。除了零星的只言片语，长达两百年的西周统治史，没有给后世留下多少可靠的记录。从此以后，国家面貌变模糊，人物形象成黑寂。历史好像进入沉睡期，并且睡了好久好久。

随着西周的大一统，文化进一步繁荣，相应应该产生更多的文化成果。这些成果，为什么没有流传下来？可能有两个主要原因。

第一个原因，产生的文化成果价值不高，被历史淘汰。周初的人物，都是跨时代的伟人，他们改变历史走向的事迹和创造的文化成果，拥有极高价值。所以能经受时间考验，流传后世。而成康之后，都是相对平庸的君王，贵族也是世袭，他们的生活事迹和文化成果，价值不高，流传不到数代，就被淘汰。

第二个原因，在长达八百多年的周代历史中，王朝的史料遭到多次或被动、或主动的遗失与销毁。第一次大灾难发生犬戎攻破镐京时，周幽王和太子伯服被杀，都城也遭遇灭顶之灾。犬戎大肆抢劫和毁灭，大批史料罹难。第二次灾难是东周王室数次王位之争，史料也因之散缺。特别是王子朝奔楚，带走不少王朝典籍，随之散佚楚地。第三次大灾难是秦始皇统一天下，集中销毁了周王朝和六国史记。这一次劫难是决定性的，秦始皇不但焚毁了从周朝和各国王室劫掠来的史记，而且民间书籍也被搜集销毁，禁止流传。至此，正宗的周王朝史料消失殆尽，幸存的零星记录也语焉不详。

成王去世，任命顾命大臣

鉴于客观条件，后代想把西周历史完整地叙述清楚，非常困难。统治时间长达四分之一个世纪的周成王时代，也只能匆匆语罢。这位英明有为的帝王，盛年早逝，死时才四十岁左右。

文献记载，某年四月，周成王身体不适，他预感到天年已尽。此时儿子姬钊刚刚成年，还没通晓政事。成王担心他不能胜任王职，不得不特别嘱托元老大臣们。他郑重沐发洗脸，穿上礼服，召来文武大臣，对他们说：[①]

"我患的病越来越重，已经到了危险的地步。我时日不多，唯恐你们得不到我的遗令，去辅佐嗣王。所以把你们召来，郑重传达遗命。从前，文王和武王光照天下，制定法度，颁布教令，便怀着畏惧的心情而不敢违背。因此才能消灭商朝，成就周朝的天命。

"年轻的我继承大位，恭敬地承受上天的威命，谨遵文王和武王的法度教令，不敢有所逾越。如今我犯上不测的大病，几乎不能起床。你们要努力记取我的遗言，抚慰远近百姓，安定大小邦国，衷心拥护和爱戴太子姬钊，帮助他渡过眼前的难关。人善于用礼仪和法度约束自己，才能自治其身，施及于国家。你们要恭敬地督谏嗣王，不要令他的行事超越礼仪和法度的要求。"

成王发布遗命的第二天便崩逝。召公姬奭命卫侯吕伋率仲桓和南宫毛，以及百名将士，在南门迎接太子姬钊入宫，主持丧事。太史把成王的遗言授予姬钊。

姬钊登基继位，是为周康王。

召公姬奭率领西方诸侯向康王行礼，毕公姬高率领东方诸侯向康王行礼。新王向公卿、诸侯们发表讲话：

---

① 见《尚书·顾命》。

"诸侯国君们，现在请听我姬钊的诰言。从前文王和武王提倡德治和礼法，使我国的典章制度完备。他们不大肆使用刑罚，治民措施恰如其分。所以，他们的威信如日月之光，普照天下。还有辅佐的大臣，既有优秀的才能，又忠心不贰，可以保卫王家，端正天命。皇天审查了先王的德行，把天下交给我们，并且分封诸侯，树立屏障，帮助我们后人治理国家。现在我们同姓诸侯中的大国，都能够尽心地扶持王室，犹如你们的先人一样。说明你们虽然身在朝廷之外，心却无不在王室。诸侯君们！你们应该时刻关心王室，不要使我这年幼无知的人犯下过错。"

在康王时代，召公姬奭和毕公姬高是群臣的领袖。召公主政关中，毕公后来则取代的周公儿子君陈，主政关东。毕公虽然在康王时代才位列上公，却是资历很老的大臣，历经文王、武王、成王和康王四代，所以康王称他"弼亮四世"。

康王时代的其他重要人物，即出现在他继位典礼上的人物，有芮伯、毛公、彤伯、南宫毛、齐侯吕伋、卫侯姬封或其子伯懋父。芮伯是姬姓旁族，毛公是毛叔班，彤伯是关中妡姓世族，南宫毛是功臣南宫忽后代。齐侯和卫侯的出现，说明外服诸侯参与朝政的积极性很高。当时的权力集中在中央，诸侯们也以任职中央为荣。

周公的儿子君陈，没有出现在康王继位典礼上。康王十二年，康王任命毕公接替君陈，主政成周。[1] 说明君陈在康王继位后，权势地位还很高。他没有出现在成王顾命和康王登基两个场合，可能成周有紧急要事，抽不开身。

在康王时期，除了吕伋、南宫毛和彤伯寥寥几人，还是姬姓族人

---

① 见《尚书·毕命》。

充满朝堂。开国之初拼的是才干能力，所以周公出类拔萃，先得显用。后期英才凋零，只能论资排辈，所以毕公上位。毕公后来居上，大有汉朝曹参"萧规曹随"的意思。但毕公毕竟属于开国功臣一代，有居安思危的之心，珍惜太平时代，懂得治国安民。后来的姬姓子弟，养尊处优，骄宠奢侈，一代不如一代，逐渐使他们的"家天下"走向衰落。

第三节　康王的武功

刑错不用的安宁时代

自成王亲政后，周王朝国内外政局趋于稳定。执政者顺天应人，与民休息，倡导德治与礼治。经济得以恢复发展，文化方面也生机勃勃，百姓安居乐业，到处呈现欣欣向荣的景象。这段和平发展时期，一直持续到康王末年，绵延近五十年。历史上把这段太平景象，称为"成康之治"，这是中国有确定历史记载的第一个盛世时代。

中国历史历来治乱相循，举凡大乱之后，相继而来的是大治。这样规律性情况的出现，主要因为百姓饱受战乱痛苦后，希望得到安定的生活，他们的要求，比任何时候都低。享受和平，吃得上饭，就是最大幸福。新的统治者顺应民心，一改之前严酷残暴的政策，给予百姓更多的恩惠帮扶，他们劳动生产的积极性因而被提高。这样一呼一应，形成良性循环，社会就会发展得越来越好。

关于这段繁荣昌盛、被后世一再称道的历史，历史学家评论称赞它"刑错四十余年不用"。[1] 所谓"刑错"，即与德治和礼治精神相悖的严刑峻法。刑罚治政的精神，讲究以周密严苛的法律来约束、限制平民，与中国历来的主流思想不符。儒家更强调引导、熏陶的教化方式。所以后世每逢盛世，都会拿刑罚状况作为反面证据。严刑峻法被简化，深牢大监被空置，便是治世的有力佐证。

康王平叛东夷和消灭鬼方国

实际上，时间的流逝埋没了"成康之治"的真相，人们才误以为当时天下安宁。现实中的成康时代，偶有战争乃至大战爆发。多件青铜器记录显示，康王时代山东一带又发生了大叛乱。[2]

历经周公、召公两次征服后，商朝遗民和东夷还不死心，他们再一次发动叛变。为平定此次叛乱，康王进行了很大的动员。卫国姬封之子伯懋父、一位叫潇公的太师以及太保，都参加了战争。这是一场大型叛乱，平叛的时间长度和地域范围，堪比成王时代。

指挥作战的主要将领，是当时的卫国国君，姬封的儿子伯懋父。但伯懋父并不是以卫国国君的身份率领卫国军队平叛，而是以中央卿士的身份，率领驻扎在牧野的王朝东八师平叛。

伯懋父一直追击叛军达到东海之滨，将其灭尽。太师潇公和太保率领的部分中央军，以及一些附属小国，从另一方向讨伐叛乱，同样取得胜利。

---

[1] 见严安上汉武帝书和《史记·周本纪》。
[2] 见青铜器小臣𫓧簋、旅鼎等铭文。

周康王举行隆重的烧柴祭天仪式，庆祝平叛胜利。自康王此次平叛后，西周时代山东地区，在周军强大武力压制下，彻底被齐、鲁和其他周封诸侯国驯服消化，再无叛乱记录。

既伐灭东夷，考虑到之前分封到长江下游的吴国，太过偏远，势孤力单，康王想强化对这一地区的控制，让吴国也有所依傍。于是把原封在中原的虞侯夨，转封为宜侯，迁到今江苏镇江地区。[①]康王授予夨丰富的器物，以及王人十七姓、庶民六百六十人，前往就任。（见图7-3）这一策略，在当时是有效的。但之后昭王南征失败，淮夷隔绝了吴国和宜国。两国从此与王朝失去联系，僻居于遥远的海滨，自生自灭。

平定东方叛变，青铜器的记载比较模糊。而另一场对北方鬼方的战

图7-3 宜侯夨簋，1954年6月在江苏镇江大港镇烟墩山出土，现收藏于中国国家博物馆。簋内有铭文126字，记载了宜侯夨被周康王转封在东南的情况。镇江有文字依据的最早地名"宜"，出于此件青铜器的铭文。

---

① 见青铜器宜侯夨簋铭文。

争，信息就确切多了。周康王对鬼方的战争记录，出自小盂鼎。[①]鼎器铭文记录周康王派遣大将军南宫盂讨伐鬼方，大获全胜。俘虏了鬼方头领三人，割耳四千八百多人，受降一万三千多人，还缴获三十辆车，三百头牛等物资。这一重大事件，发生在康王二十五年。

这不但是一场军事上的大胜，也具有重大的历史意义。早在商朝时代，鬼方和商就发生多次战争。周王先祖季历，曾帮商廷征伐鬼方，历时三年，俘虏二十个头领，受封为牧师。周朝建国之后，在山西地区分封晋国和霍国两个同姓国。周朝的扩张，严重威胁到鬼方戎的利益。至康王时代，双发的摩擦升级发展到冲突，终于酿成战争。在三千年前，杀死四千余人，受降一万多人，相当于灭了一个大邦国。对失败一方来说，这个打击太大了。鬼方经过此役，缓不过气来，从此绝迹在历史风烟中。

立下大勋劳的南宫盂，是开国功臣南宫忽的后代，也是康王少年时代的好友。康王时代的另一件大盂鼎，记载了康王对盂的训词（见图7-4）：

"盂，很小的时候，你就继承了先辈尊贵的爵位。我格外恩典，让你入读皇家学校。你要忠诚我，辅佐我。现在我要效法文王施政，任命你为执政大臣。你要弘扬我的德行，恭敬地协调纲纪，勤勉地早晚入谏，准时进行四时祭祀，奔走于王事，敬畏上天的威严。

"盂，你一定要努力效法你的先祖南公，辅佐我管理军队，勤勉而及时地处理司法案件，从早到晚辅佐我治理四方，协助我遵行先王的制度，治理亿兆民众和广大疆土。赏赐给你一卣香酒、头巾、蔽膝、木底

---

① 小盂鼎现已佚失，铭文有拓本。

图 7-4　大盂鼎，1849 年出土于陕西郿县礼村（今陕西眉县常兴镇杨家村），现藏于中国国家博物馆。鼎内铭文 291 字，记载了周康王在宗周训诰盂之事。

鞋、车、马；赐给你先祖南公的旗帜，用以巡狩；赐给你邦国的官员四名，人众自驭手至庶人六百五十九人；赐给你异族的王臣十三名，夷众一千零五十人，要尽量让这些人在他们所耕作的土地上努力劳动。"

因南宫盂立下如此大功劳，又与康王情谊深厚，所以受赐很重。其中被赐予的数量极多的异族王臣和夷众，可能就是南宫盂战胜的鬼方戎。

据此，人们了解到成康之治更多的内涵。除了经济繁荣、政治稳定、刑错不用、人民幸福这些文治成果，还有武功卓绝。盖凡盛世，人民除了满足基本的物质需求和生存权利的保障，还有一份光辉的记忆，永存于心底。如汉唐盛世，皆是文治武功并举，为后世称道。只是自秦汉以来，国人习惯了中国拥有辽阔的疆土，对早期一锱一铢开拓出的新领地，皆认为是自然之事，不足称道。其实，后世的大一统国家与疆土之所以成为可能，都有赖于早期王朝在政治、军事和文化上的扩张而打下的雄厚基础。

成康时代的战争，使人们看到一个强大的中央权力对前所未有的广大区域实现有效统治的可能。这种探索和创造的成果，使古老的中原地区告别诸国林立的景象，逐步走向中华实体的大一统。

第
八
章

野性帝王

第一节　昭王命丧南征

为了加强对南方的控制，
周昭王亲自南征

周康王在位二十余年亡故，传位儿子姬瑕，是为周昭王。周昭王和他的下一继任者周穆王，有一共同爱好，就是喜欢出游远征。《左传》《管子》和《楚辞》三部权威典籍，都证实了昭穆两王远行的事迹。①

文王、武王是创业之君，很多事情需要亲力亲为，不能安坐王庭等待功业天降。而后世君王，则是守成之君，王朝的领土疆域、规章制度都已确定，他们不需要大动干戈去进行征伐，也不需要大费周章去创制

① 《左传·昭公十二年》："昔穆王欲肆其心，周行天下，将皆必有车辙马迹焉。"《管子·小匡》言："昔我先王周昭王、穆王世法文武之远迹，以成其名。"《楚辞·天问》："昭后成游，南土爰底。厥利惟何，逢彼白雉？穆王巧梅？夫何为周流？环理天下，夫何索求？"

改革。如果他们愿意，只需安坐后方，循规蹈矩，按部就班，就能尽完帝王的责任。成康两王，频繁来往洛邑与镐京，最远到达山东边界，都属于大中原的范围。他们的出行之地，处在王朝的直接统治下，没有任何危险。

而周昭王和周穆王征战与巡游的地方，都是边疆化外之地，凶险莫测。作为守成之主，他们本可无所作为，纵情享乐，可最终却选择了以身犯险，寻找未知的可能。这样的行为，不免让人心生诧异。

周昭王远行，是为征伐。征伐的目的，在于加强对南方地区的控制。成康时代，王朝在长江下游分封了两个姬姓国，分别是吴国和宜国，想以此强化对东南边境的控制。统治者有个美好设想，以长江为界线，在楚国和吴国以北，都属于王朝腹地。然而统治如此辽阔的疆域，对于那个物质条件落后的时代来说，毕竟太过困难。没过多久，这种乏力感便显现出来。

周昭王第一次不见吴、宜两国来朝见，以为地方偏远，可能遇上未知困难，不以为意。第二次不见他们来朝见，心里便有了疑窦。他派遣使者打探，弄清吴、宜两国不来朝贡的原因。使者行到淮南一带，被当地夷人拦截，拒绝放他通行。使者探清情况，回来报告，以虎方为首的淮夷隔绝道路，既不让王使南行，也不放吴、宜两国使臣北上。

东南淮夷敢于反抗周朝，并非周朝实力不够强大。能在长江沿线分封吴、楚、宜三国，说明当时周朝的实力非常强劲。然而这种强劲，是靠频繁军事征伐表现出来的。王朝军队一撤退，蛮夷部落便感受不到其影响。周朝分封的边境诸侯，实力跟他们差不多，或者更弱，也不需畏惧。因此，蛮夷敢于漠视王朝律令，轻视边境诸侯，拦截使者，隔绝双方来往。受时代物质条件的限制以及制度的缺失，为了捍卫大国的尊严，周王朝不得不一次次劳师远征。

昭王死于南征途中

对于阴阳反复的蛮夷，周昭王决定给他们一个重大的教训。继位后的第十六年，周昭王派遣久经沙场的大将军南宫盂讨伐虎方，[①]（见图 8-1）消灭不顺服的蛮夷，企图打通前往长江下游的交通要道，把东南地区置于更强力的统治之下。南宫盂是康王时代的宿将，在与鬼方的战争中，大获全胜。现在虽已老迈，但昭王相信，他能再次率领周军获得胜利。

然而昭王是个好奇心重，也迷信武力的君王，他不满足于仅派军征讨，还想亲自去过一把战争瘾。为了安全起见，他先派一名叫作中和一名叫作静的官员，以巡察南方邦国的名义，勘察南行的道路，并营建行宫。中和静回报一切处置妥当之后，昭王借口往终南山打猎，从商洛地区经洛水出关，进入河南南阳盆地，再往南行，到达汉水中下游。

第一次南征，取得局部胜利。昭王返回成周，举办庆贺典礼，犒赏公族成员。昭王赞赏静和中的功劳，任命静主管曾、鄂两地军队；赏给中四匹马驹。这些马驹是南宫盂的战利品，献给了昭王，昭王转赐予中。

周军没有彻底征服东南蛮夷，反而激起强烈的反抗。众多蛮夷部落联合起来，共同对抗周朝。从而，促使周昭王第二次南征。

第二次南征的目的，指向邻、虎方和荆楚等地区，涵盖河南之南、安徽和湖北的广大范围。这里位处王朝的南方边疆，有王朝的封国，也

---

① 昭王十六年南征，见青铜器中方鼎、静方鼎、中甗铭文。

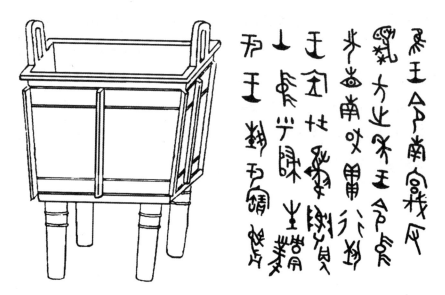

图8-1　中鼎，北宋重和元年（1118）出土于今湖北孝感的"安州六器"之一。鼎内铭文39字，记载了周昭王命南宫讨伐虎方，并令中巡察南方通行路线一事。上图为中鼎形状及铭文摹写。

有很多未顺服或还在观望的夷国。对未知区域的征战，凶险万分，成败难测。周昭王对危险未有充分估算，想以此邀功后世。他否决了其他战争方案，决定亲自率领王朝主力西六师南征，宣王威于边疆。

昭王二次南征的结局是悲剧性的，不但自己身死汉水，而且王朝主力西六师也连同覆灭。而这场大败并不是始于战场上的失败，而是统帅们的意外死亡。

周昭王在一次常规撤退中，征用当地民夫的船只渡汉水。本地人民因为昭王发动的战争，承受很大的负担，忍受很大的痛苦，他们怨恨王朝的统治者。所以，故意进献不牢固的船只，图谋让周王在河中覆毙。而周军负责人也疏忽大意，竟然没有经过严格检查以确保船只的安全性，就贸然让昭王和大臣祭公（周公后裔）登船。

船行驶到河中央，木条解散，一众行人沉溺入汉水。昭王和祭公不解水性，先后溺亡。赖得有一位侍从叫辛余靡，身高多力，善解水性，他背负周昭王游到岸边，再返回背祭公游到岸边。[①] 被他解救上来的两具尸体，无助安稳军心。荆楚淮夷部落听闻周军统帅溺亡，联合攻击西六师。群龙无首，威名赫赫的王朝主力军大败亏输，半死亡半逃散，转眼间灰飞烟灭。

南征失败和西六师覆灭的深远影响

昭王之死和西六师的覆灭，不但是军事上和政治上的重大失败，对王朝的信心，也是巨大打击。天子身死蛮邦，被王朝视为耻辱，当时执政者没有向诸侯国发布正式丧告消息，刻意淡化负面影响。周穆王在一片狼狈中，匆匆登上王位，安定混乱的局面。

当时面临的困境，超乎常人想象。朝野内外经过艰辛的蓄力，才能在各方面恢复元气。周穆王也许应该感谢祖辈们建立的事业太过强盛，以至于能消化掉这样的大灾难，迅速恢复往昔的荣光。十余年后，他又淡忘了父亲的教训，开始频繁出行和远游。

回顾中国历史，人们发现没有一位大一统的帝王如周昭王一样，死于战争途中。周昭王的行为，可谓独一无二了。实际上，英明有为、雄才大略的帝王，都钟爱四处巡游。远古的黄帝和尧、舜、禹，都是周行天下，不限居于一地。后世秦始皇、汉武帝、唐太宗等，也在京城坐不住，喜爱巡游或远征。

---

① 见《吕氏春秋·音初》。

但很多的帝王，喜欢蜗居在皇宫之内，长期与女人和太监厮混。这样的成长环境，很难培养出了解民生疾苦、有所作为的帝王。如果不考虑周昭王南征对当地人民非人道的压迫和掠夺，其行为无可厚非。一个帝王，如果没有开阔的眼界、丰富的履历、多闻的见识，很难成就不世功业。作为帝王，应该像一匹奔跑在野外的狼，而不应该像一只养在温室里的猫。周昭王南征虽然失败，死得耻辱，但作为一个具有生命野性的帝王，拥有值得称赞的一面。

昭王南征失败后，周王朝控制长江流域的梦想，从此成为一场空。昭王之后的西周列王，接受了王朝控制区域在淮河、汉水一线的事实，没有人再对长江流域拥有野心。而吴国和宜国，像断了线的风筝，从此与中原王朝失去联系。它们自立于偏远的海滨，自给自足，自生自灭。

第二节　浪漫的天子

周穆王在情况危急之下继任天子

姬满在父亲姬瑕意外去世后，匆匆登上王位。此次继位虽然情况危急，但没有凶险。中央主力军西六师在南征中覆灭，然天下之内，能与周人周旋的势力，早给消灭殆尽。除了西六师，周王朝还有东八师，以及占据中原一半版图的同姓封国。这些强大力量的存在，确保周王朝有惊无险渡过危机时刻。此次危机应对的成效，证明了双都制（两个军事政治中心）和同姓分封制的优越性和先进性。

姬满登上王位，是为周穆王。周穆王在位五十六年，在西周诸王中统治时间最为长久。

充满传奇和浪漫的帝王

周穆王是个神奇的君王，在中国历史上，很少有帝王能如周穆王一样，被艺术家画进画里，被诗人写入诗中，被哲学家反复道及。其形象之所以如此传奇浪漫，第一因为寿享百年的传说，第二因为万里西行的奇迹，第三因为冲破世俗成见的爱情。

据说，周穆王继位时，已经年过五十，再加上统治期的五十六年，寿龄超过一百。在历代帝王中，极为罕见。文王武王传说也享有高寿，但均年未过百。尧舜禹汤之高寿，属于神话范畴，不足为稽。而周穆王之年过百岁，《尚书》和《史记》明确提及。[1] 这两部书的权威性极高，让很多人对周穆王寿享百年的事深信不疑。道家夸张附会，更有其修道成仙的传说。[2]

晋朝初年，盗墓者挖掘汲县魏襄王的坟墓，大量陪葬竹书重现人世。其中的《穆天子传》一书，让周穆王的形象和事迹，重新被人们认识。这部奇书记载，周穆王率领六师，驾驭八骏，在左右大臣陪同下，从洛邑出太行山，过雁门关，沿河套地区西行，越过大漠，一直到达西王母之邦。传统的看法以为，在汉武帝打通西域前，河西走廊外属于中华文明里的未知区域。人们想不到，早在西周时代，中国人便大规模活动在西域。因《穆天子传》的横空出世，周穆王给予世人的形象更加华

---

[1] 《尚书·吕刑》："王享国百年。"《史记·周本纪》："穆王即位，春秋已五十矣。"

[2] 《列子》有《周穆王》一篇。

彩绚烂。

周穆王传奇浪漫的第三面，表现在爱情上。周文王有一个儿子封在郕国，数代而有女，名为盛姬。[①] 穆王四处巡游，在郕国遇见盛姬，爱慕不已。郕国国君晓解天子心意，主动奉送上女儿。穆王大悦，封郕国国君为姬姓族长，又封盛姬为淑人。

从此穆王把盛姬带在身旁，朝夕不离。怎奈美人体娇，跟随穆王巡游，偶染风寒，一病不起，芳魂飘散。穆王很是悲痛，不顾众臣劝谏，为她举行了隆重而盛大的丧葬活动，各路诸侯皆来吊丧。

过了许久，穆王还不能忘怀盛姬。左右之人劝言："自古以来，人有生有死，岂独淑人？天子您不快乐，因为还思念淑人。思念越来越深了，但请不要忘了还有新人。"穆王对盛姬用情很深，给这么一说，又伤情流泪。

周朝礼制极严，同姓不婚是大典。文王到穆王，相隔了五代，但他们传承相同的血统。按礼制规定，穆王与盛姬不能结为夫妻。周穆王不但违反了祖宗定下的礼教大数，而且招摇为盛姬举行了丧葬之礼，无视天下人悠悠议论之口。若非天生情种，具备勇气，也不敢为人所不敢为。

周穆王虽有诸多浪漫传奇的传闻，但没有证据说明他是个不理朝政、热衷游乐的昏聩君王。从他巡游活动的事迹看来，西周当时还处在强盛时代，受到四方夷狄的尊重。而在《穆天子传》中，周穆王两次自责"予一人不盈于德而谐于乐，后世其追数吾过乎"；在和西王母行歌互答中，还不忘"和治诸夏"和"万民平均"，反映出周穆王有相当的

---

① 见《周穆王美人盛姬死事》。

自觉之心，固非昏君所能比。

因为所处时代形势大异，周穆王不可能像文武周公一样开国创制，只能在循规蹈矩中治国理政。而偶然出于性情，稍稍出轨，给后世留下如许传奇浪漫的美闻。

第三节　绝域西游

周穆王西游的目的

管仲、左丘明、屈原等先秦诸贤，都证实了周穆王远游的事实，可见《穆天子传》之言无虚妄。真与假，不应当是《穆天子传》首要探讨的问题。人们亟待释疑的是，穆王西游的目的是什么？如屈原在《天问》中追问的："穆王巧梅？夫何为周流？环理天下，夫何索求？"他为何不辞劳苦，万里西游？他在寻找什么？他想得到什么？

我们不能说他劳师动众跑那么远，事出无由。如果有，周穆王西游的目的是什么？

第一个目的，搞好邦交，宣扬周王朝德威。周穆王一路上就拜访了不少邦国和部落，发展外交关系，与它们结成盟友。第二个目的，周穆王是个旅行达人，好奇心重，一生愿望是饱览天下美景，哪怕以身涉险。第三个目的，西方寻宝。西域和田地区出产上等玉石，周穆王痴迷玉器，不得之不罢休。

前两个目的，不须论证。唯独第三个目的，看似荒诞，实际上分量很重。《穆天子传》记载，在西游过程中，周穆王有一个特别的举动，就是到达群玉之山后，周穆王在那里休息了四天，从群玉之山"取玉三乘，载玉万只"。他还把重要大臣邢侯留在群玉之山，监督开采玉矿。

为什么在劳累匆忙的旅程中，还"取玉三乘，载玉万只"？这样不会增加行动的负担吗？更重要的是，他还把邢侯留在玉山，继续开采玉石。

接着周穆王来到羽陵之地，有个部族进献良马牛羊。穆王一反常理，没有接受，原因是他们是开采玉石的部族。穆王在群玉之山采玉，得到这个部族的许可和帮助。穆王没有接受他们的良马牛羊，是为了感激他们对自己的善意。

人们不得不深思，为什么西域的玉石，对周穆王来说那么珍贵？

> **和田玉东传与文化品格的形成**

众所周知，新疆出产的和田玉，是玉石中的上品，为其他品种无法比拟。考古研究发现，在六千多年前的仰韶文化遗址中，就存在和田玉。事实说明，在遥远的上古时代，和田玉已经东传到中国。

安阳殷墟妇好墓出土玉器755件，其中的玉玦、玉刀、玉戈残片、玉瑗、玉箍、残玉环和残玉璜等7件玉器，经过专家实验研究，认定原料皆来自新疆和田。这个事实再次说明，在比周穆王时代早几百年的殷商时期，和田玉已经大量流传到中原。

仰韶文化遗址和妇好墓均埋有和田玉器，说明贵族帝王把和田玉视为稀世珍品。在本书叙述的范围，玉的珍贵性和特别性也显现出来。如商纣王自焚，身着天环玉衣。周公祈祷求代武王死，以璧与珪献于神灵。祭公谋父作诗《祈招》劝谏穆王，以玉比拟君王风度。[1]

中国人爱玉的传统，起源很早。这种对玉的喜爱，使得玉石品性慢慢浸入中华文化精神中，形成中国人崇尚的一种品格特性。[2]在周穆王时代，玉已经被注入初始的精神喻义，不再是冰冷空洞的物品。周穆王对玉爱不释手，如痴如狂，听闻上等玉产自西域，那里还有大量矿源，决定率师远行，西去寻宝。穆王西行可能有很多原因，但寻找玉石源产地，有可能才是最重要的目的。

但万里寻宝，对于君王而言，毕竟不算高尚的行为。所以《穆天子传》隐约其词，一会儿开展邦交，一会儿拜祭黄帝，一会儿自我责备。所有这些，都在掩盖周穆王真实的目的。但中国历来史笔，尊崇事实，不作出评价可以，但不能略去事实。所以《穆天子传》还是记录下周穆王在群玉之山"取玉三乘，载玉万只"的事实。

征伐犬戎，打通西去要道

确定了周穆王的目的后，另一个疑难是为什么周穆王西游，不从镐京出发，经河西走廊入新疆，而是从东都洛邑出发，经太行山，出雁门关，再沿黄河上游西去？按理言，第一条路线更方便。为什么弃之不用，大费周折？

自汉武帝打通河西走廊，开拓西域后，以后中原王朝到西域，都经

---

① 见《左传·昭公十二年》："祈招之愔愔，式昭德音。思我王度，式如玉，式如金。"

② 《礼记·聘义》中，子贡问于孔子曰："敢问君子贵玉而贱玟者何也？为玉之寡而玟之多与？"孔子曰："夫昔者君子比德于玉焉……《诗》云：言念君子，温其如玉。"《礼记·玉藻》中言："古之君子必佩玉，君子无故，玉不离身。"《荀子·大略》言："聘人以珪，问士以璧，召人以瑗，绝人以玦，反绝以环。"

行河西走廊。久而久之，人们习惯以为，中原王朝到西域，只能走河西走廊一条路。实际上，匈奴和突厥在汉唐两代，纵横于辽阔的中国北疆，他们从内蒙古以北到新疆以北，就没有经过河西走廊，因为那是中原王朝的控制地。

草原民族可以任意来往东西方，说明在河西走廊以北，一直有一条来往东西方的交通要道。这一条草原通道，不但是军事通道，而且还是商业通道。东方产品经草原通道，流向西方。西方和田玉等产品，也经过草原通道，流入东方。

根据史料推断，在河西走廊未开之前，西域的玉石是经过蒙古草原，从山西北部的雁门关地区进入中原的。[①] 这条商业通道从汉武帝到赵惠文王，再上溯到周穆王，历时千年之久。而现实中，可能存在得更久，殷代妇好墓乃至仰韶文化遗址中的和田玉，都可能是通过草原通道来到中原。

在匈奴崛起之前，月氏控制着从蒙古到新疆的大片草原，玉石就是经由他们中介，流入中原的。[②] 在周穆王时代，盘踞在山西北部和内蒙古草原的势力则是犬戎。周穆王要北伐犬戎，祭公谋父反对，喋喋不休说了一通大道理，强调"先王耀德不观兵"，犬戎也准时进贡，打他们没道理。

祭公道理很动听，但不了解周穆王的私心。周穆王是个高级玉石玩家，对宝玉视之若命。但是每次从犬戎那里流入的玉石，总是那么一点

---

① 《史记·赵世家》记载，赵国谋臣苏厉给赵惠文王写信，说到如果秦国"逾句注，斩常山而守之，三百里而通于燕，代马胡犬不东下，昆山之玉不出，此三宝者亦非王有已"。句注就是雁门关，常山就是恒山，昆山即今天的昆仑山脉。

② 《管子·国畜篇》说"玉起于禺氏"；《轻重乙篇》说"玉出于禺氏之旁山"。"禺氏"即大月氏，或称月氏。说明春秋到战国中期，月氏控制北方草原通道。

点，而且质地平平，远远达不到他的要求。久而久之，周穆王怒了。他听说西域生产大量宝玉，质地上乘，心里就想：你不给我，难道我不会去取吗？

穆王发动了对犬戎的战争，这场战争不但打得莫名其妙，结束也莫名其妙。最后周穆王缴获四头白狼、四头白鹿，兴高采烈班师而回。从此，犬戎不再向周王朝进贡。这样无理的战争与荒诞的结局，让后来的历史学家大动肝火，对周穆王极尽戏谑嘲讽。

维护与犬戎长久的友好关系，明显不是周穆王首要的考虑。他的目的在于西域的珍贵玉石，只要犬戎俯首帖耳，乖乖让出通道，护送他西行取玉，其余的往后再说。在西周鼎盛时期，犬戎的实力不足以与王朝对抗。犬戎很快就屈服了，答应了周穆王的所有要求。发动这一场虎头蛇尾的战争，穆王本意不在掠夺或消灭，所以象征性取了四头白狼和四头白鹿，就回师洛邑。

穆王率领浩大阵容启程西行

经历了一场劳而不苦的战争，周穆王没有给他的卿士将帅们充分休息的时间，马上命令他们全力绸缪史上规模最大的西征。

在周穆王西游的队伍中，祭公谋父、井利、毛公、逢固、梁固、邢侯、造父，都是当朝卿士近臣。祭公谋父是周公后代，两代祭氏贵为上公，追随于周王左右，说明祭氏支系在昭穆时代很强势。另一位封地在河北南部的邢侯，也是周公后代。毛公，是毛叔郑的后代。井利是井氏家族的首领。井氏在西周早期很平淡，在中后期却是最显赫的世家。井氏崛起，正在周穆王时。

造父善驾驶，受穆王宠爱。原姓嬴，后赐予赵城，以赵为氏，是战国时代赵国始祖。穆王西游，即由造父指挥驾驶御车。他培养出的八匹骏马，名为赤骥、盗骊、白义、逾轮、山子、渠黄、华骝、绿耳，号称日行万里。周穆王身边的侍卫军团，号称七萃之士，职责是保护穆王的安全。

而最大随行队伍，就是六师了。六师是王朝主力军，曾随昭王南征被灭。此时六师，当是重建的六师。考虑两京需要防备，不可能全部出动，但西行规模至少上万人。动用如此庞大的力量随行，说明穆王充分考虑到西行的凶险。而且，此行目的在取玉，没有大量人力，是无法将珍珠宝玉运回中原的。

一切准备妥当，在继位后第十三年，周穆王率领浩浩荡荡的队伍，渡过漳水，穿越井陉山北上，开始一段具有传奇色彩的冒险旅行。

犬戎在当阳之水迎接周穆王，隆重招待一众将士。犬戎虽然对穆王有怨心，但实力不济，不得不表现得十分恭顺。他们一杯又一杯地向穆王敬酒，祝贺西行有大收获，满载宝玉而归。穆王圣心大悦，命七萃之士表演军阵攻占之法，以供娱乐。犬戎首领一面无奈赔笑，一面心里暗骂："你这是取悦我，还是威胁我？"

别过犬戎，穆王本想即刻启程北上，不料遇上暴风雪，只得停下休整数日。风停雪止后，穆王大师北出雁门关，行到焉居和禺知。焉居即是新疆的焉居，禺知即是月氏，他们是从西域来到中原边境贸易的商人小聚落。见到焉居人和禺知人，确信西域确实有大量上品玉石，更加坚定了穆王西行的决心。

出关后，来到的第一个重要地点，是内蒙古阴山的河宗氏部落。首领柏夭在燕然山脚下迎接穆王，献上束帛和玉璧。周穆王在这里举行大朝会，祭祀河神。太祝主持祭祀，穆王献上玉璧。柏夭把玉璧和牛、马、羊、猪、犬等牲品，沉入黄河。

柏夭作法，神灵附在他身上说："姬满，你应该永在世上为王。"穆王谢拜神言。柏夭继续说："姬满，我会向你展示高山上的珍宝。从此处去往昆仑山上，寻找到宫室四处，平泉七十处，就是昆仑山最高峰了。春山上有无数的珍宝，那是我给你的赏赐。"穆王拜谢了神的旨意，以柏夭为向导，逶迤西去。

在去程途中，经行的地方，留下记载的有黄之山、温谷乐都、河水之阳、昆仑之阿、珠泽、春山、群玉之山。然而这份记录，并不完整。因为《穆天子传》是数百年后从古墓出土的，其中竹简有腐烂和文字不可辨认之处，虽经古人整理，也不能完全复原。但从回程记载反推，去程经行的地方，还有西夏氏、朱余氏、河首、裹山等。

周穆王在昆仑之阿，祭拜黄帝。然后折而向北，登上春山，感叹说："春山，真是天下的高山啊！"春山，即现在的帕米尔高原。春山上的植物不畏风雪，经霜犹茂，与东土不同。对于稀有的物种，周穆王吩咐带回中原栽植，也算西行一件有意义的事。

春山也是飞鸟走兽聚集之地，这里清水出泉，温和无风，景色优美。周穆王停留休息观赏五日，勒石铭迹，然后离开。

群玉山采玉和会见西王母

穆王队伍再经赤乌氏、曹奴氏两部落，沿着黑水而行，到达群玉之山。群玉山在昆仑山北坡，今和田地区附近。这里山峦平缓，四周平直，没有险阻。草木稀少，没有鸟兽。矿产之地，与众不同。

周穆王终于来到此行的目的地，看到山坡与河流上的上品玉石原料，赞叹不已，心想千辛万苦，果然不虚此行。周军大队伍在群玉山搜索数日，成果斐然，最终"取玉三乘，载玉万只"。

群玉山隶属容成氏部落，其力量无法与周军抗衡，所以并不阻止他们在山上取玉。容成氏首领潜时，还进献了牛、羊、马等牲物。周穆王要借助他们帮忙开采或制作玉石，没有接受他们的贡品，反赐予大量的黄金和朱贝。

穆王把邢侯和部分军队留在群玉山，协同容成氏雕磨玉石，自己则去拜访了西王母。《穆天子传》对西王母的描述，和普通人无异，与神仙鬼怪不沾边。人们可以把西王母理解成西方王母，或者西王之母。无论哪一种解释，她都是当时西域某个部落或邦国的首领。西域社会发展比中原慢，尚处在母系氏族社会。其以女性为首领，不足为奇。

因其为大邦，政治地位也高，周穆王很特别地"执白璧玄圭"求见。西王母在瑶池宴请周穆王，两人极尽视听之娱。西王母眉目含情，款款而视，问穆王："你我相距天遥地远，此后别离，不知何时再相见？"周穆王一副忧国忧民神态，敷衍道："等我回到中原，治平天下，三年后再来拜访你。"周穆王在弇山大石刻上"西王母之山"，辞别而去。

得到大量和田玉，饱览无数美景，还见了西王母，此行收获满满，周穆王圣心大悦。周军来到一处大旷原，穆王在这里休整三个月，大宴三公、诸侯、王勒和七萃之士。六师在这里尽情射猎，四周鸟兽为之绝迹。周军收集了大量珍贵飞禽的羽毛和野兽皮，载之而归。

东归和中原的巡游

周穆王从大旷原启程东归，经历戊之山、献水、瓜纑之山。途经大沙漠，穆王无水解渴，侍卫高奔戎杀死乘马，让穆王喝血止渴。再经历积山、滔水、苏谷、重氏、长沙之山、文山、巨蒐氏等山川部落，回到内蒙古阴山。

途经的重氏部落，其境内也有产玉之山，穆王在这里停留一个月采玉。重氏部落约在今天青海西部至甘肃酒泉之地。论玉石的质量，青海玉、酒泉玉自然比不上和田玉。

向导柏夭回到故乡，告别穆王。穆王夸奖他是个好人，赏于佩玉一枚。

从雁门关南下，犬戎又在雷水河畔迎接周穆王，献上牛羊之物。周穆王继续南下，越过井陉山，命大臣毛公、逢固先回洛邑报讯，准备祭祀宗庙活动。而后周穆王命造父为御，驾驶八骏疾行，过太行山，再渡黄河，到达成周。

周穆王饮白鹤血，举行盛大祭拜祖宗典礼，贡献上得自西域的奇珍异宝。六师全部回归之后，周穆王在洛水旁犒奖将士们，慰劳他们一路上的辛苦。至此，周穆王前无古人、后无来者的西行游记，全部结束。

《穆天子传》前四卷描述西行巡游，第五卷描述在中原腹地的巡游。可见周穆王是坐不住的人，喜好四方巡游。其事迹在秦火之前，为诸贤周知。西行巡游在周穆王十三年左右，正当其年富力强之时。后来穆王虽有巡游，但多在中原腹地及周边，比不上西游的神奇壮阔。[①]

不可否认，周穆王频繁巡游，极大消耗王朝的财力和物力，短期而言，对王朝的健康发展很不利。但周穆王体现出的冒险精神、探索精神，在中华文明精神范畴内，弥足珍贵。在中国，"身体发肤受之父母，不敢毁伤""君子不立于危墙之下"的观念，深入人心。从小开始，每一个人就养成了谨小慎微、循规蹈矩、亦步亦趋的处世风格。保守的风格固然容易适应社会，但同时扼杀了好奇心和创新的萌芽。

中华文明遗失周穆王的冒险和探索精神，比遗失《穆天子传》更为久远。后世帝王，除了几个雄才大略的之外，几乎都是"生于深宫之中，长于妇人之手"，风吹不得，雨打不得。出一趟京城都不容易，更不要说以身犯险，远赴域外不毛之地。

不可设想，如果后世帝王都如周穆王一般，具有开拓和探索的精神与行动，中国的历史会变成什么样子？

历史不能假设，但当回顾起周穆王时，不得不承认，他传奇的创举，没有人可以复制。当然，还有他的父亲周昭王，虽然死的方式有点卑屈，但总算死在战场上。自古以来，还有哪个守成帝王死在战场上的？昭穆两父子内在的野性精神，因其稀少，而显珍贵。

---

① 《竹书纪年》言"穆王北征，行流沙千里、积羽千里"，"穆王东征天下二亿二千五百里，西征亿有九万里，南征亿有七百三里，北征二亿七里"，皆无内容印证。

第四节　吉祥的刑法

周穆王平定九夷叛乱

穆王出游期间，徐偃王僭号称王，率领畎夷、于夷、方夷、黄夷、白夷、赤夷、玄夷、风夷、阳夷叛乱，意欲进攻成周。[①]穆王命造父为御，急速返回，遣师抵御九夷。周师与九夷在汝水和颍水之间的械林地区交战，九夷军失败，退出中原。但敌方声势炽烈，穆王有所畏惧，不敢深入追击。

后来双方协商，各退一步妥协。徐偃王去除王号，穆王任命其为东南蛮夷首领。双方约盟于涂山（今安徽省蚌埠市西），穆王会见徐偃王和九夷部落首领，盟誓互不侵犯。盟约固然保证了中原的安全，但被分封在长江下游的吴国和宜国，却完全被周王朝遗忘了。

穆王三十七年，周王朝再起大师，南征至九江（今湖北西南部）。这次战争的目的和结果，由于史料的缺失，已无从得知。

先德后刑，重新制定刑法

周穆王活到了八九十岁，年老心善，决心革除前弊，命司寇吕侯以宽大的原则，重新制定刑律，责成四方官吏遵守执行。[②]如其所述，那么之

---

① 见《后汉书·东夷传》。
② 见《尚书·吕刑》。

前的刑罚必定严厉苛酷。而成康之际，又号称"刑错四十余年不用"；那么严厉苛酷的刑罚，就是起自昭王和穆王年代。可见，短短五六十年时间，国内形势已经和建国初期大有不同。为了维护局势稳定，统治者们偏离了当初周公制定的"明德慎罚"的思想，开始对民众滥用严厉苛酷的刑罚。

而形势的变化，与昭穆两王的频繁征伐和巡游活动有很大关系。大肆耗费财力和物力的行动，必然加重人民的负担。人民负担沉重，必然有反抗。统治者要镇压反抗，必要把法网罗织得严密无缝。穆王的情况，大概与汉武帝相同。前期统治对国内压榨和掠夺太多，民众负担沉重，叫苦不迭；晚年深悟其非，是以对执政策略进行调整。

那位长期追随在穆王身边的祭公谋父，曾经劝谏他"耀德不观兵"。他反对穆王到处游行，劳民伤财，曾作《祈招》一诗，讽喻穆王，诗言："祈招和悦安闲，德音宏大深远。想起我们君王的风度，如玉般温润，又如金般坚强。他谋求保存人民的力量，没有贪图醉饱享乐之心。"正沉溺在四方周游欢乐中的穆王，听不进去。

在祭公谋父病重将死之际，穆王亲去他的府邸探望。看到枯瘦无力的祭公躺在床上，穆王悲伤地说："叔祖啊，我恭敬虔诚地在位执政，上天显示他的威严，昭示我犯下的错误。听说叔祖犯下重病，我前来探望，希望叔祖赐教我于美好的德行！"祭公忠告他，一定要遵守文武周公先德后刑的治国之道，才能保子孙后代事业昌盛。[①]当穆王懂得德治的重要性时，已经白发苍苍了。所幸的是，因为他活得太长，还有时间来矫正。

---

① 见《逸周书·祭公》。

周穆王把新制定的刑法，称为祥刑。大概是年纪大的老人，想讨个好彩头。人们看到的刑罚内容，一点也不吉祥。新法典包括五刑、五罚、五过三大类内容。阐述得比较清楚的是五刑，分别为墨、劓、剕、宫、大辟。墨刑有一千条目，劓刑有一千条目，剕刑有五百条目，宫刑有五百条目，大辟有五百条目，总共三千五百条目。不算上五罚和五过的内容，条目已经如此庞杂了。穆王自觉"荒度作刑"，是以自谓祥刑，很有讽刺味道。

穆王就"祥刑"，向官吏和民众发布诰文，重点不在阐明法律条文，而在谆谆教导，如何在条文基础上，本着德治与宽大处理的原则，对犯罪分子量刑。始罪从轻，复犯从重，乱世从轻，治世从重，疑罪罚金等规定，体现了刑罚处置时存在的弹性。周穆王的训导，继承了周公《康诰》的精神。虽然改革幅度不大，但他毕竟推翻了之前自己的政策，重新回归到祖先倡导德治的轨道内。

晚年的周穆王筑宫华山脚下，命名为祇宫。他一改前半生的行迹，不再四处周游，而是选择与青山白云、小桥流水为伴，安静度完余年。这位年高寿远的老人，回顾自己的一生，尊荣过，富贵过，深爱过，惊奇过，也惊险过。当阖上双眼时，他一定不会后悔来到人间的此番游历。

第
九
章

衰落的时代

第一节　密须亡国

密康公因美女亡国

周穆王死后，儿子姬繄扈继位，是为周恭王。周恭王见存于文献记载的，只有一件事。

有一回，周恭王与卿士们到泾河游玩，畿内诸侯随从，其中就有密须国君主密康公。密康公是个好色之徒，一边陪着恭王游玩，一边派人搜寻附近的美女尤物。密康公没有白费心机，在一个村庄找到三位美女。他贪图她们的美色，生怕被抢夺，偷偷藏起来，秘密带回国中。然而瞒得住别人，瞒不过他的母亲。密康公母亲见宫里多了三个女人，打听得知，是跟恭王出游时得到的，吓得不轻。

老母亲叫来密康公，说："别瞒我，你这些女人哪里找来的？"密康公扭扭捏捏地说："男人三妻四妾，不是很正常吗？"老母亲说："别跟我扯这个，我问你怎么得来的？"密康公说："上次跟随大王出游时，那边的村人献的。"老母亲拍了大腿，叹道："儿啊，你大错特错了！这些女人你不能要啊，赶快把她们献给大王。"

无奈密康公是个不晓政治潜规则的夯货，反问："为什么啊？"老母亲说："三条野兽聚一起，就是一群；三个人聚在一起，就是众人；三个女人聚在一起，就是不能掩盖光芒的宝贝。大王狩猎，也不捕尽一个森林的野兽。大王纳妃，娶同姓的女人也不超过三个。这些美女，都是宝贝。人家把宝贝献给你，你有何德行能承受？大王都承受不起，何况是你这个小人物？小人物贪图宝物，一定会灭亡的。"

密康公说："母亲多虑了，这些秘密大王不会知道。"老母亲极力要求，他就表面上答应了。转回头见了三个美女，难抵美色，恋恋不舍，终于没有献出去。

世上没有不透风的墙，消息走漏到周恭王那里，满心不是滋味。他心里想："他娘的，你陪老子去游玩，得到美女，自己偷偷摸摸享受，连根毛都不让老子摸。下面臣子人人这样，你们吃肉，朕喝汤，还当啥子大王？"

周恭王一愤怒，命人罗织密康公罪行，调兵遣将把密须国灭了。密康公舍不得美女，最后连国家和小命全都葬送。周恭王是周穆王儿子，继位之时年龄应不小，至少五十岁左右。将近垂暮之年，为三个妙龄女子兴师灭国，也是一段风流传奇。

周恭王固然有好色成性的可能，然而导致密须亡国的主要原因，在于密康公的所作所为，违反了政治潜规则。须知道，"率土之滨，莫非王臣"。在周恭王眼中，密康公和美女，都是他的东西。他觉得：朕给你的，才是你的；朕不给你，你不能抢，更不能偷。如果一个臣子偷的行为被默许了，人人效仿，王的面子和权威何在？密康公的母亲老于世事，但也阻止不了夯货儿子自取灭亡。

周恭王与民休息，
怀柔以安天下

青铜器记载恭王九年正月（见图9-1），乖伯派遣使者肤来朝见天子。[①] 周恭王盛装丽服，在岐周的驹宫，接见他。因乖伯眉敖许久不来朝见，恭王责问其故。使者隐约其词，让恭王很不满意。到了九月份，还不见乖伯来朝。恭王派益公前去乖国，催促乖伯前来朝见。

图9-1 九年卫鼎，1972年出土于陕西岐山县董家村，现藏于岐山县博物馆。内壁铸铭文194字，主要记载周恭王会见眉敖使者的事件。

眉敖在巨大压力下，于第二年的二月，来到宗周拜见恭王，毕恭毕敬献上贡品。恭王见他态度端正，怒气也消了。回赠他貔狨，并赠言：

[①] 眉敖及其使者见恭王一事，见青铜器九年卫鼎和乖伯簋铭文。

"乖伯，我的祖先文王和武王领受天命，你的祖先从遥远的地方前来辅佐先王。没有他们的功劳，我不能坐享天下。现在我回赠给你礼物，你要好生珍视两国的友谊。"

在恭王时代，王朝对诸侯的影响力有所减弱。赖得恭王的怀柔手段，软硬兼施，各国对王朝还保持敬畏。

有一种说法，认为周恭王谥号为"恭"，乃谥法"既过能改"的意思。昭王和穆王的征伐与远游，加重人民的负担，严重损耗国力，是一种错误的政策。而周恭王一反昭穆之政，终止征战和巡游，与民休息，让国家逐渐恢复元气。所以在他死后，臣子们赞赏这种方针政策，加以谥号"恭"。若依此论，历史对周恭王评价，是褒扬的。

第二节　规则的破坏者

私人武装集团
开始参与王朝战争

周恭王在位二十余年，死后传位儿子姬囏，是为周懿王。周懿王在位时间不足十年，历史文献没有留下关于他的任何记录，只提到周王朝自周懿王时代开始衰落，讽刺时政的诗歌开始兴起。

青铜器史密簋记载南夷入侵，南方诸侯罹祸。周懿王命师俗、史密两名将领率军讨伐，获得胜利，俘虏百余人。铭文信息透露，此次军事行动，周懿王并没有动用王朝的西六师或东八师，而是征调了齐国的军队和国人，还动用了指挥将领的私人武装。在西周历史上，这件事具有非比寻常的意义。

周懿王放弃一次宣扬王威的机会，转而求助于齐国和采邑主的私人武装，绝对不是出于对战争的低估，其中必有不可言说的苦衷。现实中，懿王时代的东八师，可能调离东方的驻地，还有可能被兼并消失了。而后一种推测，可能性更大一些。自周穆王以后，人们很少看到王朝军队在东方的活动迹象。

随着国力的衰弱，周王朝很难再供养分布在东西方的两支大军。为了减少开支，东八师很可能部分被卫国私有化，部分被调离了东方，驻扎在成周。而东方的国防安全事务，被托付给了宗亲诸侯卫国和鲁国，以及关系密切的齐国。这应该是人们在懿王南伐中，没有看到王朝军队的真正原因。

在一场保护诸侯国的战争中，王朝军队参与或不参与，意义大不一样。周懿王让齐军取而代之，太没有存在感，而允许史密率领私人武装参与王朝战争，更是开了一个不好的先例。从此私人武装得以享受更大的权力，恣意坐大，王室再难以控制。

周孝王破坏继承规则

周懿王死后，由兄弟姬辟方继位，是为周孝王。严格地说，这不是一次符合传统王权继承法则的行为。自周公以来，周王之位便是父子相承，没有兄弟相承。为了确立这条准则，免于同室操戈，功勋卓著的周公不惜以身作则，退出政坛。他希望后人引为榜样，莫要踩踏红线。

关于周孝王的履历和功勋，现在无从知晓。不知道它们是否足以说服众人，接受他破例继承王位。但从事实看来，他似乎未被众人接受。

周孝王只在王座上待了短短六年，便辞别人世。在他之后，周懿王的儿子周夷王重新接收回王朝的权力。西周中期，两次非常规的权力转移，背后隐藏着凶险万端的权力搏斗。

周孝王做的一件具有历史意义的事，就是扶立起秦国的始祖嬴非子。嬴姓飞廉和恶来，原来是商纣王臣属。商朝被灭后，嬴姓家族受创。一直到造父，因为善御马，受宠于周穆王，被封在赵城。嬴姓子孙因而称赵氏，居住在赵城。嬴非子父亲大骆，娶了申侯的女儿，有封邑在犬丘。

嬴非子继承了祖宗的优秀基因和才能，以善养马、御马闻名。马是当时重要的交通和作战工具，作用很大。犬丘有人把他推荐给周孝王，周孝王于是把为王朝培养战马的重任，交给了嬴非子。嬴非子不负厚望，繁殖出的马匹既强壮，数量又多。周孝王非常高兴，决定对嬴非子有所赏赐。

嬴非子是庶子出身，没有继承父亲大骆产业和爵位的资格。周孝王为了报答嬴非子，想以权力强立他为家族的继承人。但大骆的嫡子嬴成，外公是申侯，很有势力。看到外孙被欺负了，申侯强力干预进来。

申侯对周孝王说："从前我们申国的祖先，娶了骊山的姬姓妻子，和周人结了亲。因为这层关系，所以我们归服周王朝，保卫西方边境的安宁。现在我的女儿嫁给嬴大骆是正妻，生的儿子嬴成，是合法的继承人。申国和嬴大骆结亲，帮助保卫王朝边境，犬戎畏服，大王才能安坐王位。如果嬴成不能继承父亲的产业和爵位，我不能保证犬戎会在边境做些什么。大王，你要郑重考虑啊！"言之意外，充满了威胁之意。

或许是王朝实力损耗太大，不足以再弹压诸侯；或许申侯在西戎中影响力很大，不能轻易得罪；或许周孝王得位不正，王位不稳，害怕横生波折，出于种种考虑，周孝王不能无视申侯的意见。他放弃了强立嬴非子为继承人的念头，说："从前伯翳为帝舜主管畜牧，繁衍出很多牛马羊。舜帝酬谢他的功劳，分土封邑，赐姓嬴。现在伯翳的后人为朕养马，同样有功劳，朕不能亏待他。"

于是，周孝王把嬴非子封在甘肃天水的秦邑，号称秦嬴。嬴非子就是秦国开国始祖。①

周孝王虽然培植出后来周王朝的取代者，但不能说是养虎遗患。秦邑地处偏远，实力薄弱，与东方诸侯、王畿世族在实力上，不可相提并论。自周孝王之后几百年，秦国都不是王朝的敌对力量。相反，早期秦人对周王朝忠心耿耿，殒身不恤，守卫疆土。西周覆灭，秦襄公率军护送周平王前往成周。后来秦国占有关中之地，是通过与犬戎百年苦战得来的成果，并有周平王赠予的承诺印证。只能说周人的天下，是自己弄丢的，嬴秦并不亏负周王朝。

从孝王时代开始，一个强大的申国和申侯，出现在历史的视野中。此处的申侯把女儿嫁给大骆，袒护外孙，否决了嬴非子的继承权，直接导致秦国的诞生。后来又一个申侯把女儿嫁给周幽王，生周平王。周平王的继承权被褒姒的儿子伯服取代。申侯袒护外孙，不惜引犬戎入境，洗劫镐京，颠覆西周。由此可见，申国力量不可小觑。早先一位申侯威胁周孝王，绝不是空言恫吓。周孝王衡权利弊，改变主意，也就在情理之中了。

---

① 见《史记·秦本纪》。

第三节　膨胀的世家

册命礼的形成和贵族的世袭

在穆王和恭王时代，周王朝逐渐形成了一套固定的册命制度。重要官员的任命，必须有册命礼。而册命又是朝廷和家族大事，其内容常常被铭刻在青铜器上。

根据对出土青铜器的研究发现，册命礼一般出现四位人物：周天子、右者、受命者、记录史官。其中右者和受命者的关系最为重要，他们是上司和下属的关系。能把册命内容铸上青铜器，必定是非富即贵的中上层阶级。而他们的"右者"，必然是王朝高官。从对册命礼中右者的研究入手，可以窥见西周中后期中央权力更迭换代的轨迹。

据统计，西周中后期，井氏担任右者的记录达 21 次，益氏担任右者的记录有 5 次，荣氏担任右者的次数有 7 次。[①] 其他密氏、虢氏、南宫氏，加起来才有 5 次。这些数据说明，西周中后期近百年的王朝权力，主要把持在井、益、荣三大家族手里。他们达成某种默契，轮流执政，形成一种平衡。

但无论执政家族怎么轮换，都没有改变周王朝天下为家的内在本质。新上台的家族号称某氏某氏，但背后大都姓姬，体内流着文武周公的血液。对姬姓王族来说，国事相当于家事。

---

① 见韩巍《西周金文世族研究》。

综观西周历史，高级官僚大多由姬姓家族世袭。早期周公摄政，与他并列的是召公姬奭，毕公姬高。后来周公提拔了老弟姬封当司寇、姬载当司空。朝堂之内，充斥满姬家人。周公的后嗣君陈、明保、祭公谋父、凡伯，无不位居显要。文王兄弟的虢氏，文王庶子的毛氏，一度在昭穆时代崛起。乱哄哄你方唱罢我登场，来来回回都是家里人。异姓势力，想要介入王朝权力中心，几乎不可能。

权贵们世袭的，不仅是王朝的官职，还有家族的封地和爵位，以及附在上面的土地、人口和财产。当时独有的制度，确保权贵们成为社会上独立存在的经济和政治力量，他们可以轻易捍卫自身的利益。在某种层面上，权贵家族就是王室的微缩版，他们在性质和机理上是一致的。周王看到权贵，就像看到自己。两者以同样的方式运转着，以同样的风格存在着。

当上层阶级联手捍卫他们的共同利益，平民阶层很难撼动这道壁垒。所谓册命礼，受册命的不会是庶民百姓，而是世代贵族子弟。一世为卿，几乎世世为卿。即使不能为卿，替补上来的也不会是普通人，而是姬姓外氏的贵族。

一个具有自由思想的人生存在西周时代，无疑是不幸的。他满身的才华和奇异的想法，不会找到施展的舞台。所有往上晋升的通道，都被权贵们堵死。井氏和虢氏世袭为军官，荣氏世袭为司徒，微氏世袭为史官，就连最低贱的养马官，也是由嬴家世袭。一个一无所有的人，想在人生短短几十年中，改善自己的生存状况，改变自己所处在的阶层，几乎不可能。

在历史上，姬姓家族确实出现过不少伟大人物，但上天不会总是青睐某一家人，让他们独得人间智慧。当姬家人逐渐沦为平庸，又没有健全的制度，以利用外姓的智慧和能力，为我所用，那么就是王朝腐败和衰落的开始。

宗法体制下
权力的分配与继承

对繁衍和生存意义的重视，是中华精神的一条隐线，贯穿上下五千年。这条精神隐线，比其他思想更具有辐射力，它不但穿透了庙堂之高，而且普照江湖之远。

重视生存和繁衍的思想，催生出祖先崇拜的信仰。祖先崇拜与周王室的至高权力融合发酵，孕育出"亲亲"思想与宗法体制。而这种思想和体制产生的目的，是为了维护王朝统治，以及对王权支配下的资源进行秩序化的再分配。

武王克商后，周人的统治区域大大扩张了。如果仍旧采用商代的制度，把这些新领地分给异姓诸侯，不符合周王室的利益。新的形势，呼唤新的制度。于是，同姓分封制应时而生。最高统治者把黄河流域肥美的土地，分封给同姓兄弟；在与蛮夷接壤的关键位置，也安排由同姓人来把守。这样的分配，确保了周王室利益的最大化。

走完第一步后，接下来就是确定权力和财产的继承制。天子和公卿贵族都有三妻六妾，子嗣众多，他们的权力和财产如何传承下去？是以年龄为准则，还是以才能为准则？或者由众人均分？再或者根据所有者的喜好断定？

在这个问题上，周人没有按常理出牌，而是另辟蹊径，发明了嫡长子继承制。天子和公卿贵族们都有一个正妻，她们生下的儿子都是嫡子，其他的妾生下的儿子，都是庶子。在继承准则中，嫡子优先于庶子，嫡子中的长子又优先于次子。因是之故，继承人是谁，是生下来就确定了的。不存在后来议论争吵，再讨论谁是继承人的问题。周人自信这条制度是客观公正的，它将杜绝兄弟间同室操戈，自相损耗。

确定了大权的继承者，那么其他子嗣如何处置呢？在周初，是通过分封诸侯来解决的。如周武王继承了文王大统，成为王朝的主人。而文王其他嫡子和庶子，则分封到各地为诸侯。周公分了鲁国，姬封分了卫国，姬振铎分了曹国，姬武分了郕国，姬处分了霍国。这些诸侯，在封地内都有独立的行政权和经济权。周朝代商，胜利果实是巨大的，所以文王众子，获利也是丰厚的。

同姓诸侯国除了和王朝有政治上的隶属关系，还有一层家族内部隶属的宗法关系。家族之内，又分大宗和小宗。武王继承了王权，就是大宗。周公和其他兄弟不能继承王权，分封了诸侯，是为小宗。大宗是家族的首席代表和领头人，其他小宗都要服从大宗的领导和管理。王朝自称为诸侯的宗主国，便来源于此。

嫡庶别，大小宗，是周王朝非常严明的制度，它们共同确保了继承人合法性与权威性。周王朝就在外在的分封制和内在宗法制护航下，维持着对广大中原世界的统治。而这种体制，也体现出了独有的以国为家和以家为国的特征。

姓、氏集团撑起宗法制

姓，原来是指同一远祖集团的称号。最早的姓，可以上溯到女系氏族社会时代。姓字为"女"和"生"两字的组合，可见其本源意思。盖女性在当时社会中居主导地位，人们的姓，都具有相似的女性特征。一些大姓，如"姬""姜""嬴""姒""妫""姚"等，都有女字旁。

氏，则是姓的分支。氏的来历有多种，有因居地而得的，如造父居赵城，名赵氏。有王者或诸侯授予的，如姬无骇，鲁隐公赐为展氏。有以祖父字为氏的，如郑穆公名去疾，字子良，他的孙子良宵以良为氏。

西周和春秋时期，姓和氏未合一，有的称姓，有的称氏，容易造成误解。如贵族单氏、邢氏、祭氏，其实都姓姬，是王室的宗亲。不了解姓氏区别的人，就不会知道他们之间亲密的血缘关系。春秋时代，在周王室强大繁殖能力支撑下，几乎做到了天下名人半姬姓的地步。

宗法制以祖先崇拜为灵魂，以分封为骨骼，以姓氏为血肉，支撑起一个万邦来朝的中央王朝。这种制度有其先进性，但也表现出狭隘和自利的一面，为周王朝后来的腐败和衰落埋下不小的隐患。

周王室最大的弊端，就是任人唯亲，排斥异姓，更排斥庶民，还美其名曰"亲亲"。长期沉溺在权色财欲中的姬姓贵族，缺乏自我提升与净化的意识和能力，他们堕落的速度非常之快。

西周王朝没有监督者，也没有参照者，很快陷入孟子所说的"入则无法家拂士，出则无敌国外患"的困境，坠落和灭亡的大戏即将揭幕。

第四节　烹杀齐侯

夷王下阶迎见诸侯

周孝王姬辟方在位六年亡故，王位没能传给他的儿子，而是重新传回兄长周懿王的儿子姬燮，是为周夷王。

周王朝的权力，又进行了一次非常规的交接。这场权力交替背后的斗争，波及的层面，远远超出朝堂的范围。两股新旧势力，在王朝广大空间范围内搏斗厮杀。最后，周夷王得到王朝世族和众多诸侯国的支持，艰难获胜。

周夷王是懿王之子，坐在王座上，应该心安理得。然而经过一番拨乱反正，也伤了不少元气。周孝王在位期间，培植效忠于自己的势力。而传统势力，则支持周夷王。王位最后的归属，确定一方势力抬头，另一方势力被压制。

诸侯势力在这一次王权争斗中，起到关键作用。面对强势崛起的诸侯势力，以及为了表达对他们的感谢，周夷王不得不放低姿势，给予他们非常规的礼敬。文献记载，周夷王朝会诸侯，亲自走下台阶去迎接他们。①

传统观点认为，"夷王下阶"是王权衰落的重要标志。按照周朝礼治，天子权威至高无上，无须亲自去迎接任何人。诸侯朝见天子，都要毕恭毕敬走到他的面前行礼。但今时不同往日，没有诸侯的帮助，周夷王不可能坐回王座、坐稳王座。他也想和祖宗一样，永远高高在上。但考虑形势，又不得不纡尊降贵，亲手损害了天子的威严。

烹杀齐侯和讨伐齐国

然而，权斗并没有随着夷王登基而终止，周孝王的势力，仍残存在朝野内外。周夷王三年，在诸侯朝会之时，与齐国毗邻的纪国国君因与齐君

---

① 见《礼记·郊特牲》。

不睦，在夷王面前构陷齐哀侯，说他为周孝王的势力提供庇护，密谋造反，等待时机把周孝王之子送回王座。

身为一国国君，无论犯了什么罪，杀人犯法也好，贪赃枉法也好，为非作歹也好，都不足让他不可饶恕。唯一有一条罪状，触及到周夷王最隐秘的痛楚，是不可姑息的。这条罪状，就是谋反。涉及到谋反，就是你死我活的问题。不但是周夷王，历朝历代帝王，没有一个能容忍。这样的罪状，轻则杀身，重则诛九族。

夷王听到纪国汇报的秘密，勃然大怒。多年的政治斗争，让他猜疑成性。夷王首要考虑到的是自己权位的稳固，而不是事件的真实性。所以没经过周密取证，就轻信了纪侯的谗言，把齐哀侯致于极刑。

齐国是姜太公的封国，他和他的子孙在文武成康时代，备受重用；而且到夷王时代，至少有两任王后是姜太公后裔。历代周王一直把齐国视为除了同姓国之外，最为亲近和可以依仗的大国。毫不顾念原先的情分，把这样一个大国的国君处死，已经是绝情的做法。周夷王还不给齐哀侯留丝毫颜面，生生把他煮死。齐哀侯可谓死得毫无尊严，死得极度耻辱。

周夷王杀死齐哀侯后，扶持其异母弟姜静为齐侯，是为齐胡公。因为齐哀侯在旧都的势力强大，齐胡公为防不测，也便于施展手脚，他把齐国首都迁到薄姑。齐哀侯的同母弟姜山不服周夷王的政策，怨恨齐胡公。齐国人同情哀侯冤死，也反对周夷王拥立的胡公。姜山纠合反对力量，攻击薄姑，杀死齐胡公。后来姜山自立为齐献公，迁都回临淄。

旧势力的复辟，使周夷王的权威受到挑战。他无法忍受这种挫败感，发动王朝军队，再纠合诸侯，前去讨伐齐献公。战争的方式，并没有带来周夷王想要的结果。虽然周方军队在数量上占了上风，但军合力不齐。诸侯鉴于齐哀侯的悲惨结局，对当今天子持保留意见。他们更多的是想与齐国达成妥协，和平解决争端。

经过努力无效后，诸侯各自散去，只剩周军与齐军作战。双方激战数次，各有损伤。周夷王自知无法改变齐国政局，含羞退兵。天子权威丧失，无法号令诸侯，数年之后，周夷王在羞愤中逝去。在他死后，齐献公继续统治齐国数年。无声的事实，是对这位傲慢而又平庸的天子最尖酸的讥讽。

楚国僭号称王

远在南方的楚国统治者熊渠，听到夷王伐齐失败，嘴角泛起轻蔑的微笑。他心想："当今之世，谁还畏惧什么天下共主？谁力量强大，就可以称王，天子又能奈我何？"

从周成王封熊绎在荆楚，到熊渠时代，已经超过百年。熊氏家族久在南方边境，与蛮夷为伍，很快被当地风俗文化融化。久而久之，熊氏家族忘了自己祖先来自中原王朝，逐渐以蛮夷自居。

熊渠是个有作为的领导者，颇得江汉流域民心。在他带领下的楚国，兼并了庸、杨粤、鄂等地，大大扩展了统治地盘。

随着实力增强，熊渠开始不满周王朝对楚国的定位。在周王朝的诸侯序列中，公、侯、伯、子、男五等，楚国统治者位居第四等的子爵。如此评定，当然不能满足野心极大的熊渠。当时的楚国，没有力量去改变周王朝对自己的看法，也不想去改变。

看到周夷王拿齐献公没办法，熊渠胆子壮了："诸侯没几个听命周王，他也不能奈我何。周王最高的封赏，还不是公爵？熊渠我不稀罕。

我的地盘，由我做主。要称就称楚王了，与周王同一等级。"

于是，熊渠自称楚王，以王者自居。他还把几个儿子分封到各地，都晋封为王。其中长子熊康称句亶王，中子熊红称鄂王，少子熊执疵称越章王。熊渠的行为虽肆无忌惮，但在解释上还是有所保留，避免了他想和周王竞争的嫌疑："我们是蛮夷人，跟中原王朝不一样，他们封爵受赏方式不适合我们。"言之意外，我当我们蛮夷的王，你当你们中国的王，大家两不相干。我不去惹你，你也别来干涉我。

齐献公自立和楚国称王事件，说明周夷王时天子权威削弱，对诸侯影响力衰减。而在王畿之内，世族力量日益壮大，井氏、荣氏、益氏交替把持大权，周王的日子也不好过。夷王之后的厉、宣、幽三代，进入西周末期，周王更为被动。王室在内要与世族和诸侯斗争，竭力维护天子权威；对外要与强盛的犬戎抗争，保卫国家安全。一个不慎，轻则丢失宝座，如厉王；重则覆亡国家，如幽王。

第五节　至亲反噬

导致西周走向没落的原因很多，但没有一个如土地恩赏制那般直接，造成的影响那么恶劣。

外服诸侯兼并扩张变强大

如前所说，西周实际统治的疆域，是前代所未有的。周王朝的王畿面积，以关中平原和河南平原为主体，加上山东、山西、河北、湖北局部区域。① 这在当时，是一块极为庞大的领土。而诸侯国面积并不大，相当于现在一个县市。它们经过长期兼并扩张后，才有了春秋时代鼎峙一方的实力。

在西周初期，外服诸侯对于中央王国，是蚂蚁之于大象的存在。他们与周王朝不是竞争关系，对中央不构成威胁。更多时候，诸侯国还需要周王朝的庇护。东南淮夷数次入侵，都是由王朝的东八师和西六师出面摆平的。诸侯国虽有设立军队，但兵力少得可怜，根本不足以发动或参与一场大型战争。

如果王朝和诸侯国永远保持这样的力量比，那么后来衰落的悲剧就不会发生，至少不会衰落得那么快。然而形势不久发生变化，诸侯国逐渐壮大。

诸侯国的扩张，开始是谨慎地进入权力真空地带。那些地区毗邻诸侯，与王朝距离遥远，中央官僚管辖不到。对于诸侯的行动，王朝不置可否，视同默认。品尝到甜头后，诸侯更加大胆地走上扩张的道路。如齐国，曾经得到召公的命令，"五侯九伯，汝得征伐"，更是师出有名，大举兼并。再如南方的楚国，自视蛮夷，好用武力。对于不服者，则举兵灭之。江汉小国，先后被楚国灭亡，将地盘吞并为己有。王朝衰落的时候，连同为姬姓的诸侯被楚国所灭，都不能过问。

王朝被畿内世家分割变衰弱

在诸侯国逐渐壮大时，王朝同步变得弱小。周王朝拥有广大的疆域，统治众多的人民，为什么会变弱小

---

① 《礼记·王制》云："天子田地方千里，公侯田地方百里，伯七十里，子、男五十里。"

呢？因为周王朝在王畿内外，实行两套相似的制度。在外是分封诸侯，在内则分赐采邑。

举凡王朝卿士，按官职和爵位的大小高低，在王畿内都拥有采邑。有的在畿外有了封国，在畿内还有采邑。如周公，其诸子有众多封国，其在畿内还有采邑在周原。如召公，其在畿外有封国燕国，在畿内还有采邑在岐山。

周初建国，一半姬姓亲戚分封在畿外，一半分封在畿内。两选一的话，大部分人都会选择在畿内。因为畿外意味着偏远、落后、贫穷，畿内代表着繁华、富裕与荣贵。特别有权有势的，如周公、召公，畿内畿外都要分一杯羹，甚至分几杯羹。

而采邑是什么东西呢？它与诸侯国有很大相似性，就是周王封你一块地，那里的土地属于你，地上的森林、湖泊、河流都是你的，包括地上的人，也是你的。采邑内的一切，都属于邑主的财产。在王朝当官，周王是不发工资的，而是把采邑赐给你。官员通过采邑上的收入，获取报酬。

采邑既然是一个经济体，拥有大量财产，那么就得保证其安全。于是，采邑慢慢地也有了自己的保安力量。随着采邑的扩大，保安力量顺理成章发展成为私人武装部队。

封邑与诸侯国的主要区别，在于诸侯国拥有独立的外交权，可与他国往来朝聘，而封邑主是王朝官员，为周王效命履职，无权与诸侯国平等交往。

了解了采邑的存在，人们对周王朝的看法就会发生改变。原来庞然大物的王畿，内部竟是四分五裂的。现在人们了解到的，西周王畿内主要采邑就有虢、周、召、单、苏、檀、荣、管、蔡、康、毛、毕、丰、南、成、郇、原、霍、芮、虞、邘、应、凡、胙、祭、滑、尹等。不知道的，可能更多。

周王朝既不能对采邑拥有经济权，那么他的财政收入必大幅减少。而诸侯国的朝贡，只有象征性的土特产，不缴纳财税。以王朝不多的财产，长期供养东八师和西六师这样庞大的军队，时间久了，自然贫乏。况且周王朝还有王室耗费、祭祀活动和各类恩赏等开支负担。

土地奖赏耗干周朝元气

更要命的是，王畿内的采邑本来就不多，而且属于世袭性质，大多数不能收回。在这样的情况下，周王还大肆进行土地封赏。举凡臣子有了军功、事功，或者仅是受宠于周王，都会得到土地封赏。师永盂记载，一个叫师永的官员获赏洛河附近的田地。大克鼎记载周王赏赐克七处不同地点的田地。敔簋记载，敔因抗击淮夷有功，得到周王赏赐一百田。

众多记录显示，周王土地赏赐的行为，从周朝的建立一直延续到灭亡。长此下来，王室的属地越来越小，而采邑主的数量越来越多，地盘越来越大。相应地，周王朝越来越贫穷，力量越来越弱小。西周的衰落，也成必然之势。

周王的这种封赏激励制，在今天看来是非常愚蠢的。这就是相当于一个公司，周王是创始人，占股份百分之一百。后来拉人一起创业，分给合作者百分之十，自己仍是大股东。后来员工每有功劳，周王就赏赐一次股份，有的多，有的少。赏赐多少，周王的股份相应变少多少。经过两百年，慢慢减少到百分之六十、百分之五十、百分之四十。随着股份减少，周王的权威下降，他发现大家越来越不听话，自己主导王朝大局越来越困难。

有人会疑惑，激励官员，为什么奖励代表实权的土地（股份），不能奖励虚的财产或官职吗？这样的想法，忽略了文明发展有其过程。懂得利用权力和财产的虚实之分，去驾驭管理下属，是后人的智慧。

在西周及以前的时代，土地和人口都是财产的基础单元。凡王者赏赐，都是直接赐予土地和人口。土地和人口产出直观的消费品，采邑主直接享用，从而完成了赏、受、用的整个过程。

周王不发俸禄，因为货币在当时，还没有强大的中介功能和流通功能。人们的心理，更愿意接受作为永久性财产的土地和人口，而轻视作为一次性消费品的钱。钱一花光就完了，周王给我这个，就是打发我，不尊重我。

土地和人口赏于外的越多，自己拥有的就越少。然而这已经是一种习俗、一种习惯，一旦开始，就停不下来。"自己贵为天子，富有天下，不能让下面的人说自己小气啊。祖宗都是这么做的，我为什么不这么做？"于是，在强烈的虚荣心驱使下，历代周王漠视背后的巨大隐患，继续大方对下属赏赐土地，直到把王朝的元气消耗殆尽。

打肿脸来充胖子的东周

要充分了解周王朝的赏赐激励制度，还需借助于更具体的事实。西周青铜器所载的事迹太过简略，而且涉及数量也极小，无法让人们直观感受到它对一个国家所能产生的影响。如果把目光转移到两周之际和东周时代，就会发现那里有生动的事例以供说明。

在西周业已灭亡，领地大幅缩小，实力锐减的时代，周王还在不断进行自杀式封赏，可见这种盘踞在他们脑海的观念是多么顽固。

周平王东迁，对护行的秦襄公说："犬戎无道，侵夺我朝岐、丰之地。如果你能把犬戎赶跑，我就把那里的土地赐给你。"岐、丰是周人发源之地，祖宗坟墓庙宇所在，虽说被犬戎侵占了，但名义上的所有权还在周王手里。可周平王不思进取，不想怎么去收复故土，大嘴一张，就送给了秦襄公。这其中固然有岐、丰已不在手，乐得许空口诺言的原因，但也体现了周王朝统治者动辄赐土赏地的惯性逻辑。

如果说送地给秦襄公，还属无奈的话，那么送城给晋文公，就是活脱脱的打肿脸来充胖子了。周襄王时代，王子带作乱，晋文公出兵帮助平定叛乱。周王朝虽说没落了，但襄王还是天子、是上司，晋文公是下属。下属立了功劳，上司怎能不奖赏呢？于是，周襄王把阳樊、温、原、攒茅几个城邑赐给他。

在王室东迁后，王朝的属地只有洛邑和黄河流域附近不多的地盘了。就这么一丁点地盘，还一下送出几个城邑，出手忒大方了。这一下送几个城，那下送几个城，最后天子只好做光杆司令。

由此可见，土地赏赐在周王思维中根深蒂固，不可剪除。即使东周王室领土没晋国大，实力没晋国强，但天子的脸面和气魄得有。不就是赏你几块肉吗？不够胖，就把脸打肿了，割出来给你。

春秋诸侯难逃被反噬命运

实际上，不但周王朝，外服诸侯国内也实行土地封赏。如鲁国显贵的孟孙氏、叔孙氏、季孙氏，都有自己的封邑，拥有独立的经济权和军事权。久而久之，这些出自公室的贵族坐大，慢慢架空了公室。鲁国三桓轮流把持政权，鲁侯只能坐山观虎斗。鲁昭公还被赶出鲁国，流亡在外八年。

东、西周的制度文化，是一脉相承的。春秋大国国内境况，就是西周王畿内境况的复制。天子和国君，先后被自己恩赏出来的同族臣子反噬。坐大了的封邑主，君臣观念淡薄，上下级关系混淆，一点一滴地吞噬王朝和邦国的肌体与生命。

讽刺的是，鲁国的世族把持大政，欺凌国君，自己也遭到同等对待。他们把自己的封邑，交给家宰打理，甚少过问。久而久之，家宰权势越来越大，将封邑的财政权、军事权揽到身上后，逐渐蔑视世族贵卿。他们的影响力越来越大，甚至对国家政局有举足轻重的影响。阳虎和公山不狃是鲁国有名的家宰，曾经发动叛变，鲁国费了好大的力气，甚至要借助邻国力量，才能平息叛乱。孔子为此慨叹："陪臣执国命！"

土地奖赏激励制度及其弊端，是时代固有特征。西周王朝没落的原因，鲁国、晋国、齐国等不是不知道，然而这是历史上源远流长的习俗和制度，一时一世之间不容易改变。在没有探索到有效的权力制约规则之前，各国只能习惯成自然，继续进行土地封赏，授予封主独立的经济权和军事权。

到了战国时代，采邑制发展成封君制，封邑主的军事权力被取消，只拥有相对的经济权，国内力量对国君的威胁，才被消除。秦汉以后，常规的封国或赐汤沐邑，都不具有军事权，避免出现独立的力量，与中央对抗。

然而这种后人的智慧，西周诸王永远不会知道。他们无法凭空或超天才地发明一种制度，来拯救自身的没落。如果说周王朝的灭亡对后来政治制度的发展也有所贡献的话，就是以自己残酷的血泪教训启迪了新时代的人们，推动他们去探索和发明出一种维护政治稳定和君权常青的先进制度。

暴君登场

第一节　挣扎的厉王

当姬胡登上王位时，发现实际情况与他想象的不太一样。那些跪伏在脚下的人，言辞和举止仍然毕恭毕敬，但内心已是脱缰野马。每一次觐见，都说着应景的话，重复着枯燥无味的礼节。

他知道自己是这些场合的主人，他们也了解这点。然而各自的内心都在想，有这个存在，或没这个存在，没有多大区别。这些程序，这些礼仪，都是从前规定的，他们照着执行就是，有或没有区别不大。

对于少年新王，公卿大臣表面上极尽尊宠呵护之心。他们告诉他，天子安心享乐便可，不须太过劳烦俗务。如果有什么一定要做的大事，就是准时祭拜祖宗天地，耕种籍田。祭拜祖宗，表示不忘先人恩情；祭拜上天，表示崇敬天命；耕种籍田，表示重视农业劳动。悠悠万事，唯有它们不可忽怠。

至于其他任用官吏、考核升迁、征收财赋的琐碎事，自有臣下代劳。天子任用公卿，就要有其用处。如果臣卿不能奔走效劳，减轻天子的负担，要来何用？

公卿大臣如是说了，也如是做了。朝廷的官员，由他们册命，仪式就在世家的官室或宗庙举行，事后汇报一声便可。司法、财赋、行政、军事等事务，也由他们拍板。更多时候，周王只是旁观者，或者点个头，表示许可。

井氏、益氏、荣氏三大家族，数世以来，把持王朝大政。他们地位的稳固与权势的炽热，成正比关系。越有权，地位就越稳固。地位越稳固，就越有权。慢慢地，他们就滋生出傲慢自大的心理，觉得周王不敢无视他们，甚至离不开他们。满朝上下，遍地文武，都是属系人员。如果发生对抗，他们甚至可以让朝廷停摆，让顶头上司成光杆司令。

当然，事情不到迫不得已，他们不会这样干。毕竟，天子是政治上的领袖，宗族内的领导。根深蒂固的尊卑思想，仍让他们投鼠忌器。如果新王仍愿意遵守以往约定俗成的规则，让三大家族及其附属集团利益不断扩大化，他们肯定会拥戴他。而那些约定俗成的规则，已行之百年，权贵们想不出有什么理由新王会反对。

现实中事与愿违，少年天子姬胡并未如他们所愿地甘心俯首帖耳。姬胡在性格上是一个骄傲、急躁而又残酷的人。因为骄傲而自尊，不允许他人冒犯或否定；因骄傲而有野心，不愿意墨守成规，总想做些出格和彰显自我的事情。因急躁而冒进，许多事情操之过急，把握不住度，往往导致失败。因残酷而压榨人民，监听舆论，屠杀降民。

姬胡与世族大家的对立，从他登基继位那一天开始。在他的漫长统治期内，这种复杂的关系，有时会妥协缓和，有时会冲突激化，起伏不断。最后在公元前 841 年的一次剧烈冲突中，他们之间的关系演变到你死我活的地步，再不可挽回。年迈的姬胡失去所有的支持，逃亡到遥远的晋国边境，悲惨度过余生。

最早让周厉王产生不满的是，王室总管向他汇报一年的收入支出结余，竟然所剩不多。而他日常所见的三大家族，却积谷盈仓，牛羊遍野。细究原因，发现王室属地不断缩小，开支巨大，几乎入不敷出。世族的封邑在历代周王的恩赏下，不断扩大。其中农田渔猎的收入，山林川泽的产出，都属私有，并不向王室上缴。

更讽刺的是，已经面临财政窘境的王室，还持续对一毛不拔的世家进行封赏，加剧两极分化。王穷臣富的对照，与君尊臣卑的实情形成巨大反差。

王室不征收畿内封邑的财税，这是老规矩，周厉王也无奈。他厚望于外服诸侯，希望他们每年多进贡点财物，让王室摆脱拮据的窘境。然而诸侯们每年进贡的都是些象征性的土特产，只能满足猎奇之心，纾解不了财政困境。周厉王每每把玩一阵，就意兴阑珊扔开。更恶劣的是，有些诸侯有意无意不来朝贡。经遣使谴责，上贡的物品也单薄得可怜，根本不足以表达对天子的敬意。

周厉王大怒，想要出师惩罚他们，以儆效尤。然而左右之人却劝他，东八师久乏供应，已经裁减很多，剩下的大多老弱病残，打不了仗。西六师向来留守京师，防卫犬戎，不能轻易调动。公卿们也说，都是同姓兄弟，为了丁点财货同室操戈，伤了和气，不值得。天下诸侯都看着，不能让大家寒心。周厉王一口怒气只得吞回肚子里。

厉王主动出击，与世家争权

财政的捉襟见肘，对周厉王来说还是抽象的感觉，毕竟他本人不缺衣少穿。而对终日围绕在身边的人的控制，才最大程度影响他的情绪和感受。

本来负责周王安全的护卫，以及打理宫廷事务的侍臣，应该是周厉王最亲密的人。他们对他应该言听计从，忠心耿耿才是。然而周厉王发现，他们经常对自己的命令消极执行，动辄拿执政公卿的言论来压他。把自己的行动和宫廷机密透露出去，更是常有的事。

究其原因，无外乎这些人都是执政大臣任命的，他们觉得执政大臣才是主人，而周王不是。仗着外头有人撑腰，就敢表里不一、阳奉阴违了。

周厉王郁积在胸内的怒气，与日俱增。再这样下去，自己不成一个傀儡了吗？不成提线木偶了吗？少年人的傲气，汹涌澎湃，激荡在心间。他决心反击，让那群老头知道自己不是随便受摆布的人。

那么从谁开始呢？就从附近最看不顺眼的开始。那个经常通风报信、阳奉阴违的护卫长，先拿他开刀。周厉王心想，得找个名正言顺的理由，让那些个老人无法聒噪。他想到宗庙的场合是最庄严肃穆的，如果护卫长在这里犯了错，没人能帮他辩护。

身为周王，要挑一个下属的错误，还不是简单的事？某次祭祀，周厉王让他负责祭品奉送，而后临时分派他事，让他办理。导致最后众兵无主，竟然没人把祭品及时送来。满朝文武尴尬地站着，每个人内心都是阴沉的。只有周厉王，却乐开了花。

过了一会儿，他命人把护卫长逮捕来，大声申斥他："你啊你，玩忽职守！不敬先王！亵渎神灵！该当何罪！我早看出你是个不能任事的人，念在大臣举荐情分，一向宽容有加。没想到你犯下这样的大错！"

周厉王走到公卿面前，厉声问："该当何罪？该当何罪？！"提拔担任保护卫长的井氏面上无光，说："护卫长罪过甚重，请王下令责罚。"周厉王眼睛又望向益氏和荣氏官员，带着责问的意思。两位高官躬身说："全听我王做主！"

周厉王回转身，对众臣说："今天本是祭拜文王、武王和历代祖先的庄严日子，因为这个罪人，导致典礼不能如期举行，祖宗歆享不到美味的牲品。念你祖宗有功本朝，朕从轻处罚。着命革去护卫长职位，永不叙用，廷杖四十，以儆效尤！"

众臣内心叹息，低头不语。不想周厉王又说："今日典礼有失，朕亏负祖宗。不亲自杖责罪人，无法释心头之憾。来人啊，给朕拿刑杖来！"众臣大惊，争先劝说："大王万金之体，怎可亲自执刑？我朝礼法，从无此例，万不可行。"

周厉王对护卫长积怒已久，此番非泄恨不可。他力排众议，操起大杖，一棍一棍往护卫长屁股拼命打去。每一棍下去，听到他凄惨的喊叫声，内心无比快意。周厉王一面打，一面想："知道谁是天子了吗？谁是天子？"

文武官员震惊看着眼前一幕，相觑而不能言语。堂堂天子之尊，亲自杖刑下人，不仅他们没见过，想也没想过。周厉王大概打了二十来杖，觉得累了，扔下刑杖，说："来人，继续接着打，一杖都不能少！姑息者同罪受罚。"说完，他摇摇摆摆走回后堂，剩下文武官员惊呆原处。

然而此时的周厉王，还是少年心性，只知道宣泄愤怒，对未来的安排没有计划。拔除了护卫长这个眼中钉后，让他快意了一阵子。没过多久，公卿呈上新护卫长的候选人。他方惊觉，赶跑了一个厌恶的人，另一个厌恶的人会顶替上。长此以往，他将不得安宁。唯一的方法，就是这些亲近官员由他来任命，不再由公卿做主。

于是，他拒绝了他们的推举，说此岗位重要，再不能轻易出错，一定要从长计议。周厉王企图任命他宠信的人，但公卿们认为他提议的人出身微贱，不能担任要职。只有出身豪门世家，拥有高贵的血统，才能奔走天子左右。周厉王心想："说来说去，还不是想安排你们的人吗？朕偏不让你们如意。"于是，两方相互拒绝着，来来回回，相持一年有余。

从此，周厉王开始留意，怎么提拔忠诚于己的人员，以排除井、益、荣三族势力。但每每自己推举的人，他们都给予否定。有什么方法，让他们没有理由拒绝呢？周厉王相信，方法是有的，只是暂时没想到，就像自己在宗庙责罚人，他们反对不了。年少的姬胡缺乏行政技术指导，注定要在这上头摸索较长的时间。

直到有一天，他到南山狩猎，射中了一只大雁。在外围执行保卫任务的地方军队小头目，寻到大雁，给厉王送过来。

周厉王此行斩获颇多，很是高兴，想给他一点赏赐，就问他叫什么名字。那人回答，召氏名珝。周厉王"哦"了一声，说："是召公之后啊。"当下考较他的射术，三发全中。厉王发现他不但武艺了得，口齿也伶俐，说话讨人欢喜。

回到宫后，派人去打探姬珝的情况。了解到他只是召氏庶姓的后代，并没有产业继承。召公在成康时代，权势显赫，地位尊贵。然殁身之后，竟然没有出息的后代，以致家族没落，被人遗忘。了解情况后，厉王把姬瑚调入宫中，任亲兵护卫。出入随行，不离左右。接触越久，越是喜欢。周厉王觉得姬瑚是一个可以信任的人，打算任命他为护卫长。

一天，他把三大世家首领召集起来，说："昨天我做了一个梦，后半夜一宿没睡着。看，我的眼睛都肿了。"厉王走下去，把脸伸给他们看。三位上公心头一片茫然，不知其所云，问："王梦见了什么，为何忧心？"

周厉王"唉"了一声，说："我是梦到了文王、武王，还有成王、康王。列祖列宗大骂我不孝不义，我内心有愧，如何安眠得着？"

三公问："列位先祖为何骂王？"

周厉王说："祖宗责备我有负功臣之后，任由召公之后沦落草莽。召公先后辅佐四位先王开基创业、安定万民，功勋卓著。到现在呢，朝堂之上还有一位召公的后人吗？没有啊！召公的后人，大多成庶民了，耕田的有，当兵的有，杀猪宰羊的也有，抓鬼跳大神的也有，独独没有一个人站在朝堂之上！"

周厉王坐回王座上，抚摸着扶手说："想到这，我痛心疾首啊！祖宗责备得有道理，我怎么睡得着？难道我是没良心的人吗？"三公尽皆沉默，没有人吭一声。

周厉王看到有效果了，让姬瑚出来。周厉王指着他说："这个人是召公的后代，从前是当下级军官的，我给提上来当了亲兵。想来冥冥之中，早有注定。祖宗托梦于我，是对我的提点。我想过了，召公功勋藏在府册，我们不能昧着良心假装没看到。召公的祭祀，得有人主持。我决定了，任命姬瑚为王宫护卫长，你们有没有意见？"

话说到这份儿上，反对就是昧着良心，无视先王神灵，三公当下只能应旨说："谨遵圣命！"

　　对姬瑂推举的奏效，极大鼓励了周厉王。他发现，重用异姓人，或者出身微贱的人，大世家的反对意见就很强烈，说起来还有理有据。用同姓人的话，他们显得色厉内荏，反对的意见站不住脚。于是，周厉王把目光投向从前很显贵，但现在没落了的家族。如姬瑂，祖先是开国功臣，现在沦为下级军官。这类人一无所有，如果稍加提拔，施以恩惠，他们会感恩戴德，忠于自己，为王室卖命。

　　从此，周厉王着手培植自己的力量。召氏、虢氏、单氏这些式微了的贵族后人，特别受到他的眷顾。他把他们从下级阶层提拔上来，安置在自己左右，作为亲信力量，对抗井、益、荣三姓贵族。这些亲信开始只负责单一的安全保卫工作，而后逐渐地位提升，权力扩大，宫廷内的秘书、财务、祭祀、交通等工作，都被包揽。井、益、荣三族势力，淡出周王宫廷。三大家族虽然不满，但面对自我意识觉醒、羽翼渐丰的周厉王，也真无可奈何。

　　主导宫廷以后，周厉王的目光转向外朝，他想让官员的任命，也摆脱大世家的控制。之前朝廷册命中下级官员的场合，从王庭和王室宗庙，转移到了世家的宗室或宗庙。意味着中下级官员的册命大权，掌握在大世家的手中。如果强硬命令把册命场所改回王庭或王室宗庙，可能得不到好的结果，还伤了和气。

　　周厉王选择了另一种方式，慢慢把册命权抓回手中。他一年四季，频繁出行。有时会带上公卿们，有时不带上。带上的时候，总有事情要折腾，至少要在驻跸的地方册命几位官员。久而久之，大臣们习惯了在旅程中册命官员，习惯了册命仪式有周王参与，习惯了周王在仪式中表态的重要作用。

当有一日，周厉王要求在王室宗庙举行册命仪式时，他们也不会觉得奇怪了。但当周厉王要任命姬瑚更高的职位，插手外朝事务时，遭到井、益、荣三族的强烈反对。如果姬瑚的权职提高了，受损的是三大家族。涉及到荣枯升降的问题，他们无法让步。周厉王的态度也相当顽固，表示不会退让。相持了许久，双方都没有妥协的意愿。最后周厉王自行册立姬瑚为"太宰"，为三公之外新增职位。

"太宰"与三公同等职级，但遭到三大世族的共同抵抗，现实中并没有实权。周厉王不在乎他们的反对，他觉得一切都在走向正轨。"从前你们安插亲信在我身边，现在给赶走了。从前你们不让我册命大官，现在我册命了。现在我册命的人没有实权，以后会有的。且让你们猖狂一阵，等老了走不动了，看怎么收拾你们！"

厉王"开源节流"，与民争利

在跟当权世家不断周旋的同时，周厉王实施了严厉的经济政策，加大了对王室属地人民的掠夺和压榨。周厉王以为，既然为天子，就是最富有的，怎能连臣下都不如？王室属地大幅缩小了，是短期难以改变的事实。但如果加大对人民赋税的征收，可以弥补不足。

周朝实行井田制，老百姓田九，公田一。老百姓耕完私田，还要代耕公田。衍生于这种土地所有制的赋税，称为"什一税"。从前王畿千里，地域广大，人口众多，仅仅是什一而税，王室也很富裕。

但现在形势不同了，王室直辖属地变小，人口减少，再什一而税，周王就揭不开锅了。于是，周厉王动了歪点子。什一而税不够，那么就什二而税、什三而税，甚至什四而税。反正普天之下，都是王产，多要一点怎么了？

在周厉王严酷政策下，人民财产被洗劫一空，家无果腹之米，屋无御寒之瓦。为了保证酷政的执行效力，周厉王建立起凶残的基层管理组织。这些人走街串巷，到一村，抢一村；到一乡，掠一乡。有钱出钱，有物出物，什么都没有就抢人。无数人被迫流离失所，妻离子散。多彩江山，一时哀鸿遍野。

然而人民的苦难，周厉王是看不到的。他只看到王室府库日渐充实，看到王室的珍禽异兽遍满山野，看到珠宝美玉满室生辉。有生以来，他第一次强烈感受到王者之尊、王者之乐。他得意于自己制定的政策，自我感觉太好了，甚至有点飘飘然。

周厉王在大力拓展生财之道的同时，严格节流。原来周王虚荣成惯性，动辄大肆赏赐，导致王室财产锐减。周厉王发现其中危害，坚决反对这种做法，他减少甚至断绝了对下臣的随意赏赐。只有少数的亲信，才能得到厉王奖赏，而且数量极小。至于大世家册命的官员，就请他们赏赐，厉王坚决一毛不拔。偶尔也会慷他人之慨，拿世家的财产赏赐他们。

这样的做法，导致公卿大臣们极大不满。他们背地里送了他一个不雅的绰号，叫悭吝王。每次入朝觐见，众臣都相互戏谑：勒紧钱袋，不要指望从悭吝王那里获得奖赏，不被掏空钱袋已是万幸。

第二节　向南蛮和东夷开战

厉王重整军备，挑起战争

然而认为悭吝王只是一个会敛财的天子，那就大错特错。实际上，周厉王心中燃烧着一团火焰，他不但要做最有钱的天子、最有权的天子，还要建立文武功勋，与先祖文武周公媲美。他从压榨来的民脂民膏中，取出一部分，用于王师的重建。

曾经威风八面的西六师和东八师，由于长久缺乏供应和战争的磨炼，已经垂垂老矣。诸侯和世家因天子不再手握重器，所以才敢轻视于他。周厉王知道，要重振王威，让诸侯和世家俯首听命，必须手握一支强大的军队。在强权说话的时代，只有实力，才是最好的依傍。

周厉王把王师的重建任务，交给自己信任的人，撇开井、益、荣三大世家。他们已经拥有了强大私人武装力量，如果再插手新王师，那么全天下都是他们的了。

士兵的招募工作，进展得还算顺利。那些被酷政逼得无家可归的人，为了糊口活命，争先投入军队。东八师和西六师的规模，很快建立起来。但在武器装备方面，周厉王显得很节俭，刀枪剑戟配置不足，就让士兵用木制和石制武器充数。在训练方面，他也没委任正确的人，全交给嬖臣。嬖臣重利，捞到实惠，其他都是糊弄。

周厉王收到军队重建完毕的消息，大喜过望。一项酝酿在他心头很久的计划，准备开始实施了。他通告主政的井武公、益伯、荣伯，长久以来，南方邦国不修朝贡，藐视天朝。他要率领新组建的王师，去南方巡狩，儆服蛮夷部落，宣达王朝教化。

井武公主政多年，老成持重，虽然他与周厉王有分歧，但也不支持这位青年君王多生事端，以身犯险。况且犬戎在西北虎视眈眈，频繁入侵，已经令王朝疲于奔命。如果南方再起战事，就更难于应付了。

然而周厉王取得小小成就，助长了傲慢的心理，更加独断专行了。无论三位元老怎么反对，他都听不进耳。周厉王决定在外面打几场胜仗，立下大功劳，证明自己是一位英明的君主，让他们乖乖交出大权。

离开镐京前，周厉王前来辞别祖庙。他戎装齐整，气势昂扬，用高亢清亮的声音说："列祖列宗在上，小子胡再拜有礼了！自文王武王开基创业来，已经百有余年。从前诸侯归顺天子，竞修贡职，服劳王事，天下太平，百姓乐业。近来王业衰懈，诸侯渐启怠慢之心，不修朝贡，不劳王事。小子胡继承文武皇皇大业，不可令其半途而堕，贻羞后世。今天我重整王师，即将南巡江汉，宣达我王朝文德武威，儆勉诸侯克竞王职。如有冥顽不化者，我必斩其首，割其耳，凯旋献祭于祖宗灵台之前！小子胡再拜叩首，祖宗神灵昭如日月！大周王业稳如磐石！"

周厉王祭毕，志得意满走下来，朝着旁边的井武公等咧嘴一笑，潇洒离去。井武公看着周厉王渐行渐远的背影，摇了摇头，内心不知该哭还是该笑。

厉王以巡狩之名劫掠东南

周厉王南巡，巡视文王武王开拓的原有疆界。发现有一邦国侵入周王朝领土，周厉王即率领浩荡的王师，攻入其国，包围都城。其国君打开城门，肉袒面缚，前来谢罪。周厉王狠狠申斥一番，收了他们贡献的赎罪珍宝，放纵军队劫掠三日，方始离去。

如此一路东行，凡经行的邦国部落，周厉王都向他们索取财物。如果不能如愿，则纵兵攻打，强行掳掠而去。周厉王及其军队像一阵超级台风卷过，留下南方一片残破景象，众邦国、部落皆敢怒不敢言。

东南部的二十六位部落首领畏惧周厉王，联合朝见于他。[①] 周厉王眉开眼笑，笑纳了礼品，对他们的明智行为大为赞赏。（见图 10-1）

图 10-1　宗周钟，乃西周厉王存世最重要之天子作器，现藏台北"故宫博物院"。器内计有铭文 123 字，记录厉王亲征南国，令南夷、东夷凡二十六邦来朝臣服的事。

对周厉王来说，此行的收获是巨大的。不但让蛮夷部落了解到王朝的强大，不敢再疏忽朝贡的职责，而且得到大量珍宝财物，满载而归，满足了他爱财的心理。

在回途中，周厉王听闻楚国熊渠僭号，父子四人尽皆称王，大为恼

---

① 见青铜器宗周钟铭文。

怒，又移师南向，准备伐楚。遣使问罪于熊渠："从前成王封你们先祖熊绎在荆楚，以捍卫周朝边疆。数世以来，王朝恩惠不绝。没想到楚人不思回报，不但不修朝贡，而且胆大妄为，擅称王号，企图与天子并列。当今天子英明神武，绍继文武余烈，统率王师南巡，万邦归服。现驻跸汉水之畔，特遣使者来问楚子称王不贡之罪。着令楚子速向天子归罪，否则王师南向，灭汝邦国，焚汝宗庙，屠汝幼寿！"

熊渠大惊，久闻厉王暴虐之名，王师所过，靡无孑遗。以楚国之力，根本对抗不了王师。于是熊渠主动除去王号，厚贿使者，奉上大量财物，向周厉王谢罪。[①]

本来熊渠不亲自来谢罪，周厉王是不满意的，可使者受了贿赂，帮熊渠说了许多恭维自贬的话，又言不战而屈人之兵，善之善也，正好彰显了天子的文德广大。

周厉王一路上滥用武力，做虐不少，现在有人拍马屁，说他文德广大，不禁飘了起来。于是决定宽宏大量，不再深究楚子的罪责，班师回朝。

回到镐京，周厉王极力夸耀南巡的成果。他向朝野大臣展示了诸侯琳琅满目的献品，陈述二十六国君的朝见、楚国畏惧除去王号的功绩。在周厉王看来，这些伟大的成就，表明了他已经恢复王朝巅峰时的荣光，也证明他是一个英明有为的君主。周厉王的狂妄与自信，达到极点。他宣布，第二年要用兵西北，歼灭犬戎，永靖边境。

---

① 见《史记·楚世家》。

对于周厉王在南方的所作所为，井武公等也有所耳闻。他们认为武力压制和恐吓，难使诸侯心悦诚服，何况还有劫掠和索取财物的行为？东南蛮夷内心不满，恐是不小隐患。井武公建议在东南边境驻防重军，以防蛮夷报复入侵。西方犬戎强大，来去无踪，难于捕捉其主力决战。劳师远征，恐难有成就。当今之计，以防守为上策。

周厉王不以为然，觉得井武公包藏私心。西北边境是世家武装力量的地盘，他内心害怕王师进入后取而代之。如果所有敌人都给周王消灭，那么他们就没有存在的必要。以敌养己，增强天子对自己的依靠，这样的心理，周厉王自信看得一清二楚。

南巡的顺利，让他觉得一切事情都那么容易。歼灭犬戎，自然也是手到擒来。于是，他又一次不顾大臣的劝阻，坚决把东方的驻军调进关中，着手准备对犬戎的大决战。东八师被调走之后，东南边境为之一空，防务形同虚设。

周厉王南巡对东南夷人部落的压榨和掠夺，早就引起他们的不满。慑于周军强大，不敢反抗。听闻周王把东八师西调，中原腹地没有强大的军队，都觉得报仇的机会来了。众多部落相互联络，达成协议，组成联盟军，对周王朝发起报复战争，他们从漫长的边界线汹涌扑入周王朝的国境内。

处在边境线上的小诸侯国，根本没有抵抗的力量，先后被一踏而破。蛮夷所过之处，烧杀掳掠，完全效仿周厉王的作为，甚至比周厉王更狠。中原地区门户大开，蛮夷联军如入无人之境。没有多久，就挺进到东都洛邑，周王朝在东方的中心被蛮夷军队重重包围。一时间千里狼烟，哀鸿遍野，周王朝的半壁江山破碎。

周厉王收到蛮夷入侵和东都被围的消息，又惊又怒。他没想到不久前还毕恭毕敬的下臣，转身就给了自己一巴掌。国家受创，人民罹灾，对他来说还是次要问题，让他不能忍受的是，之前对众公卿夸夸其谈的丰功伟绩，此刻成了羞辱。

周厉王恨透了这些背信弃义的小人，决定让他们承受十倍的惩罚。王朝主力军已经行过丰镐，正往西北边境进发。周厉王发出紧急命令，让他们调头东向，急解成周之围，围歼蛮夷。特别申明，逮捕一个杀一个，不接受投降。

周厉王以为蛮夷乌合之众，一击即溃。不承想，事情出乎意料。周军短时间往返东西，体力消耗极大。再加上这支重建的军队，缺乏训练，装备不足，人员构成成分复杂，士气不高，拿来吓唬人可以，真正拉到战场上，却展现不出战斗力。

东返的周军投入战争后，并没有取得重大战果。哪怕以众敌寡，也体现不出优势。周军与东南蛮夷陷入无休止的消耗战中，你来我往，旷日持久。如果勉强说有什么成就，就是解除了敌军对洛邑的包围，让周王朝在东方的中心免于沦陷。但中原大地仍旧狼烟滚滚，无数家园被毁，百姓流离。

胶着的形势，让周厉王越来越难堪。原来他寄希望能一举击溃入侵者，扳回一局。没想到由他一手建立的新王师，竟是外强中干，如此不中用。而人们对新周军的评价，可能就是对自己的评价。想到自己多年苦心孤诣，一心重振军威，复兴王室，反落得如此下场，内心有极大挫败感。

为了扭转局面，周厉王决定前往成周，亲临一线指挥作战，激励三军用命。但战争毕竟以实力说话，空口白话的作用有限。他的手里已经没有什么资本，能让周军增加胜算。于是，他把目光投向三大世家，想把他们的私人武装力量投入东方战场。

井、益、荣三族看着志大才疏、狂妄顽固的周厉王演了一出拙劣的戏，不免一阵幸灾乐祸，心想："雏儿，才知道军国大事非儿戏！"他们原想打击这个自大的青年人，让他汲取深刻的教训，了解到没有世族大家的强有力支持，王朝大厦是站不稳脚跟的。

但形势的恶化，超出他们的预期。他们与周王室同气连枝，一荣俱荣，一损俱损。如果失去对东方的控制，他们的利益将受到极大损害，甚至被毁灭。井武公与益伯、荣伯商议后，决定井家军仍留守关中，防卫犬戎。而益家军，跟随周厉王东进，以及原本就在中原的荣家军，都加入对东南蛮夷的战争。同时遣使到晋国和齐国，号召他们出师赴王难。众多诸侯国中，只有晋国和齐国有像样的作战部队。

周厉王驾临洛邑督战，让长期以来庸碌消极的周军警惕起来，将领们重申军纪，振奋士气。广大民众欢喜踊跃，奔走相告，以为胜利不远。益家军和晋军的加入，让周军实力大大增强。在周厉王统一指挥下，蛮夷联盟难于抵抗，不住向南败退。而齐军南下，也限制了黄河下游的淮夷向西挺进，形成合力。胜利的天平，在向周王朝倾斜。

不料蛮夷联盟中特别顽固的一支，打探到益家军出关，其他关中军队在泾渭上游布防，丰镐两京缺乏防御。于是从洛水西南急速进军，打算经上洛直扑丰镐，灭亡宗周。荣伯得到消息，很是震惊。匆忙汇报周厉王后，即命荣家军急速追击，务必在中途拦击蛮夷军队，保卫两京。

青铜器敔簋记载，某年十月，周厉王在成周，命荣伯下属将领敔率领战车，追击西进蛮夷军。经上洛、炘谷，至于伊班、长榜，两军相遇，展开激战。荣家军大获全胜，斩敌数百人，俘虏四百人。为了表彰敌的功劳，井武公在十一月来到成周，与周厉王一起赐予敌朋贝与良田。

正面战场不敌，奇谋诡计又被破，蛮夷联军自知难讨到便宜，先后撤出中原地区。周军也仅仅能将其驱出边境，未敢突入蛮夷部落报复。虽说赢来了和平，恢复了周朝版图，但经此一役，周厉王知道从前自己建立的军队，相比井、益、荣的私属军事力量，不过是一个笑话。

从此以后，厉王的态度有了极大转变，在井、益、荣三大家族面前表现得恭敬多了。之前有些很坚定的政策，也有了松动。比如他号称悭吝王，从不赏赐下臣田土。这一次对敌的功劳，破天荒赏了一百田。周厉王是想悭吝，但形势不允许。再悭吝下去，国家和王位都难保。

第三节　与犬戎的宿怨

周王朝与犬戎的长期恩怨

自周文王用兵西北后，犬戎在历史上沉寂了很长一段时间。如祭公谋父所说，在穆王时代，犬戎处在朝贡体制内的荒服范围，三十年一次向周王进贡。周穆王要打通西行之路，出兵讨伐了犬戎，导致双边关系恶化。自此以后，犬戎再没有到中原朝贡。

历史记录显示，周懿王二十一年，虢公率领周师北伐犬戎，以失败告终。周夷王七年，虢公又率领西六师伐太原之戎，追击到俞泉，缴获战马千匹。

西周中期只留下两条与犬戎战争的记录，然而在现实中，战争可能比人们想象的还要频繁。《诗经·采薇》据说是周懿王时代的作品，诗中以征夫的口吻写道："靡室靡家，玁狁（犬戎）之故；不遑启居，玁狁（犬戎）之故。""昔我往矣，杨柳依依；今我来思，雨雪霏霏"，反映人民兵役沉重，背井离乡，不得片刻休息。《诗经》中关于犬戎战争的诗歌，还有《六月》《出车》等。这些诗歌共同表达出的焦虑、恐慌和痛苦的心态，反映了犬戎给周王朝所带来灾难的巨大和持久。

周王朝与犬戎的战争，时间长度超过一百年。漫无休止的战争，给周王朝的政治、军事、财政带来沉重负担，给人民生活带来巨大痛苦。犬戎每一次入侵或骚扰，矛头都指向周王朝的统治中心关中平原，更加深了统治者的危机感。

> **厉王时代，对犬戎的战争**

厉王时代，犬戎的势力已经压迫到泾渭上游，与周王朝没有缓冲地带。每一次入侵，都是两股力量直面冲突，一个不慎，让犬戎攻近丰镐，宗周就亡在旦夕。这也是为什么井武公死死坚持要留重兵防守西北，哪怕东都洛邑面临失守的危险。在他看来，宗周的重要性比成周大多了。成周丢了，尚有祖居的根据地，可卷土重来。若宗周亡了，周王朝相当于被连根拔起，失去了源脉，就不要再指望复兴。

青铜器多友鼎（见图10-2）记载厉王时代，井武公指挥下属多友，对犬戎入侵进行反击，并获得了胜利的事件。战争开始时，犬戎从陕甘

图10-2 多友鼎，1980年在陕西省长安区出土，现收藏于陕西历史博物馆。鼎内壁后方铸铭文279个字，记载周厉王命井武公下属多友反击犬戎入侵战争一事。

交界处的长武县浅水原长驱直下，沿着泾河到达彬县，再北上袭击京师——公刘开垦的旧都。犬戎占领京师后，继续向东行军二十五公里，进攻周人的一个叫筍的聚落，俘虏了那里的居民。

大概在犬戎攻击京师之时，宗周的统治者得到讯息。周厉王下令给井武公："赶快派遣你的得力干将，前往京师追击犬戎！"井武公命令多友："速速率领你的士兵和战车，前往京师追击犬戎，解救被俘虏的人。"

十月癸未日，犬戎虏掠到筍的民众，正沿原路线西返。多友在筍没有捕抓到犬戎，掉头西追。甲申这天的早上，多友军在漆地追及犬戎，两军展开激烈战斗，多友军取得局部胜利，斩首两百多人，俘虏二十多人，缴获战车一百一十七乘，解救部分筍地被虏的人，并夺回财物。

犬戎军溃败后，狼狈逃走。多友军乘胜贾勇，继续追击。在泾川又追上犬戎军，犬戎无心恋战，被多友军斩首三十人，俘虏二人，缴获战车十乘。两军一逃一追，在一个叫世的地方又打了一仗。最后多友军一直追到宁夏地区一个叫杨冢的地方，在最后一场战役中，多友军斩首犬

戎军一百一十五人，俘虏三人，焚毁缴获的战车。被俘虏的人全部获救。（见图10-3）

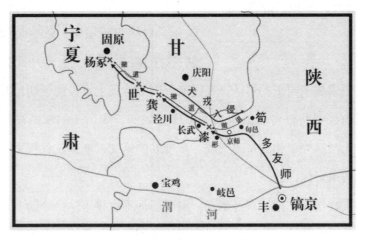

图10-3　多友追击犬戎之战 [①]

多友的反击虽然获得了胜利，但不足为喜。犬戎此次入侵，距离丰镐两京最近处，不过一百公里。如果他们有足够实力南下，朝夕即可跨过渭水，兵临城下。多友鼎之战，算不上大型战争。周军不可能通过这样的战役，获得一劳永逸的结果。如果犬戎每次入侵掠夺，都有这样的规模和效果，周军就要疲于奔命了。

犬戎的游牧性格，让周人倍感烦恼。周人不知道他们什么时候来，不知道从哪里来，不知道多少人来，只能时时绷紧精神，严阵以待。有这样长期存在威胁的敌人，人们也就不难理解，为什么《诗经》中周人言及犬戎，会表现出一种普遍的恐慌、焦虑和痛苦的心态。

---

① 根据李峰《西周的灭亡》相关内容绘制。

虽然对犬戎的自卫反击获得了胜利，但周厉王没有感受到发自内心的快乐。对抗东南蛮夷，依靠荣伯的军队；对抗西北犬戎，依靠井武公的军队。真正隶属于周王的军队，在保家卫国的战场上，没能证明自我的价值。没有经受得住考验的军事力量作为依傍，周厉王的权威被极大削弱，他无法掌控王朝的军政大局。多友鼎的铭文，就是这种权力关系微妙变化的最好佐证。

与犬戎作战的指挥官是多友，周厉王却不直接下达命令给多友，而是通过井武公转达。井武公并没有直接参与战争，但铭文凸显了他处在周厉王与多友之间的中介作用。很明显，井武公是多友的直属上级，多友指挥的是井武公的私人武装力量。不经过井武公，周厉王调动不起多友的军队。

战争胜利后，多友把俘虏和战利品献给井武公，井武公再向周厉王汇报。周厉王褒奖井武公保卫了京师安全，赏赐他一定数量的田土。之后井武公回到家里，将多友召到本族宗庙献贡，传达了周厉王的赞语，并奖赏给他一定数量的青铜制品和青铜原料。多友拜谢井武公，用青铜原料铸了多友鼎。

整篇铭文，周厉王与多友没有直接联系，两人之间被井武公完全隔绝。多友是井武公的家臣，只听命于他。哪怕立下不小的功劳，井武公也没让他在周厉王面前露脸。多友的升迁贵贱，全取决于井武公。

而对于周厉王，井武公承认他是名义上的领袖，但也禁止他插手指挥和奖罚自己私属的军队，以免打乱相互的臣属关系。这样的现象，导致王权之威无法延伸到中下层官僚。久而久之，周王自然变成了空头司令。

多友鼎的铭文，反映了西周晚期世家坐大、王权萎缩的普遍现象。周厉王即位后，对这样的现象非常不满，一直致力于强化王权。然而其本人的才华和能力有限，支撑不起如此宏大的改革愿望，又兼之时势已成，逆水行舟，螳臂当车，取得的成效微乎其微。

第四节　诗讽暴政

中国诗歌发展的第一个高峰以及《诗经》

"国家不幸诗家幸，赋到沧桑句便工。"这样的创作观点认为，深切的忧伤和悲愤情感能给诗歌加持。一首诗即使缺乏形式上的雕琢，也有可能成为文学艺术上的经典。而国家衰落，人民饱受腐败和乱离之苦时，最容易激发起诗人的创作热情。这样的时代，是国家与人民的不幸事，却可能是文学艺术发展的大幸事。

西周晚期到春秋初期，是王权衰落、诸侯竞起的年代，国家的局面就一个"乱"字，人民的生活就一个"苦"字。然而在这个人民饱受乱离之苦的年代，却迎来了中国诗歌发展的第一个高峰。

从庙堂到江湖，从郑、卫到齐、鲁，从老叟到稚子，人人都用吟咏讴歌的方式来抒发与宣泄心中的情感。他们之中的大多数创作者，既不认识艰深古奥的文字，也不了解复杂的音乐理论，只懂得话语内容和歌唱的调子。当他们把自我深切的情感灌注到话语上，并加之以吟唱的调子，便形成了可以传播的作品。

音乐与歌词的结合，让传播的功效成倍增加，这反过来又促进诗歌的进步。不同阶层、不同身份的人们都投入到诗歌创作中，让诗歌的主体内容和应用形式更加丰富。西周的诗歌，可以是庶民们自我吟哦的歌谣，可以是贵族欢饮宴客的诗曲，也可以是王公祭拜祖宗的颂歌。场合不同，名称有异，但在本质上差不多。最后，这场语言和音乐的世纪艳遇，由涓涓细流汇集成大江大河，终于诞生出中国第一部伟大的文学作品——《诗经》。

《诗经》中讽谏厉王的诗篇

诗歌对很多人来说是美好的，但对周厉王却是伤害。西周晚期国力衰弱，政治腐败，战乱频仍。作为最高统治者，周厉王负有不可推卸的责任。备受痛苦的人们，借助诗歌的形式，表达出对现状的不满。而周厉王，成了首当其冲的谴责对象。

现存《诗经》里有上十首诗，主题是对厉王的讽谏和指斥。这些诗的作者，据说是召穆公、凡伯、卫侯、芮良夫，他们身份显贵，或是当朝卿士，或是外服诸侯。

召穆公作诗道："百姓实在太劳苦了，只求得到稍许安宁。只有施加恩惠给人民，他们的怨气才能宣泄。不要听信狡诈的欺骗，谨防营私的恶行。遏制暴虐的官吏，莫让他们颠覆了王政。我们的君王贪财又爱美女，只有用难听的话语来劝谏。"①

凡伯作诗道，"君王的行为已反常，天下的百姓都遭殃。讲过的话不算数，制定的政策没远见。不师法圣人，自作主张。没有诚信的作为，实在荒唐！你的错误还能悔改，我要用劝谏来挽回你"，"上天愤怒要敬畏，不要放荡乱嬉戏。上天降灾要敬畏，不要放纵招灾祸。上天的眼睛最是雪亮，它会降下惩罚，让你流浪他乡！"②

芮良夫作诗道，"祸乱爆发无休止，没有一国不受害。百姓罹害无幸免，全部遭灾死将尽。呜呼长叹心悲哀，国势危急令人伤"，"可怜我生不逢时，赶上苍天震天怒。从西逃难到东边，没有安身的居所。遭遇苦难实在多，边境告急雪上霜"，"劝告君王忧国事，劝告君王用贤能。国事如果没好转，举国沉沦无药救！"③

不知周厉王本人，是否阅读过这些用心良苦的作品，但从后事看来，它们明显没有起到成效。周厉王继续驾驶一艘老化破败的巨舰，航行在波涛汹涌的大海。风浪越大，他越兴奋。与此同时，宏伟的《诗经》交响曲奏起，人们的歌声响彻天地，激荡着汪洋大海，颠簸起这艘摩天巨舰。

---

① 见《诗经·大雅·民劳》。
② 见《诗经·大雅·板》。
③ 见《诗经·大雅·桑柔》。

第
十
一
章

共和政变

第一节　发出屠城令

厉王与鄂国的结盟和反目

周王朝击退东南蛮夷的入侵后，双方关系一直没有恢复。对刚愎自用的周厉王而言，东都被围，几乎失守，是莫大的耻辱，他一定要报复。在西北反击犬戎，获得一段和平时间后，周厉王又重启了对东南方的战争。

青铜器铭文显示，周厉王再一次南征，讨伐角津、桐遹、角谲等部落。[①] 当初入侵中原的部落联盟，已经解体，周厉王没有匹敌的对手。面对散落的蛮邦，周军分别打击，各个击破。

---

① 见青铜器翏生盨铭文。

在周厉王冲动的冲杀报复后，东南方又陷入一片混乱之中。边境部落虽不能抵抗周军，但也不对周厉王心服口服。看到周军来了，就投降或逃跑，离开了又啸聚反抗。为了稳定边境，周厉王迫切需要一个强大而稳固的盟友。

这个时候，鄂侯驭方进入了他的视野。鄂侯之国地处河南南阳盆地，是南方颇为强大的诸侯。商纣之时，鄂侯位列三公。因强谏纣王，被分尸而死。鄂侯驭方，或为其后代。（见图 11-1）

图 11-1　鄂侯驭方鼎，中国清代金石学家陈介祺旧藏，铭文记载周王南征淮夷回师经过鄂国时，受到鄂侯驭方的朝见，并与之共宴、会射之事。

周厉王南征回师，经行鄂国，与鄂侯驭方宴饮。鄂侯向周厉王表达忠诚，永作王朝南方屏障。周厉王大为高兴，特别举行了射礼，与鄂侯较射，并赐予他玉五珏、马四匹、矢五束。[1] 鄂侯深受荣宠，为表感激

---

①　见青铜器鄂侯驭方鼎铭文。

和永远效忠之心，把女儿献给周厉王。那女孩姿貌并不对厉王胃口，但却之不恭，就笑纳带回了。

虽然鄂侯一再示忠，但周厉王生性多疑，并不信任他。他向鄂国派任监臣，监视鄂侯行为举动，并着力培养与鄂国相邻的姬姓曾国，制约鄂国继续扩张强大。

鄂侯之女入官后，并不受宠。周厉王开始还临幸一两次，后来完全抛到脑后。鄂侯之女被冷落深宫，郁郁寡欢，不久逝去。痛失爱女，兼之周厉王对自己无端猜疑，处处掣肘，终于让鄂侯忍无可忍，他决定不再伺候这位暴虐多疑的昏君。

厉王平叛，发出屠城命令

仅凭鄂国的力量，是无法与王朝对抗的。鄂侯派遣使者与东南蛮夷部落联络，一起合兵反抗周王。蛮夷部落与周厉王有深仇大恨，苦于群龙无首。如今强大的鄂侯登高一呼，深合众心，应者云集。一时间，东南边境战火重燃，周王朝对形势失去掌控力，边缘诸侯国尽皆沦陷。

周厉王乍闻鄂侯反叛，怒火攻心。他从不反思自己的过失，只怨恨他人的背叛："鄂侯，朕给你他人没有的荣名，给你他人没有的厚赐，还纳你女儿为妃，本指望你忠心耿耿、报效朝廷，没想到一转身，你背叛了国家，背叛了朕。贵为天子，自己从不轻易示好于人，唯独对你诚意满满，却遭到辜负。"

周厉王对鄂侯的愤怒，到了什么程度呢？禹鼎铭文记载，他先后下达了两次屠城命令：勿遗寿幼！第一次命令下达给东八师和西六师，攻破了鄂国都城，把城里的人全杀了，小孩和老人一个都不留。第二次命令下达给井武公下属的禹，重申屠城令，务必赶尽杀绝，小孩和老人一个不剩。毫无疑问，周厉王已经出离愤怒。他的意志，完全被疯狂的情绪主宰。他的怨恨，不止针对鄂侯一人，还要宣泄到鄂国的每一个幼童、妇女、老者身上。

历经千年不灭的铭文，证实了周厉王昏庸暴虐的名声。人民的眼睛始终是雪亮的，史书给予他的评价，并非诬妄之词。周王朝历来倡导以德治国，即使对犯罪的首恶之徒，也是量性裁定，不一律从严追究。从周公对姬封的训词、周穆王荒度作刑的训词中，可见一斑。诛三族、诛九族这样的大罚，从来不轻易施行。而周厉王的屠城令，连幼童和老人都不放过，已远远超过诛九族。不要说以有道君主的标准来衡量周厉王，即使以常人作为标准，他也是不合格的。

周厉王倚重的东八师和西六师，再次没在平定鄂侯叛乱中发挥决定性作用。周厉王又得觍颜求助于世族大家，让他们出动训练有素、装备精良的私属军队。禹鼎记载，井武公派遣禹率领戎车百乘，厮御二百，徒千人，攻破鄂国，俘虏了鄂侯。（见图 11-2）

图 11-2　禹鼎，1942 年在陕西省岐山县任家村出土，现藏于中国历史博物馆。器内铭文 205 字，记述禹以武公的兵车百辆和徒御一千二百人随周王作战，俘获鄂侯一事。

两相比较，占有数量优势的东八师和西六师显得是多么的无能。周厉王每一次都要求助世家的军队，给自己惹出的祸乱擦屁股，一定觉得颜面扫地。鄂侯驭方是给禹生擒的，以周厉王的愤怒，他绝对吃不到好果子。不给生吞死，也给活剥杀了。至于"勿遗寿幼"的屠城令有没有得到执行，不得而知。即使在公卿臣士阻止下，鄂国臣民没有遭到灭顶之灾，但周厉王下达这道泯灭人性的屠杀令的恶名，也难以抹去。

　　周厉王对东南蛮夷的征伐，纵贯他的整个统治期。晋侯苏钟铭文显示，周厉王三十三年，巡狩东国南国，晋侯苏率师随从。周厉王命令晋侯苏伐夙夷，晋侯苏贡献战果：斩首一百零二人，俘虏二十三人。第二场战役攻陷某城，贡献战果：斩首百人，俘虏十一人。第三场战役伐淖列夷，贡献战果：斩首一百一十人，俘虏二十人。晋侯苏战功彪炳，周厉王在成周赏赐他名驹四匹、秬鬯一卣、弓矢百。（见图 11-3）

　　晋国军成为周王征伐的重要力量，说明周厉王在王师衰落成为定势

图 11-3　晋侯苏编钟，出土于山西曲沃北赵村晋侯墓地，14 枚藏于上海博物馆，2 枚藏于山西博物院。有铭文 355 字，记载了在西周晚期晋侯苏奉王命讨伐山东的夙夷，大获全胜，周王两次嘉奖赏赐晋侯的史实。

之后，开始更多借助地方诸侯的力量，制衡王畿内的世家。而这种舍近求远的行为，让周厉王与世族原本不友好的关系更加恶化。

强势崛起的晋侯苏，在厉王末期扮演了重要角色。他不但深度参入到周厉王与世家公卿的政治斗争中，而且在周厉王最终失败，奔逃到彘地后，一直提供政治"庇护"，直到他死去。晋侯苏是周厉王晚年的亲信之臣，他见证了他最后的落魄与凄凉。

第二节　特务满京城

厉王自暴自弃，沉溺酒色

在周厉王漫长的统治史中，他与世家的较量，总是处在下风。在井武公等眼中，他不过是个毛头小子，不论如何打滚，都飞不出如来佛的手掌心。每一次他搞砸的烂摊子，都要求几个老人家站出来摆平。久而久之，在他们面前，周厉王没了底气；在朝廷内外，也少了威望。

不知何时起，周厉王失去了对自己的信心，觉得人生不过如此，已经没有指望了。什么复兴国家，重振王威，都抛之脑后。他开始自暴自弃，沉溺于酒色之中，过起得过且过的生活。公卿们不知他在干什么，只感觉很忙，忙到甚至一个月见不到一次。逢有要事，只任他们做主。

公卿们摇头叹气，对他不再抱以希望。对于周厉王在财色方面的索取，他们也不加节制，只求他从此安安静静，不出来捅乱子就好。

但没想到井武公们嗤笑的毛头小子的劣势，最后反成了周厉王的优势。年轻就是资本，他终于熬死了老一代井、益、荣三大家的贵族长老。那些曾经高高在上的老头，终于埋身黄土了。

虽然周厉王此时也头发斑白，但他竟忍不住狂笑起来："呀，你们终是死了吧，不再让我看到厌憎的脸。从前总是说你们如何强，如何大，没有你们，我过不下去。现在你们完了，都完了！而我，还好好地活着啊。告诉你们，没有了你们，我会活得更好，更好！"

有那么一瞬间，周厉王想站起来做些什么。他有点思念久违了的朝堂，想回到那里，让臣卿们向他汇报国家军政近况。自己毕竟是周天子，不能遗忘祖宗付托的重任。复兴国家、重振王威的念头，再次在脑海里掠过。然而一阵秋风猛起，旋起他萧索的须发，拍打在枯皱的脸庞上。周厉王颓然了，已是行将就木的人，还争强好胜什么？他搂住妃嫔的纤腰，抚摸她们娇嫩的皮肤，心想：我这一辈子，就这样了。趁着有点年头，多享一点乐。其他的事情，就交给儿子们、孙子们去操劳吧。

荣夷公投诚，厉王重燃
"斗志"

周厉王深锁宫门，藏身桃红柳绿中享受逸乐。而外面的形势却惊涛拍岸，波诡云谲。老一代贵族长老去世后，新一代的接班人没有学他们一般和谐相处，只想着自己的利益，相互斗争倾轧。原本稳固的政治平衡被破坏，世家新生代重组阵营，展开你死我活的斗争。在这场严酷斗争中，被联手打压的荣氏家族内心不忿，兴起了投靠周厉王的念头。

其实在这场权斗中，谁都想拉拢周厉王站在自己一方。但是，其他世家不愿牺牲利益，换取周厉王的站位。没有落到好处，周厉王懒得置身其中，仍旧悠然自乐。荣夷公就不同，他愿意牺牲部分荣家利益贡献给周厉王，换取他的信任和支持。

周厉王听荣夷公侃侃而谈，口若悬河，字字句句都深入心坎。他的内心重燃起"老夫聊发少年狂"的壮志，握着荣夷公的手说："爱卿，你我相见虽早，相识恨晚啊！"两人深谈数日，达成了集权和专利两项主要行政措施。

第二天，周厉王召集公卿大臣，他亲自拉着荣夷公的手步入王庭，任命他为上公、首辅。周厉王对他们说："朕为什么任命荣公为首辅？因为他忠诚啊！因为他无私啊！"侍卫抬上两个箱子，周厉王两手抓起满满的珠宝，伸出去说："这些原本是荣公的财产，他献给了国家。"侍卫铺开地图，周厉王指着上面说："这五处城邑原是荣公封邑，他献给了国家。"他颤颤抖抖往前走，说："忠诚啊！你们知道什么是忠诚吗？朕活了五十来年，没有见过那么忠诚的臣子！朕不信任他，信任谁？"臣卿们羞愧低下了头。

厉王布控特务，国人杜口绝舌

从此以后，荣夷公成为周厉王的马前卒，忠心耿耿地帮助他侵夺其他世家的财产和权力。情愿上交还罢，稍有抗拒，则遭诬陷打击。王畿之内的世家财产，一两年之内被周厉王或抢或夺，拿走一半。众人无不感到冤屈，这些先王赐予、祖宗遗传下来的财产，为他们所拥有，是天经地义的，现在给无理掠夺压榨去，内心无不痛恨周厉王和荣夷公。朝野上下、王朝内外，无不对两人咬牙切齿。街谈巷议，都是对他们的唾骂。

周厉王听闻民众又在辱骂他"悭吝王"，大怒如狂。他是富有天下的王者，拿的都是自己的财产，与悭吝何干？他多年疏于政务，邪恶一面不是被埋没了，而是隐藏了。深藏已久的邪恶爆发出来，比原先可怕数倍。荣夷公向他举荐了卫国巫师，说他法力莫测，可以沟通鬼神。若其作法，谁人诽谤，都可找出。

于是，周厉王重金延请卫国巫师到镐京，一部分在宫廷作法，一部分在城内巡视。找到诽谤者，马上逮捕起来。按察其诽谤言论，罪轻者入狱，罪重者处死。在周厉王强大特务系统监视下，京城内国人都杜口绝舌，不敢轻谈国事。路上遇见巡查队伍，害怕被诬陷，只敢跟熟人打眼色。

周厉王听到汇报，外面再没有人诽谤他了，内心喜不自胜，在大臣前扬扬得意地说：“朕可息止谤言，他们终于不敢说话了。”

召穆公姬虎不以为然，说：“只不过是把大家的嘴堵上了吧。堵住民众的嘴，相当于堵住江河的决口。若河水漫涨，堤坝决防，淹死的人更多。所以治理江河的方法，是合理引导河水流向，而不是堵塞河口。治理国家的方法，是引导人民合理言论，利用舆情审查政治得失。先王处理政事，命公卿、大夫和庶士奉献讽谏的诗歌，乐师进献乐曲，史官献书，师氏献箴言，百工进谏语，平民转托建议，同宗大臣弥补督查。然后天子再综合斟酌，拟定合理的政策施行。王啊，民众的言论，是政治的风向标，怎可以堵塞呢？请您三思！”[①]

周厉王怫然不悦。姬虎是姬瑚的远房兄弟，提拔他，原想他事事站在自己一方。没想到他平时不卖力，还对自己的决策横加指摘。不晓事的人，真的太多。想来想去，唯有荣公堪称知己。他拂袖离去，又找荣夷公密谋新政策去了。

---

① 见《国语·周语》。

第三节　共和政变

周厉王重用荣夷公，大肆侵夺上层贵族和中层卿士的财产，引起国人怨声载道。其又专断独行，但凡有反抗或异议，就采用高压手段镇压。丰镐两京的监狱一时填满，多少人被断肢枭首，示众于街市。国人失去言论自由，道路以目，反抗的种子在心内越植越深。被白色恐怖笼罩的宗周，一场暴风雨即将来临。

在周厉王与众多贵族矛盾加剧之际，一直有力量居中调和。他们从大局出发，不想一场自己人的内讧，让存在两百年的王朝旦夕崩塌。召公姬虎和芮良夫，就是其中的代表。姬虎劝谏周厉王不要镇压舆论，芮良夫劝谏周厉王莫要专利。芮良夫对厉王循循善诱，把矛头直指荣夷公，强烈要求罢黜他。

他说："王啊，荣公只知道专利，不了解大难临头，你不要一味听他的话。财利，是万物所生，天地所载，为百姓取用以营生。如果一个人揽为己有，危害是很大的。因专利而激怒百姓，又不防备大难，王怎能长久安坐宝位？"[①]

"王啊，"芮良夫说，"作为百姓的最高统治者，应该善于分配财利，让它施及上下，横布左右，为神人百物所共享。即使这样做了，还每日

---

① 见《国语·周语》。

恐惧惊颤，害怕做得还不够好、民众有怨言。从前我们的先祖后稷、先王文王武王，正是有居安思危的忧患，才能安定周朝的伟业，传承到如今。现在王背弃祖宗的教诲，把财利揽为己有，难道是正确的吗？普通百姓专揽财利，还被叫做盗贼。身为王者，如此行事，人心怎会归服？如果不罢黜荣公，修改政策，与万民共利，国家就要发生灾难了！"芮良夫为了周厉王改过迁善，一片苦口婆心。周厉王没有采纳他的意见，还相当厌烦。

周厉王独揽财利，也许忘了，他的对立面，不是手无寸铁的底层民众，而是拥有强大影响力的贵族世家，有自己供养的武装部队；是拥有极高文化素养的卿士大夫，他们舌灿莲花，能轻易发动起群众；是本身就操着刀枪剑戟的中下级军官，本身就是精锐的战斗力量。周厉王之暴虐独裁，达到了极致程度，才能把这样一群人团结到一起。他的昏聩又忽视了这点，导致最后全盘溃败，不可收拾。

反对周厉王的国人暴动，发生在宗周镐京，开始并没有大规模的城外世家部队参与。盖周厉王肆行暴政，忌惮反抗，宗周附近必保护得严严实实。而天子又为天下宗主，王畿之外诸侯国林立，都在静观王都形势。即便畿内最强大的世家联手，也未敢公然举兵号称推翻周王。然而镐京之内的反对派世家势力，以及重要的士族人员，达成某种一致协议。他们策划开始由乔装人员在公众场合鼓噪，外围准备好的人员三五成群涌入，形成风气。大家再奔走相告，发动起大批国人，加上部分护军倒戈，合成强大力量，攻占王宫。

公元前841年某月的某一日，在熙来攘往的街市上，突然有声音高喊道："我王贪虐，夺我等衣食，无衣御寒，无粮饱腹，活不下去了！"大家惊恐地望着他，不知所措。有人欲言又止，左看右看，又怕人群中藏有奸细。

万籁寂静中有一人应和："王杀我父亲，囚我兄长，我已家破人亡！"人群骚动起来，开始窃窃私语，后来抱怨咒骂之声逐渐增大。一个身材魁梧、体格壮健的人站上高台，大声说："王禁止我们讨论国事、议论政治。今天的话，不说已经说了。焉知这里没有奸细通报给监官？是说也死，不说也死，不如就反了！"

一句"反了"响起，犹如点燃爆竹，千千万万声"反了"瞬时炸开。

"大家都反了！操起各自的武器，去杀了昏王！"

"王不让我等活，我等自己求活！"

"一起去杀昏王，谁不去就是奸细，先杀了他！"

……

镐京的城民有的操起宰刀，有的操起斧头，有的操起锄把，有的操起木棍，聚合在一起，向王宫进发去。路上遇上了人，就拉他们入伙。看到紧闭的门，就拍门叫人出来。中途的人原本惧怕，看到浩大的人流后，胆气壮起，随手拿上武器，加入队伍。原本在士大夫家里准备好的武士，一下子涌出十几、几十人。

官军在路上设置的关卡，都被愤怒的群众杀散。部分兵士非但不与群众为敌，反而加入他们队伍之中。这股汹涌的人流，迅速向周厉王所在的王宫挺进。

开始听闻消息，周厉王不以为然，觉得官军很快能摆平少数叛民。后来数道关卡被突破，官军集体倒戈，他才意识到事件的严重性。"速速让荣公率领宫城卫队，保卫王宫，保卫朕！"周厉王此刻颤抖不断，这镐京之内，几个人还忠诚于他，几个人想背叛他，心里完全没底。

荣夷公作为周厉王的铁杆下属，知道他们是绑在一条绳上的蚂蚱，王宫一破，大家全完了。他带领私人卫队进入王宫，与王宫卫队合在一起，前前后后布了两道牢固防线，护卫王宫。暴动的群众很快包围了王宫，喊着嘹亮的口号，发起猛烈的攻击。

愤怒激发出国人强大的力量，他们虽然拿着落后、非正规的武器，却杀得冲阵而出的正规官兵七零八落、丢盔弃甲。周厉王登上高楼，眺望战况，看得胆战心寒，说："这群暴民，当真无法无天，该如何是好，如何是好……"

庆幸民众只是乌合之众，没有领导组织。近身肉搏时，仅靠愤怒和血气就能占上风，而进攻有防备的阵地，却缺乏良策。从傍晚酉时到凌晨子时，民众前后发动几次攻击，皆无功而返。宫里宫外，都燃烧起火把，相互照耀对峙着。经过一日苦战的人，疲劳倒睡在地上，等待来日恢复体力再行厮杀。

厉王败势难挽，逃亡晋国

向来中立的召公姬虎和芮伯良夫，被群众军阻隔一日，不得进入王宫。第二天清晨，两人来到群众阵营，企图寻求和平解决的方案。众人知道他们来谈判，争相鼓噪起来："开弓没有回头路，昏王不死，荣公不死，则我等死！"此刻民众军又从监牢里释放了被关押的大批犯人，他们对周厉王咬牙切齿，更不同意和平调解。

眼看战火又要重燃，姬虎忧心如焚。他好说歹说，恳请进入宫中传达众人意思，与周王沟通，万一找到解决的方法岂不最好？群众军见他孤身一人，无碍大局，就答应他进去了。

周厉王见到姬虎，涕泪滂沱地说："悔不听卿之良言，以酿成今日大祸！"姬虎看到老迈厉王狼狈的模样，悲从中来，难于自禁。

"为今之计，如何是好？"周厉王目视姬虎，期盼他有脱危良方。姬虎瞥了旁边荣夷公一眼，摇摇头说："众怒难犯，众恨难消。此刻即便杀了荣公，宫外的万万臣民也不会放下武器。"

周厉王凄然落泪，说："不想臣民们如此憎恨于我。"姬虎看着周厉王悲伤的样子，于心不忍，说："臣民积怨于王甚久，两京之内，恐怕无王容身之所。诸侯与王朝相隔遥远，其臣民与王无尤咎。若王奔逃诸侯，尚可保一己之安危。"

周厉王惊道："事情竟至于此！朕堂堂王者，竟要失守宗庙，求庇于诸侯？"姬虎老于世故，焉能不明白这场国人暴动背后的势力？周厉王在王畿积怨已久，无论西都东都，哪股势力都不会容他，给他再次翻身的机会。想来想去，只有畿外诸侯，没有牵扯入利益争斗，能够提供庇护。他说："王啊，但有佳策，我岂能不贡献于你？于今形势，实在无可奈何啊。晋侯苏有臣子数人，尚在城中。臣出宫与其计议，今夜子时荣公率卫兵强攻乱民，护送王出宫。臣令晋臣在外接应，一起奔逃晋国而去。他日之事，再做计较。"

周厉王呜咽流泪。在他生命中，从来没经历过如此生与死的紧迫抉择。此刻面临考验，全无主张，只得听凭姬虎做主。临行前，姬虎指着姬静说："未来之事，难以预料。王不如将王子交予臣带去，以防不测。"周厉王明白他鸡蛋不能放在同一个篮子的意思，点头同意了。姬虎将姬静改扮成卫士模样，持了不少珠宝出宫，假装与群众议和。群众当然拒绝，驱赶姬虎离开，也没对姬静生疑，放他离去。

当日，群众军又对王宫发动数次攻击，皆没能取得进展。凌晨时刻，荣夷公趁外面群众疲劳休憩时，集中精锐力量发起突然袭击，从重重包围圈中打开一个缺口，护送周厉王离去。荣夷公看着厉王在微弱的灯火光中渐行渐远，热泪涌出眼眶，道："王啊，此去再无相见之日，他日臣化为鬼魂，再长伴王之左右。"

翌日，王宫内的兵士知道周厉王已出奔，皆失斗志。未几，王宫被攻破，荣夷公被杀。

共伯和代表各方利益，登台执政

周厉王在晋侯苏臣子护送下，一路披星戴月，马不停蹄，向晋国逃亡去。镐京城民在王宫内扑了个空，大失所望。群龙无首下，乱成一团，一阵烧杀抢掠。

一直在后面观察、操控大局的反对派势力，纷纷站出来维护局势。让镐京乱成一片，放纵民众肆意妄为，不符合他们的利益。失去暗中怂恿造势的伏兵，民众力量减弱一半，失去了声势。他们看到大贵族们高头大马，由齐整的卫队护行，出来维持治安，个个意兴阑珊，慢慢散回家去。

反对派本想鼓动民众暴乱，趁乱杀死周厉王，从此一了百了。他们再一起商议，推选一个符合自身利益的新王。没想到给周厉王出逃成功，落下个好不尴尬的结局。如今怎么办呢？继续追杀周厉王？这是行不通的。王朝之内本派系林立，利益纷争复杂，其中姬虎和芮伯等就不同意推翻周厉王，何况千里追杀？以臣弑君，违反礼教大节，陷入不义的道德困境，容易被诸侯声讨。试问，谁有把握能战胜诸侯联军？

迎接周厉王回京？这更行不通。撇开周厉王复位执政，损害他们利益不说，这一次国人的暴动，如果日后深究报复，他们都吃不了兜着走。加之民众确实群情激愤，厉王再度回京，没有人担保能按压住他们。反对派计议数日，思来想去，觉得还是维持现状为好。

于是他们以众怒难控为借口，为防不测，请周厉王暂时居留晋国。他们派遣的使者，声情并茂诉说主公们的无奈，坚称一定会捍卫周厉王的天子名位。反对派又称担心周厉王在晋国缺失照料，将他幸存的嫔妃、近仆和财宝，一并送到晋国给他。其实是想他一辈子都待在那里好了，永远不要回来。周厉王将信将疑，却也无可奈何。

安置好周厉王后，接下来的问题是如何维持王朝正常运转。当今天子尚在，另立新王是不可能的。只能推举出一位大家都认可的、德高望重的卿士，代周王行政。周朝初期，周公就曾经代成王行政，号称摄政王。这方面的前例，也不是没有过。

于是乎，王朝内外卿士与诸侯，不知经过几轮争吵商议，几番利益考量，最后推举出一个共伯和来，代周厉王行政。[①] 历史上的共伯和，面目模糊不清。但可以明确两点。第一点，他一定姓姬，属于姬姓王族。在天下为家的西周，如果一个人不姓姬，根本不可能爬上权力的顶峰。第二点，他是王畿内各大世家利益的在政治上的代表，实际工作中的协调者。他存在的前提是，让各大世家获益。

西周历史，从此进入共和行政时代，前后历时十四年。

---

① 《史记》认为共和行政是周公和召公两人共同执政，《吕氏春秋》《庄子》《鲁连子》《竹书纪年》认为是共伯和执政。

第四节　软禁在猪城

晋侯苏收留逃亡的周厉王

周厉王逃亡东北，来到晋国都城曲沃。晋侯苏亲自出城迎接，让出自己的宫室，贡献最好饮食服物。周厉王拉着他的手，涕零说："疾风知劲草，板荡见忠臣。今日方知卿之忠诚！"他把希望寄托在晋侯苏身上，希望他能挺身而出，联络诸侯，出兵护送自己重回镐京，夺回王权。

晋侯苏虽然忠诚，但对自己的实力也有掂估。当时之晋国，只是一普通诸侯国，没有霸主的实力，号召诸侯的权威，是不具备的。而且畿内世家实力不容小觑，即使纠合上两三家诸侯，也没有必胜的把握。周厉王逃亡在外，除了天子的名分，什么都没有。衡权轻重，晋侯苏觉得，为今之计，还是以静观形势为佳，犯不着急匆匆压上全副身家去冒险。于是他安抚周厉王，暂时安居曲沃内。自己正在联络诸侯，到镐京讨还公道。如果谈判桌上讲不成，再诉诸武力不迟。

未几，反对派的使者到达曲沃，慰问周厉王。他的财产、仆从和嫔妃等，也随后送至。晋侯苏觑这苗头，他们是不欢迎周厉王返京了。虽然如此，他也与卫侯、齐侯、鲁侯等一同造访了镐京，协商周厉王返京那微乎其微的可能性。反对派口里说尽好听的话，每逢提到返京，就顾左右而言他。晋侯苏虽然支持厉王回京，无奈反对势力太大，他深处其中，自感人微言轻，也不再多言。公卿和诸侯讨论的结果，继续承认周厉王的地位和名分，但其暂时不宜回京；共同推举共伯和主持政务，代厉王行政。

晋侯苏知道，至此周厉王已名存实亡，只剩一个空壳子。他之前说诉诸武力云云，不过是慰抚厉王的话。真要这样做了，后果一定很惨重。在镐京的日子，晋侯苏了解到，不但当朝公卿反对周厉王，普通的百姓也仇恨他。自己可不能为了一个有名无实的暴君，与天下人为敌。

周厉王被软禁在猪城十四年

在晋侯苏心里否定武力支持周厉王的同时，另一个问题也产生。他不返京，那住哪里？总不能老呆在曲沃吧？天无二日，民无二主，周厉王留在曲沃，自己算什么？晋国臣民认谁？于是，晋侯在朝廷上提出，重新解决厉王居住的问题。

公卿们一想也是，让厉王居住曲沃，霸占晋侯都城，在理上说不过去。况且晋国驻有重兵，厉王毕竟是天子，以他的个性，在那待久了，难保不会发生强夺兵权等什么变化。为防不测，得给他找一处安静的住地，圈养起来。除了吃喝，杜绝插手其他事。他们铺开王朝地图，仔细查找，看哪个地方适合安置厉王。

突然，一个官员指着一个图点说："就这里最合适了！"大家聚上来一看，都哈哈大笑起来，欢乐的气氛充满朝堂。"彘！"一个人说："你是把王当成猪啊？"大家虽然笑着，无不觉得这个地方最适合安置厉王。

彘（今山西省临汾市霍州市西北），地处晋国北端，毗邻霍国，在彘水之旁。相传远古时代，古霍大地，土壤肥沃，水草资源丰富，适宜野猪生长。猪群经常成群结队出没彘水两岸，被居民捕获。慢慢地，居民学会畜养黑猪。本地以黑猪为特产，闻名于外。据说，尧帝曾来霍山避暑，品尝过野猪的美味，赞不绝口，赐此地名为"彘"，河流名为"彘水"。把周厉王安置在彘，不但远离了政治中心和军事中心，根除潜在的隐患，而且在重视谥号和名讳的西周，"彘"的含义，隐含着贬损与侮辱，满足了公卿大臣对厉王怨恨不满的心理。

晋侯苏回到曲沃，在彘地为周厉王营建宫室，让其迁移于彼。表面上，又不得不说一些安慰的话，告诉他目前局势还很复杂，不宜回京；待形势明朗，一定用武力护送他回京。周厉王看出他敷衍，自然不愿搬迁。无奈寄居他乡，不免受制于人。晋侯苏断粮断水两天，他便挺不住了。只好带着数十个老弱随从，蹒跚北上。

周厉王开始不知被安置何处，来到彘地，听说了名称，怒气勃发，大呼："晋侯辱我！晋侯辱我！"他挺立宫室之外，誓不入内，以示抗议。无论随从和晋军护卫怎么劝，都不屈从。赖得隔壁的霍侯赶来，好说歹说一个时辰，抚慰他受伤的心灵，才肯入内。周厉王一边拉着霍侯的手，一边老泪纵横地说："群臣欺我！晋侯辱我！"

周厉王入住了彘，进入王朝公卿和晋侯设计的彀中，从此失去绝对自由，过上长达十四年的软禁生活，一直到死去。开始之时，周厉王尚对公卿和晋侯的背叛，感到暴怒。慢慢地，他察觉到自己的苍老，头发斑白，手脚乏力，容易嗜睡。当年轻力壮之时，尚且斗不赢这班公卿，何况现在垂垂老矣？明白自己无法改变局势，内心也就安定了许多。

周厉王接受了在彘的生活，静静享受生命的余年。虽然护兵禁止他远行，但在吃用方面，从不加限制。彘本盛产黑猪，周厉王保证每顿都能吃上美美的猪肉。每次饱餐之后，回味无穷。周厉王心想，彘之大名，果不虚传。由此看来，被他们流放于此，也不算坏事。偶尔见到霍侯，想起他那位反叛的祖先，逃过大难，被周公流放于此，与自己同病相怜，不免内心怆然。

共和行政十四年，即公元前828年，周厉王死于流放之地彘。这位暴虐、昏聩而又曾壮志凌云的帝王，在王朝的边荒之地，走完他悲凉的余生。

有人会疑惑，长达十四年的时间，没有帝王主政，一个王朝能维持正常运转吗？如果验之历史，就会发现这样的事情并非独例，不足为奇。公元前517年，三桓把持鲁国政权，鲁昭公攻击季氏不成，反被其与叔孙氏、孟孙氏联手攻击，被迫流亡国外。鲁昭公流亡的八年时间，或寄居在齐国，或寄居在晋国，鲁国国内长期无君主。鲁昭公死后，三桓才立鲁昭公之弟鲁定公为新君。

两相比较，发现太阳底下真无新事。春秋鲁国，不过是一个微缩版的周王朝。鲁昭公受世卿之迫，出奔国外，也如周厉王一般。鲁国待昭公死后立定公，也如西周待厉王死后立宣王一般。

第十二章

宣王中兴

第一节　劫后余生

召公以儿子代王子死

政变之日，王子姬静乔装改扮，与召公姬虎同出王宫，逃过一劫。之后他一直密藏在姬虎府内，等待风波过去。不知哪里走漏了消息，镐京百姓传闻厉王的儿子藏在召公府。众人虽没能杀死厉王，但把他驱逐到晋北，已是结下深仇大恨。听说他的儿子还在京城，如果以后继承王位，会不会为父报仇，追究他们的责任呢？众人觉得心里不踏实，务必斩草除根，才能杜绝后患。

于是，镐京城民又聚集起来，重重围住召公府邸，让他交出王子姬静。姬静给吓呆了，望着姬虎，不知如何是好。而姬虎内心，正做着激烈的斗争：就此把王子交出去，枉费了之前的用心和努力；而且王把王子交予自己，是对自己的信任，作为臣子，辜负王的重托，就是背忠弃义！若如此为人，今后如何自处？

府外的喧哗声越来越大，民众的情绪按捺不住，显得更加焦躁了。姬虎的脑海浮现出厉王的脸庞，想他流亡在外，情景必是凄凉。唉！若是听我一次劝，怎会落得今日下场？忆起从前事，姬虎又想：如果把王子交出去，王必定认为因不用我之言，我心胸狭隘，怀有怨恨，报复在王子身上。侍奉君王，怎能心存怨恨呢？更何况，王朝的未来，可能寄托在年轻的姬静身上。于是他决定，绝对不能把王子交给众人。

但不交出姬静，外头的人不会罢休，该以何计应对？姬虎眼睛转来转去，目光落在自己儿子身上。他与姬静年纪相若，身材相仿，做同一装扮，不是熟悉的人，轻易辨别不出来。一个邪恶的念头，浮上他的脑海，姬虎不禁打了个寒战。要保住姬静，必须做出切骨之痛的牺牲，他能承受吗？沉思良久，他叫来儿子，把让他假扮姬静的计划告诉他。姬虎提醒儿子，无论如何都不能暴露真实身份，他会想办法营救他。少年人茫然看着父亲，点头同意了。

姬虎给儿子换上王子的装束，把他带到府门，亲手交给暴乱的民众。本来民众痛恨的是周厉王，与他的儿子倒干系不大。如果厉王被杀，他们没有必要赶尽杀绝。但厉王不死，形势就微妙许多。中下层贵族是此次暴动的主力，他们的所作所为，是有目共睹的。而幕后操纵的大世家，想要坐实罪证就不是容易的事。厉王不死，就存在与大世家妥协的可能。如果妥协成功，部分中下层贵族将成为献祭品。要杜绝这种可能，就要加剧厉王和大世家间的仇恨，让他们彻底决绝。

于是，中下层贵族强烈主张杀死王子姬静，强迫大世家走上不归路。这样的意见最终得到执行，姬虎的儿子成为刀下之鬼。这个倔强的年轻人一直到最后，都没有暴露自己的真实身份，但他也没有等来父亲亲口许诺的营救。

替代者死后，姬虎府邸的危机解除。姬虎把姬静转移到自己属地的庄园，让他在远离政治旋涡的地方安静成长。姬静以姬虎儿子的身份，生活在他的封邑内。为了他健康成长，避免厉王的先例，姬虎聘请了最好的老师，对他进行教导。在文化礼仪和军事训练学习外，他还让姬静参与农业劳动、商业交易等活动，让年轻的王子知晓更多民生疾苦。虽然未来难以预料，但姬虎仍然坚持按照明日天子的标准来培养姬静。

纸终究是包不住火的。有一日，某位朝中老臣在看到姬静后，惊诧地说："好像王子姬静。"于是，关于召公家儿子很像王子姬静的传闻，慢慢传开了。有人甚至推测出背后真相，当日被民众处死的不是真正的王子姬静，而是召公的儿子。然而，当时的政治局势，已经稳定很多。姬静有没有死，甚至厉王有没有死，都不是重要的问题了。人们忧心的是，共和行政后，并没有带来平定和幸福的生活，相反，剥削、压榨和倾轧却在同步加剧。

共和失序，姬静继承王位

共和行政之"共和"，也只是在厉王失政初期。度过两三年蜜月时光，各世家联盟关系逐渐解体，所有问题都诉诸利益。大家的地位和权力差不多，谁也不服谁。你争来我夺去的，形势更复杂，人心更焦虑。共伯和虽为行政代表，但既无天子的权力，也无天子的名义，服不了众心。更多时候，他只能充当一个平庸的和事佬。有时候人们甚至期盼，这时候有个王多好。

井氏、益氏等大世家在共和政变中发挥重要作用，得益也不小，但也因此成为其他世族联合打击的对象。有证据表明，宣王继位初期，得到召氏、毛氏、荣氏、虢氏、南宫氏、弭氏等重要世家的支持。他们每家的力量都不强，但联合起来却非同小可。井、益两族的实力在共和末期，已经被大幅削弱，无法再决定王朝走向。种种迹象显示，王朝呼唤新的统治者。但流亡在彘的厉王还活着，其名义不可剥夺。所以共和这个尴尬的局面，不得不维续下去。

王子姬静还活着，且身处召公之家的事实，大家心知肚明，却彼此并不说破。共和失序，厉王老暮，他成为所有人寄望的未来。在那个时代的人看来，共和只是暂时之策，一个国家，没有君王是不行的。厉王死后，自然要立新王，而拥有好学、博爱和仁德之名，且血统纯正的姬静，就是不二人选。

共和十四年，周厉王去世的消息传到镐京。姬虎向众公卿宣布王子姬静尚还活着，且应继承王位时，众人一点不觉得稀奇。劫后余生的姬静，在召氏、毛氏、荣氏、虢氏、南宫氏、弭氏等权贵支持下，登上王者宝座，是为周宣王。此时西周王朝，已迈过二百多岁的门槛，一直往下沉坠。年轻的帝王，是让这艘老迈的帆船重新起航，还是继续腐朽下去，直至死亡？

第二节　短命的中兴

宣王即位背后的新兴贵族

周宣王得以大难不死，承继回王位，召公姬虎恩同再造。周宣王也没有忘记报答大恩，一直把召公当成最亲密的依靠，宠信有加。终宣王之世，召公都是显贵的。

即位元年，宣王对弭询说，"从前您效忠于国家，拥立我这个年轻无知的人"，"现在我重申对您的要求，命令您贡献给我治理大小邦国的谋策"，"保持您恭敬和忠诚的心灵，统率您的下属保卫我的安全，不要让您侍奉的王陷入困难的境地"。① 询属于弭氏家族，世袭军职。弭氏在文王武王时代薄有军功，后来沉寂于历史。因拥立宣王有功，又得昙花一现。揣摩宣王的语气，极尽客气。因宣王已一无所有，要重登高位，不得不放低姿势，有求于人。

虢氏家族的虢仲在厉王之时，就受重用，曾统兵征伐淮夷。② 宣王之时，虢公又受命征伐犬戎。虢氏家族历经两代宠任不变，可见其也是拥护宣王复位的力量。

然而，在宣王早期诸臣中，最引人瞩目的当为毛公歆。毛公歆是周文王庶子后代，与王室源出一脉。他们之间有太多关于祖先的共同记忆，也有太多现世的休戚相关。周宣王即位之初，王朝陷入极大的困

---

① 见青铜器师询簋铭文。
② 见青铜器虢仲盨铭文。

境，他不得不团结兄弟家族，一起保卫共同的利益。

所以，周宣王这样说："父歆啊！光辉伟大的文王和武王，布施至高无上的德政。皇天考察了他们的德行，认为周国可以配享天命，便把它赐给了先王。先王衷心接受了神圣的天命，循抚怀柔天下万国。作为这个国家的年轻继承人，我应该对天命保持敬畏，对天威保持恐惧。否则，如何能确保国家长治久安？现在我们统管的广袤国土，战乱频发，扰攘不宁。呀，我真害怕永远陷在危亡的泥淖里，不能巩固先王传承下来的伟业！"（见图12-1）

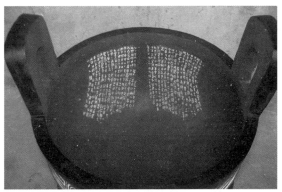

图12-1　毛公鼎，清道光二十三年（1843年）出土于陕西岐山，现藏于台北"故宫博物院"。鼎内铭文长度接近500字，在目前所见青铜器铭文中为最长，记载了周宣王在即位初年对毛公发布的诰令。

西周之际的二重权力，体现在国家层面上的军政权，以及家族层面的宗法权。非常之时，周宣王不得不以退为进，把"我邦"和"我族"的权力，毫无保留交托予毛公。他说："父歆啊！我恭正地遵守先王的遗命，令你治理我们国家和我们家族的里里外外，操心大大小小的政事，牢固我统治的根基。勤恳协调上下关系，严格考察四方官吏，一切以便利我这个新王施政为原则。发挥您的才智吧，我并非平庸昏聩，你也不要享受安逸，而要夙兴夜寐，不惮劳苦。这样才能惠助于我，为治理大大小小的邦务出谋划策。不要闭口不言，不告诉我先王的美德，以便我所思所行能符合天意，继续保持天命，使四方康定，不让先王在天之灵担忧！"

周宣王对国家具体行政运转，也进行了明确。所有大事小事，都要经毛公把关。非毛公允可的政令，皆为无效。这样的毛公，是周王以下的第一人。他说："父歆啊！我治下的众官，出入从事，对外发令，制定各种徭役赋税的政策，没有听到他们忠直的劝谏，全是称颂我英明的谀词。这样的趋势，是可以造成亡国的！我不得不有所警惕，以及加强对你的依靠。我已再次向他们强调：从今以后，出入发令的官员，没有事先向你汇报，也不是你叫他们颁布的，就不能对外胡乱发布政令！"

周宣王说："父歆啊！现在我重申先王的教诲，命令你做一方的政治楷模，光大我们的国家和家族。你要管理教导好臣卿僚属，让他们不要荒怠政事，不要壅塞庶民，不要中饱私囊，不要欺负鳏公寡妇。善于树立好的榜样，让他们不要酗酒误事。你千万不能忘记自身的职责，务必朝夕警惕，恭敬牢记先王畏惧天命的遗训。你不能不以先王所树立的典型为表率，你不要让你的君王陷入困难境地！"

接下来，周宣王对卿事寮和太史寮的官员说，对待毛公要"于父即君"，不可怠慢。周宣王还提到了毛公的族人势力和自己的人身安全。他说："父歆啊！我已对这些卿事僚、太史僚说过，侍奉你就像侍奉君王我一样，叫他们归你管理。我还命令你摄理公族和三有司、小子、师氏、虎臣，以及我的一切官吏。你要妥善管理这些官僚，让他们和你的族属一起保卫我的安全，巩固我的统治。赐你（多物）……以便你用来岁祭和征伐。"

厉王失政多年，宣王被召公匿养。复位之时，王族远离权力中心已经很久，宣王并没有多少资源可资使用。唯一的优势，在于他拥有纯正的血统。赖得召公、毛公等一片忠诚，他才得以坐回父亲失去已久的宝座。

反对派虽然下台，势力依然强大。师询簋和毛公鼎两次提到"王身"，即宣王的人身安全，说明两派的冲突频繁发生，局势并不安定。鉴于这样的形势，周宣王不得不全盘倒向势力强大的毛公，寻求他的保护。宣王对毛公的"信任"，可谓毫无保留，不但让所有官僚归他管，所有政令归他发，还申命臣属对待他，要像对待自己一样敬畏。周宣王的屁股是坐回了王座，但他的手距离掌握王权还很远。

宣王如此"放权"给毛公，自然强化了他的地位和权威。如果毛公抱着之前世家的想法，趁机扩张自己的势力，那么宣王不免又被架空。但现实的历史，并没有往这一方向发展。可能毛公汲取了之前井、益、荣三大家族的教训，贪图权势，结果落得家败身亡。所以他低调谦让，不敢太过张扬。也有可能扶持宣王上位的其他家族，实力并不弱，没让他专权成功。无论如何，这位在宣王即位初年万众瞩目的毛公，并没有成为后来周王朝的权力中心人物。

饱经忧患的年轻人姬静，成为历史的新主角，他将担负起古老王朝重新兴旺的使命。

宣王的惠政和强化王权

久在民间的周宣王，深知政治的兴衰与君王本身有莫大关系。有鉴于父亲懈政、怠政的苦果，他矫而正之，用心树立起一位勤政爱民的君王形象。

他每天早早起床，迫不及待处理政务。当"夜未央"时，王宫中便燃起明亮的柴火，寂静中偶尔传来窃窃之声，宫城内影影憧憧，近侍们在准备一天早朝的事宜。当"夜未艾"时，庭中燃烧的明亮火焰晃荡，好像听到了大臣们车马到来的铃铛声。当"夜乡晨"时，枯坐守候许久的周宣王追问："大臣们快到了吗？"近侍回答："王啊，已经看到大臣们车马的旌旗了。"①

非常的生活经历，让周宣王有一番不同的感悟。他与其他"生于深宫之中，长于妇人之手"的王储不一样，他比他们更懂得农夫的劳苦、商贾的勤奋和百工的艰辛。他可能做不到像他们一样奔波不懈、劳苦不倦，但不能不以此自勉，怀抱天下，尽力夙兴夜寐、朝夕理政。

周宣王谨慎而勤奋的动力，还来自于众多支持者的殷切期望。特别是召公姬虎，不但为了他牺牲亲生儿子，十几年来对自己视如己出，为了他的成长和教育耗费巨大苦心。如果自己的作为不在他意想的范围内，可知召公会有多失望。因此，为了拥戴自己的群臣，为了苦难良多的百姓和国家，同时也为了成就自我，周宣王在执政初期，塑造出了一种与父亲厉王截然相反的形象。

周厉王时代掠夺性酷政和压榨性峻法，被全部废除。为了改善民意和恢复国力，周宣王宣布了新的政策，解除从前加在百姓身上的箍锁，赐予他们自由的权利，激发他们劳作的愿力。周宣王向四方派出使者，救济安抚那些无家可归的难民，安置他们的居留或去处。《诗经·鸿雁》被认为是一篇以使臣的口吻，歌颂周宣王实施惠政的诗歌。"之子于征，劬劳于野"，是四方走访，救济流民。"之子于垣，百堵皆作"，是督促

---

① 见《诗经·庭燎》。

领导，营建新宅。政府救扶百姓的次序，是先救其命，再建其居，后兴其业。周宣王知道，只有百姓安居兴业，国家才能安定兴旺。

即位的第二年，国家发生重大干旱灾情，几乎"周余黎民，靡有孑遗"。[①]周宣王登上祭坛，为万民祈雨。他以哀苦的口吻祈祷道："我们无辜的百姓有何罪过！为什么上天要降下罪罚，让饥荒灾祸日复一日？所有的神灵都祭遍，所有的牲品都贡献，所有的圭璧都用完，为何祈祷没应验？"为了拯救黎民百姓，他呼唤先祖后稷，哀恳昊天上帝，告求父母祖宗，劝诫臣工百僚，情深款款，哀感动人。灾害固然是对国家的伤害，但也是收揽民心的机会。周宣王明白，这个时候坚定地与百姓站在一起，才能得到他们由衷的拥戴。

基于周宣王以民为本的执政原则，加上个人的勤奋努力，以及贤明众臣的辅佐，王朝显露出复苏的迹象。

周宣王和父亲一样，一直在强化王权的领导。在这方面，他比父亲更加幸运，他所推行的措施没有遭遇重大阻力。宣王时代对官员进行册命的主要地点，已经从世家的官室宗庙，转移到王室宗庙。从前厉王为了摆脱世家的牵制，特意选择在出行的离宫举行册命仪式。周宣王连这一步骤也省略，说明他完全掌握了官员的任用权。

相比较之前井、益、荣三族垄断册命仪式的"右者"角色，宣王时代的"右者"分布更加平均，差不多是各大世家轮流担任。即使是最显赫的毛公，也只在册命铭文中出现一次。此时，任命权已完全掌握在宣王之手，他剥除附加在"右者"名下的身份含义。这个角色不再代表被册命官员的直属上级，只具有仪式上的象征意义。世家权贵们再竞逐这

---

① 见《诗经·云汉》。

样的角色，毫无意义。

在淡化世家作用的同时，周宣王也在培植忠于自己的亲信势力。宣王把亲弟姬友，封在关中的郑地，号称郑桓公。宣幽之世，姬友的影响力一直很强大，还担任过司徒一职。后来郑桓公迁徙到河南新郑，成为了春秋时代的郑国，是周室东迁的重要依靠。而宣王的另一位庶弟皇父，被封在函地。皇父担任过太师，在王朝的地位曾显赫一时。

对于身边的近臣，宣王也授予更大权力。膳夫一职，本是王宫之内负责日常饮食和物资采购的官员，周宣王却经常派遣他们出宫传达命令。如曾派膳夫克到泾河流域巡察吏治，又到洛邑监察军队。[①] 就是这位膳夫克，还担任过册命仪式的右者。虽然近臣历来是不算光彩的职务，但宣王却寄予更大的信任，努力把他们推到政治的前台。大约是汲取了父亲的惨重教训，只有贴身在旁的近臣和具有密切血缘关系的兄弟，周宣王才认为值得依靠。只有他们强有力的支持，他才能掌握实权，成为名副其实的王。

卓著的武功：
宣王中兴的巅峰

经过十余年的与民休息、韬光养晦，国家的实力慢慢恢复。周宣王表现出勤奋、开明、务实、爱民的作风，使王者的形象得以重建。在文治取得斐然成绩之后，周宣王开始了在武功方面的扩展。

使用武力，进行征战，不代表穷兵黩武。它的基本目的，是为了保卫疆土；更高一层的目标，则是恢复王朝巅峰时的荣耀，迫使四方诸侯

---

① 见青铜器克钟和小克鼎铭文。

重来朝拜。其实，周宣王一直在做父亲所做的事情，只不过因人因势不同，结果不同而已。

南征江汉，是宣王执政后第一次使用武力，他把重任交给最信任的召公姬虎。[①] 宣王对姬虎说："长久以来，淮夷一直骚扰南方的边境。现在我们要动用武力，重新确立四方的边界。您率领大军南征，不要因为行军而伤害百姓，一切行动要考虑到王国的利益。您要威慑南国，重新确定各国土地疆界，一直到南海之滨。"

宣王还责成他南征中巡视各地，宣达王令："当初文王和武王接受天命，你的祖先召康公是辅佐他们的骨干。现在，同样的重任落到我们身上。您不要说我是个年轻人，召康公的事业要由您来继承。只要您矢志为国、勠力为公，上天就会赐您无边福禄。"

宣王命令师寰统领齐师、冀、莱、僰等诸侯军队，以及属下的虎臣，协同姬虎征伐淮夷冉、铃、翼、达等部落。[②] 此次南征江汉，获得巨大成功，姬虎最终"经营四方，告成于王"。周宣王在镐京褒赏了姬虎，赐给他祭祀用器和良田美土。

姬虎拜谢道："感谢天子的奖赏！您既勤勉又清明，就像高高在上的日月，美好的声誉已传遍四方。您擘画的文明政教，惠泽天下百姓。希望天子寿享万年，周国千秋安定！"拜谢记录诗歌中溢渗出积极、昂扬、喜悦的色调，体现了国家强盛、政治清明背后人们愉悦振奋的心境。

讨伐徐国叛乱，是宣王第二次动武。宣王在太祖庙中任命南仲、皇

① 见《诗经·江汉》。
② 见青铜器师寰簋铭文。

父为主帅，率领六师去讨伐徐国，① 又通过主帅，下令给指挥官程伯，让他整顿装备，列好阵型，准备出发。大军压境后，徐国上下震惊，出现骚乱。周军发动总攻，如猛虎下山，很快击溃了敌人，俘虏无数降兵。徐国君主束手投降，前往镐京朝拜谢罪，并向宣王承诺，再也不敢反叛。周宣王威服诸侯，让他们束手来降，唤起人们内心深处久违的中央王朝记忆。

第三次战争，是南征荆蛮，统帅为方叔。② 周宣王在征伐犬戎获胜后，忆及荆蛮与王朝结仇，趁着余威，调头南征。方叔统率的大军号称"其车三千"，数量之庞大，为周朝之最。要知道到了春秋时代，齐桓公称霸诸侯，最强之时，总兵力只有八百乘战车；晋楚城濮之战，晋国倾国之力，也只动员了七百乘战车。周宣王作为天子，权力比诸侯国大，资源比诸侯国多，是自然之事。方叔南征荆蛮，当为宣王中兴最鼎盛时期。

在西北方，周王朝与犬戎的战争，一直断断续续进行着，规模或大或小。大多数时候，周王朝处于被动防守状态。厉王末年，西戎叛周，攻灭犬丘大骆之族。其灭亡后，宗周面临严峻的危险形势。周宣王继位后，想到当初因养马之功，被周孝王封在秦的嬴非子。于是找到他的后人秦仲，任命为大夫，命令他讨伐西戎。

早期的秦人在周王朝贵族序列里，位居下等。好不容易得到一回恩宠，自然感恩戴德，豁出性命去报答王恩。秦仲在西陲，为周屏障，与西戎艰苦鏖战二十余年，不幸被杀。秦仲牺牲了自我，为周王朝赢得宝贵的复兴时间。周宣王感念其功志，分拨给他儿子秦庄公七千兵力，让

---

① 见《诗经·常武》。
② 见《诗经·采芑》。

他讨伐西戎报仇。秦庄公不负所托，与西戎的战争有所斩获，夺回犬丘之地。周宣王于是把原秦属地和犬丘都赐给了他，任命为西陲大夫。

宣王时代与犬戎的战争，见于青铜器虢季子白盘铭文（见图12-2）、不其簋铭文和兮甲盘铭文。虢季子白盘记载周宣王十二年，虢氏子白西伐犬戎，至洛之阳，斩首五百人，俘虏五十人。后于周庙献战果，宣王亲赐予宝马、彤弓和斧钺，勉励他继续征战蛮方。不其簋记载犬戎侵伐西方边境，宣王命伯氏反击。伯氏命不其追击犬戎，战于高陶，多有斩获。犬戎大合兵，反追不其。不其与犬戎周旋，成功撤退并又有斩获。伯氏代表宣王，赏赐不其弓矢、家臣和田土。

图12-2　虢季子白盘，晚清时期出土于宝鸡，现收藏于中国国家博物馆，是镇馆之宝。盘内底部有铭文111字，讲述虢国的子白奉命出战，荣立战功，周王为其设宴庆功，并赐弓马之物。

兮甲盘（见图12-3）记载与犬戎的战争，发生在宣王五年三月，地点在今陕西渭南白水。兮甲又称兮伯吉父，就是尹吉甫。尹吉甫征战犬戎有功，被赏予四匹宝马和一辆车外。宣王又命其到成周经理政治，监督淮夷。犬戎不知悔改，又"侵镐及方，至于泾阳"，压迫到泾水以北区域。周朝大军在尹吉甫再次率领下，浩浩荡荡从京师出发，北伐犬戎。周军此次没有适可而止，不满足把敌人驱离境内，而是乘胜追击，

图12-3 兮甲盘，宋代出土。铭文133字，记载了兮甲（即尹吉甫）随从周宣王征伐犬戎，对南淮夷征收赋贡之事。

"薄伐玁狁（犬戎），至于大原"。[1] 尹吉甫的大军，追击犬戎一直到达今日甘肃平凉、宁夏固原一带。

此次反攻，虽然收到一定的战果，但并未给对手带来致命的打击。但对于长期受犬戎侵凌压迫的周王朝，却是极大的信心提振。整个国家政治和军事形势皆向好的方向发展，人们有理由展望更美好的未来。

犬戎被驱逐出境，周王朝决定在北方建设军事据点，防止犬戎对关中平原的直接威胁。[2] 此次筑城防御的统帅是南仲，与平定徐国之叛是同一人。南仲是开国功臣南宫忽的后代，诗中不止一次言"赫赫南仲"，其主持东征北伐，勋劳卓著，是周宣王在军事上的重要依靠。

宣王在召公虎、毛公歆、尹吉甫、仲山甫、南仲、方叔等贤臣良将辅佐下，师法文武成康遗风，内修政事，外攘夷狄，皆有大成就，国家

---

[1] 见《诗经·六月》。

[2] 见《诗经·出车》

一时重现盛世景象。四方诸侯，先后又来朝拜。

鲁武公于宣王十二年来朝，是最先朝拜者。而后韩侯前来朝拜，受到周王厚赏。《诗经·车攻》记载了周宣王在东都洛邑朝会诸侯，共同田猎之事。周公营建洛邑，在这里朝会诸侯，是王朝古制。但自王室衰落之后，这样的礼制废弃已久。共、懿、孝、夷、厉五王时代，皆无此事。到宣王中兴，方能复行古礼。

周朝国力强盛，使宣王对四方事务有了更大的决策权。宣王给舅舅申伯增加了河南的封地，并派召公姬虎为其修筑宫室和宗庙，还帮助他迁徙到那里。① 申伯原来在关中西部，贸然将其迁至河南，必然会挤压当地诸侯的生存空间。宣王敢做出这样的决定，必有强大的实力做后盾。宣王还派遣仲山甫到东方齐国筑城。② 能把手伸到那么遥远的地方，说明当时宣王威望很高，诸侯对他极是敬服。

宣王的中兴成效，在《诗经》中多有体现，唐代柳宗元曾做总结："伏见周宣王时称中兴，其道彰大，于后罕及，然征于《诗》大、小《雅》，其选徒出狩，则《车攻》《吉日》；命官分土，则《嵩高》《韩奕》《烝民》；南征北伐，则《六月》《采芑》；平淮夷，则《江汉》《常武》。铿鍧炳耀，荡人耳目。故宣王之形容与其辅佐，由今望之，若神人然。"③

---

① 见《诗经·嵩高》。
② 见《诗经·烝民》。
③ 见《柳河东集·献平淮夷雅表》。

第三节　强立鲁侯

诗云："靡不有初，鲜克有终。"古代许多圣明君王，聪明一世，临老了常变昏聩，犯下糊涂大错。周宣王英明几十年，到了执政末年，却师心自用，唯我独尊，连犯致命错误，导致国家形势急转直下，周朝由盛复衰。

相比其他有始无终的君王，周宣王犯下的错误更显致命。因为其他人无论怎么摆烂地折腾，殁身之后，国家还能维持几十上百年。而周宣王死后才十一年，西周便告灭亡。以结果为导向反过来评价周宣王，他领导下的所谓"中兴之治"，实在太过短暂。西周的子民，还没好好品尝国家强盛的幸福和骄傲滋味，转眼之间，就陷入山河破碎、国家灭亡的无边黑暗之中。可以说，宣王的中兴，是短命的中兴，甚至是名不副实的中兴。

文献记载宣王失德的事情不少，但很难认定哪一件是王朝由盛转衰的起点。其中前因后果较为清楚，可估量其影响和损失的，首推强立鲁侯一事。

鲁武公在宣王十二年，来京城朝拜。此次朝拜年代较早，体现了鲁武公对王朝之忠诚。然而因其忠诚，对周宣王言听计从，也给鲁国埋下一大祸患。此次朝拜，鲁武公带了两个儿子同来，长子姬括，少子姬戏。宣王款待鲁武公，不免宴请田猎一番，两个儿子一同出席，加深了宣王对他们的了解。两相比较,周宣王更喜爱小儿子姬戏,原因或者是姬戏伶俐讨巧,或者是他美颜可爱。对不同事物,有偏好取舍,实属正常。然而要把个人的喜好,强加在君统传承上,难免引发变故。

周宣王就对鲁武公说:"你那两个儿子,看起来小儿子更成器,你还是把他立为太子吧。"鬼才知道是姬戏更成器,还是他私心更宠爱他。但周朝有硬性规定,自王以下至各级公卿,皆为嫡长子继承制。姬括贵为长子,天生就具有侯位的继承权。如今无端废去,礼法上讲不通,人心也不会服。鲁武公嗫嗫嚅嚅,一时答不出来。

旁边的仲山甫察觉宣王建议导向不对,插嘴说:"我王,历来以少事长,以下奉上,是我朝礼法大经。天子统率天下,应为诸侯榜样。现在强命鲁国舍长立少,是教导诸侯行逆礼。如果鲁侯遵从,诸侯效仿,今后礼法将失去权威。诸侯不遵礼法,如果王去讨伐他们,就是自讨王命。讨伐不对,不讨伐也不对,将陷于两难之地。王还请慎重考虑。"

仲山甫讲的是大道理,宣王焉能不知。但他对姬戏的宠爱之情,已经很深。坚持要把他的恩惠,落实到实处。周宣王强行下达了立姬戏为太子的命令,鲁武公为人懦弱,不敢反抗。又考虑到重要诸侯即位,都需经过周王册封。如果违反宣王意愿,让姬括继位,得不到宣王册封,则名不正言不顺,会让国家陷入很大的困境。回到鲁国,鲁武公废黜长子姬括,立姬戏为太子。同年鲁武公去世,姬戏继承君位,是为鲁懿公。

姬括君位被夺,自然愤愤不平。但他毕竟亲见过周宣王,知道这是他亲自下的命令,内心有所忌惮。他的儿子伯御就不一样,年轻气盛,又觉得天高皇帝远,宣王奈何不了他,一心谋划着,如何夺回君位。终于在宣王二十一年,即鲁懿公即位后九年,伯御勾结同党,杀死鲁懿公姬戏，自立为君。

伯御杀死了周宣王亲自指定的继承人，自然让他大感恼火。史书提到伯御，只言鲁君伯御，没有庙号，也没有谥号。大概他从没有得到周宣王的册封，名位一直不正。虽然如此，但周宣王没有立即对这位窃国大盗进行惩罚，反而让他实打实在鲁国君位坐满十一年。他是静观其变，看伯御有没有改过迁善的可能，行事符不符合自己心意？或者王朝的主力大军被犬戎和南夷限制住，调动不来诛讨伯御？答案无从得知。

在鲁懿公被弑杀后十一年，即周宣王三十二年，他的怒火突然爆发出来，出动王师征讨鲁国。把鲁君伯御赶下台，并杀死他。两件事情相隔如此漫长时间，以致人们几乎忘了他们之间的因果关系。相反给人留下的深刻印象是，周宣王太过喜怒无常。

杀了伯御后，宣王问谁人继承君位可以训导民众。仲山甫了解他的心意，回答："鲁懿公之弟姬称敬重神灵，敬爱老人。治理政事，施用刑罚，无不先咨询先王遗训，审察过去的典故。所以他的行为，总是合乎礼法，顺乎民心。"宣王说："这样的处世为人，就可以训导民众、表彰诸侯了。"于是，在祖父周夷王的宗庙册封姬称为鲁国君主，是为鲁孝公。

周宣王强立鲁懿公，很容易让人将之与夷王烹杀齐侯一事相提并论。周夷王烹杀了齐哀公，立了齐胡公。齐人不服，杀了齐胡公，重立齐献公。周夷王恼恨齐人，也曾出兵讨伐齐国，但改变不了齐献公是齐国君主的事实。周宣王强在，他至少杀了窃位的伯御，再立鲁孝公。

强立鲁侯造成的负面影响

然而此事造成的负面影响，却是极大。要知道倡导以礼治国的周代，姬括才是符合礼法的继承人。周宣王

　　　　　　　　　　　　西周三百年

强立鲁懿公，本身是错误的行为。鲁国的弑君之乱，某种程度是周宣王造成的。之后又使用武力，杀死主政十一年之久的伯御，更失人心。周宣王的作为，给人传达的意思是：我是王，所有事情要听我的；我拳头硬，谁不服我，就得死。

没错，无论在哪个时代，谁的拳头硬，谁就永远是老大。但是周宣王能保证，他的拳头永远是硬的吗？不能！没过多久，他自诩坚硬的拳头，就被人砸了个粉碎。诸侯看到周宣王的拳头不再坚硬了，开始离叛王室，不再把他当一回事。

除了在大政上的失误，对自身的要求，宣王也逐渐放松，不再如从前般勤于政务。某夜，王后侍寝宣王，闺门房事香艳，宣王眷恋不已，次日迟迟未肯离去。王后是个贤淑的女人，当即卸去妆容，脱掉佩饰，待罪永巷。使傅母传言宣王："臣妾生启淫心，使君王失礼而忘了早朝，受好色忘德之恶名。如王好色，必穷奢极欲，祸乱就会产生。现今祸乱根源就产生在臣妾身上，请治臣妾之罪。"宣王赧然道："寡人不德，过错在己，王后无罪！"[1] 他心不甘情不愿地离开寝房，慢吞吞前往朝堂。

由此可见，周宣王并非一个具有强大定力和自律能力的人。他的人生经历和理性告诉他，勤政爱民是一个君王的义务，自己必须这么做。早年他不惮劳苦，早早起床，等候大臣来上朝。但作为一个普通人，他也有弱点。一件事坚持久了，不免懈惰。王后偶尔劝诫，会刺激到他，但长期以一个女人的提醒，作为君王规范言行的动力，是非常不可靠的。所以宣王后期怠政懈政，不听忠告，也是必然的。

不但王后的忠告不听，大臣们的劝告也不听，只顽固以为自己都

---

[1] 见《古烈女传》。

对。仲山甫在鲁侯一事上，劝谏勿废长立幼，说的虽是迂腐老套的话，却密切关系政治兴废。周宣王一意孤行，最后只能自食恶果。

第四节　千亩大败和南国丧师

> 宣王穷兵黩武，
> 主力军灭亡于千亩

周宣王统治时间长达四十六年，如果说前期是卧薪尝胆、养精蓄锐，中期是威震四方、致成中兴，后期就是屡战屡败，直至输光家产。自宣王三十二年强立鲁侯后，他一生的运气好像被消耗殆尽。不独自身经常做出错误的决策，即使贤妻良臣们贡献好计谋，也被一概否定和拒绝。

自从尝到武力的甜头后，周宣王的观念发生巨大改变。他对前半生的勤奋和务实作为，表示很轻蔑。从前谨小慎微、战战兢兢，左怕得罪大臣，右怕不合民心，上下还被祖宗十八代监视，浑身不自在。可是这些有什么用，最后所有事情，还不是要诉诸武力？只要武力够强，就没有做不到的事，没有不听话的人。其实治平天下，没有那么难。只要建设经营好军队，一切水到渠成。

但周宣王把主要精力投入军事征伐后，却没收到相应的回报，反而频遭打击。在用兵鲁国前一年，即宣王三十一年，他曾聚集精锐军队，出塞攻击太原戎。周王朝后期与犬戎的战争，主要是自卫反击战，即犬戎先来攻击，周军进行防御，等到犬戎败退了，再进行追击。厉王时期的多友之战，即是这类型的战争。尹吉甫追伐犬戎到太原，也是这一类型的被动战争。

然而宣王三十一年的战争，却是一次主动攻击战。周宣王对己方军力估算太过乐观，以为能直捣犬戎老巢，一劳永逸解决王朝后患。不知是周军没有捕抓到犬戎的主力，还是双方接触了，却没有发生激烈战事，这场战争最后以沉闷的结局告终。即便没有吃到败仗，如此大规模的远征，对周军人力和物力也是极大消耗。

伐鲁后四年，即宣王三十六年，周王朝和条戎、奔戎开战，吃到败仗。条戎位处今山西省夏县中条山附近，其联军奔戎与其距离不远。两个少数民族地处晋周之间，力量应该不强。但面对弱小的对手，周军却打了败仗，作为中央王国展现出的实力，不敢让人恭维。周宣王倾力建设军队，却没有取得多少成效。

宣王晚年，不再重视农业生产，也不去耕种籍田。籍田是天子的农田，数量为一千亩。按周礼，每年春天，天子都要到籍田举行耕种典礼，以示重视农业。农业是食物的来源，人赖之于生存的根本。废弃籍田之礼，不符合国家传统。虢文公不厌其烦地劝说周宣王："不重视农业生产，人民就没有食物；祭祀上天，就没有贡品；国家财政，也没有收入，团结和睦的风气，也不能养成。农耕时节，一定要以农业生产为主，不能劳烦农民和农官去干其他事，要遵守'三时务农而一时讲武'的传统。"他暗示周宣王，不要穷兵黩武，本末倒置。

老迈了的周宣王，既平庸昏聩，又骄傲狂妄。他觉得籍田的典礼非但烦琐，而且无聊，根本不值得亲自走一遭。想起从前认真的态度，做作的表情，就觉得可笑。虢文公劝，不听。仲山甫劝，不听。那个贤惠的王后劝，也不听。他没有"三时务农而一时讲武"，而是反其道行之。

周宣王三十八年，王师讨伐申国，获得胜利。此申国，就是向来为王朝西陲屏障的申国。周宣王不知何故，与申国交恶，还动用武力攻击他们。而申国被周朝打击之后，甚是不忿，联合了同党，甚至勾结西戎，前来复仇。

周宣王三十九年，姜氏之戎前进至千亩。千亩是天子的籍田，离镐京不远，姜戎侵略到此地，说明宗周危在旦夕。申国本是周朝屏障，对它来说，关中平原本门户大开，所以能轻易挺进到千亩，引爆大战。

在此危急时刻，周宣王豪气干云，不顾自己已老迈衰朽，决定御驾亲征，与姜戎决战于千亩，逆转局势。迷信武力的周宣王，最后玩火自焚。雄赳赳、气昂昂的周军溃败于强大的姜戎，周军几乎全军覆没。

周宣王狼狈逃跑，仅保得一命。驾驶战车载着周宣王逃命的，正是造父的六世孙奄父。周王室的世代"弼马温"，又一次发挥重要作用，立下大功劳。

周王朝连镐京附近都无法守卫，宣王不得不接受了政治上和军事上的屈辱条约，来善后这个狼狈的结局。申侯的女儿（幽王后）和外孙（未来周平王），成为这场战争的受益者。下一代周王的权力结构和属性，已经被确定。

从年代线上来解读千亩之战，结果让人惊心触目。千亩之战发生在宣王三十九年，即公元前789年。而西周灭亡，在公元前771年，两者相距不到十八年。这说明了，千亩之战是西周末年最重要的一场战争。千亩之战后，周王朝在关中的主力军被摧毁，彻底失去自卫能力。宗周直接暴露在姜戎的军事威胁下，想继续活下去，就得仰人鼻息。

一种强大的危机感，笼罩在西周权贵们心头，他们时时刻刻感到不安。在幽王初年，虢氏、郑氏、赵氏、皇父这些贵族，已经在绸缪迁离关中了。历史记载他们搬迁的动机，大多归之于幽王昏庸。其实这只是表面的原因，被淹没了的事实是，自千亩之战后，所有人都意识到，宗周保不住了，灭亡是迟早的事。晚走不如早走，早走就要早准备。所以我们才能在《国语·郑语》中看到，身为幽王司徒的郑桓公，为了带领家族逃离灾难，向太史伯咨询策略的对话。千亩之战的实际意义与产生的影响，比人们想象的大得多。

丧师于南国，冤杀杜伯

千亩大败没过多久，周宣王再遭重大打击。王朝在南方的主力军队，也战败覆没。南国丧师，败于何地，亡于何国，历史文献没有记载。南国之师在方叔南征时，拥有三千辆战车的规模。虽然诗歌有夸大嫌疑，但作为王朝在南方的主力军，数量应该不小。周王朝要维持对辽阔疆域的统治，在西方和东方分别有驻军，是再正常不过的事情。倒霉的是，这两支重要军队竟然在周宣王统治末年，先后覆灭。一次覆军可以说是意外，两次覆军就有其内在必然性了。

垂暮之年的周宣王频遭重大打击，但他坚决不认输，还想靠烂摊子再翻盘。于是，他来到"大原"，清查人口，补充兵源，增收赋税。[①]按理，清查人口是国家正常行政活动，即使在清查人口外，再招募补充兵源，增加人口赋税，也是非常时候的非常之举，谈不上重大失德。作为国家首脑，周宣王完全有权动员全部国家资源，应对前所未有的危机。

然而，大臣仲山甫极力反对"料民"。他认为，王朝本来设置司民、

---

① 见《国语·周语》。

司商、司徒、司寇等官员，以及牧、工、场、廪等吏，对人口数量及死生、流动情况原本知晓。天子平时还根据籍、蒐、狝、狩等活动，了解人口变化情况，不须再进行专门普查。

仲山甫辅佐了周宣王大半生，国家被搞成这样子，他多少负有责任。关键时刻，他没有选择和宣王站在同一边，却在莫名其妙的小事上持反对意见，让人十分不解。或许周宣王屡战屡败，仲山甫对他已经失去信心。他只想他不要再折腾了，现在还有一个烂摊子传给子孙。再乱搞下去，连烂摊子都没有了。所以，不论周宣王做什么，他都反对。避免"妨于后嗣"，大概是他仅有的目的。

迭遭打击的周宣王，更加昏聩独断。他因某个原因，冤杀大臣杜伯，引起民众强烈愤慨。公元前782年，在一次镐京城外的狩猎中，周宣王所乘坐的车马疾速行进，受到猛烈撞击。年迈的宣王抵受不住惊吓，突发疾病死去。人们不能谅解他在杜伯事件上所犯的错误，不忌弑君大讳，虚构出鬼魂复仇的故事。[1] 传说当日日中，杜伯鬼魂驾着白色马车驰来，一箭射中宣王后心，折断背脊，倒毙车上。连王朝的史官，也站到宣王的对立面，把鬼神复仇的故事写入史册。杜伯被冤杀后，他的儿子隰叔逃亡到晋国，世代担任军职。后来晋国赫赫有名的贵族士氏，就是杜伯的后代。

纵观周宣王的一生，前半生励精图治，文治武功彪炳，在厉王留下的灰烬堆里燃烧出灿烂的光华。后半生老迈昏庸，偏执自是，把自己几十年的辛苦积累挥霍殆尽，周朝国势往下直坠，从此不能振兴。

在接班人选择上，周宣王也犯下大错。身为王者，子嗣定然不少，

---

① 见《墨子·明鬼》。

然却偏偏有眼无珠，选择庸碌至极的姬宫湦作为继承人。在历史上，宣王中兴诚然是事实，但这中兴也太过短命，以致人们还没好好品尝几日太平快乐的日子，又陷入到战乱和流离的灾难中。周宣王死后，留给后代一锅灰烬。

第
十
三
章

宗周覆灭

第一节　史伯的神秘预言

**幽王即位面临的艰难局面
以及自然灾害**

　　事在人为，如果周宣王最后没有选择姬宫湦作为接班人，王朝的命运是否会改变？历史不能假设，但客观评论两人继位时的形势，周幽王的境况明显比他父亲还要恶劣。

　　首先，宣王之初虽没有实权，但关中地区处在世家控制之下，并不存在严重的外部安全威胁。而在幽王之初，周军的西方主力已被消灭，西戎随时出入关中，王朝更多时候要靠卑躬屈膝的政治策略维续。其次，共和行政十四年，效果未孚众望，国民渴望变革，使得宣王得以轻松施政，没有遇到太多阻力。而幽王之初，可用的资源都给消耗得差不多了，百废待举，想要重建，也无处着手。最后，历来成就大事业，鲜有不是靠群策群力的。宣王拥有一帮留名青史的文臣武将，而幽王时代，并没有什么优秀的人才脱颖而出。

但现实形势再怎么糟糕，也有回旋余地，不是亡国破家的借口。幽王不作死，就不会死。只是在进入西周灭亡的最后阶段，人们不得不对内外复杂形势作清楚认识。除了以上政治社会形势，幽王之时的自然景象，也有重大异变。

关中平原表里山河，沃野千里，向来为帝王乐土。这片具有优渥自然条件的土地向来安宁，但在幽王之世，竟然发生罕见的天地异变。深信天人感应理论的古人，认为这是国家衰亡、王朝废灭的征兆。

幽王二年，西周三川发生大地震。① 由大地震引发三川枯竭，岐山崩塌。河水枯竭，势必对农业生产和社会生活造成重大影响。岐山是周族发源地，山陵崩塌，毁坏祖先宗庙和坟墓，给周人的精神和心理造成重大打击。而白日的天空，发生日食景象。朗朗乾坤，瞬时被黑暗笼罩，伸手不见五指。②

在古人的观念里，天、人、地是一个相联系的系统。政府不行善政，天地出现异象以警示。如果不加改正，将招致更大的惩罚，乃至国家灭亡。《诗经》用充满艺术感的语言，描绘出天地的愤怒："烨烨震电，不宁不令。百川沸腾，山冢崒崩。高岸为谷，深谷为陵。哀今之人，胡憯莫惩。"天上雷鸣不止、电闪不断，地下河水沸腾、山陵坍塌。这场大巨变，使得沸腾的河水流到枯竭，高崖崩塌成山谷，深谷隆起成

---

① 三川指渭河、泾河、北洛水。
② 《诗经·十月之交》中记载，"十月之交，朔月辛卯。日有食之，亦孔之丑"，"日月告凶，不用其行。四国无政，不用其良"。

山陵。千千万万人招灾罹难，奔走哭泣。一幅末日图景，宛然在眼前。

史伯预言周亡不过十年

就在这场天地幻变发生时，周王朝太史寮里一个白发苍苍的老人，推开紧闭已久的门扉，挂着拐杖，颤颤巍巍走到庭院，仰望天上风雷激荡，叹息道："周王朝就要灭亡了啊！就要灭亡了啊！"

他久久立在庭中，不肯离去，自言自语道："天地间的阴阳之气，按照它们原有的次序，正确运行。现在天地大乱，阴阳失序，是由人间大乱造成的。人如果不能参照自然的系统，正确行事，阳气就会隐伏而不流散，阴气就会被压迫不升腾。现在三川大震，是阳气没有发挥镇压阴气作用的后果。阳气失位，为阴所据，河水源头就会堵塞。源头堵塞，国家将会灭亡。从前，伊水和洛水枯竭，夏朝灭亡。黄河枯竭，商朝灭亡。现在周王朝的政治，如夏、商末代一样失德。天地现异象，是它灭亡的征兆啊。"①

老人又说："数字的终极是十。上天抛弃的事物，不会超过这个数。周朝的灭亡，不会超过十年。"

这位老人，即是周朝的史官史伯，又称伯阳父。太史寮掌管册命、制禄、图籍、记史、祭祀、时令、历法等工作，是王朝学术文化管理中心。出自这里的史官，学问渊深浩博，见识卓绝。当幽王二年，他预言周朝灭亡不过十年。后六年，郑桓公因迁族之事求教于他，他又预言周亡不过三年。两次预言，结果非常准确，仿佛能预知未来。

---

① 见《国语·周语》。

第二节　祸起庶子夺嫡

幽王宠溺褒姒，激怒周人社会

周幽王统治的十一年，是西周走向灭亡的最后时光。这段非常重要的历史阶段，保存下来的史料非常少。

根据现存少量资料，我们归纳认为西周末年的社会政治情况，大致如下：

一、发生严重的自然灾害，三川大震，江河决流，农田被大水淹没。饥荒爆发，饿殍遍野，人民流离失所。二、政治极度腐败，天下为家的官僚体制，自我侵蚀二百余年，积重难返。三、军事没落，战斗力不堪一击。一败于六济之戎亡主帅，二败于犬戎亡君亡国。四、幽王昏庸，宠用佞巧，弃用忠良，不听劝谏。幽王最大的佞臣是虢石父，史伯称其"谗谄巧从"。宫廷内的俳优小丑，数量也不少。五、幽王与民争利，强夺民财；纲常沦丧，法纪败坏。六、嬖宠褒姒，唯妇人之言是听。

这最后一条，历来被认为是周幽王最大的罪过，西周亡国最重要的原因。谈及西周覆灭，不能不从褒姒讲起。

褒姒，是褒国人，与夏王朝同姒姓。褒国国君褒姁有罪，把美艳的褒姒献给幽王抵罪。褒姒乍一入宫，就受幽王宠爱，而且不是普通的受宠，是受宠到极度、受宠到变态。

审视史料，发现当时周人社会对褒姒极度厌恶且仇恨。除了《国语》中史伯和史苏的丑化和抹黑外，[①]《诗经》中也有不少作品对褒姒进行激烈抨击。如果说史伯和史苏尚是官员，其言论代表统治阶级、精英阶层的立场，那么诗歌的作者主要是中下层人士，他们的观点更能代表普罗大众。

《瞻卬》言："哲夫成城，哲妇倾城。懿厥哲妇，为枭为鸱。"意思说你这个聪明的女人真是害人精，像吃人害人的恶鸟一样邪恶。接下来："妇有长舌，维厉之阶。乱匪自天降，生自妇人。"意思说那个搬弄是非的长舌妇，就是祸害的根源。现在的祸乱不是上天降下的惩罚，而是这个坏妇人带来的。作诗骂人，鲜有如此不留情面的。

《十月之交》怒斥一帮王朝大臣，最后矛头倒转，指责"艳妻煽方处"。艳妻指褒姒，她不但迷惑幽王，而且不断煽动他去干坏事。《正月》更言："赫赫宗周，褒姒灭之。"之前还隐着姓名，彼此意会。这下摊牌了，我们大宗周的灭亡，就是由你褒姒造成的。杀人诛心，盖棺论定，没有比这还严厉的。

褒姒应该是中国历史上红颜祸水内涵最丰富、意义最深刻的形象。人们在她生前死后的口诛笔伐，让她陷入万劫不复之地。但企图在历史中找寻她作恶多端的具体证据时，得到的事实却很少。可以展开讨论的事情，不外两件：一是烽火戏诸侯，二是她的儿子伯服与太子宜臼的王储之争。

为博褒姒一笑，幽王烽火戏诸侯

褒姒长得极美，但不知何故，竟不爱笑。幽王身为君王，不能哄得美人一笑，很是挫败。不论他费尽心思、

---

① 见《国语·郑语》《国语·晋语》。史苏是晋国史官。

用尽能力、倾尽所有，她都双眉紧蹙，不曾开颜一笑。百计用尽之后，幽王自认无奈。

恰巧有一回军探来报，戎寇进攻镐京。幽王命人燃起烽火，招令四方诸侯率军前来救急，抵抗戎贼。诸侯匆匆整齐兵马，飞驰到镐京。戎寇预知捞不到好处，早早退兵。褒姒随幽王登上观兵台，望见四方诸侯急忙而来、无事而罢的窘尬神态，竟然破天荒开怀大笑。幽王听到褒姒银铃般的笑声，喜从天降，心里甜蜜蜜的：原来她喜欢这样的事，今后知道如何哄她了。

第二次，幽王假作戎寇来攻，又燃起烽火。他和褒姒躲在烽火台后，每看一队诸侯军仓皇来到，就大笑一回。如花枝乱颤的褒姒，摄尽幽王心魄，哪管事情后果。诸侯得知实情，又羞又怒，心想：自己一片忠心，奔波百里，原来就为哄妇人一笑。许多人愤怒离去，道："我等无能，我王的事，再不敢管了！"

幽王是个没心肝的人，根本意识不到自己的愚蠢。他第三次燃起烽火，褒姒又笑了。但率军前来的诸侯，少了一半。第四次燃起烽火，褒姒又笑了，诸侯军再少一半。第五次、第六次……诸侯的军队一次比一次少，褒姒也渐渐没的笑了。

太子宜臼遭迫害，出逃申国

比之戏辱诸侯，王储的竞争直接触动各方利益，造成的后果更为严重。褒姒大概在幽王三年入宫，而后受嬖宠，诞下儿子伯服。褒姒虽不是正官王后，但幽王对她百依百顺，与王后无异。但她的儿子就不一样，因非正官所出，只是一个庶子。按照周朝礼制，今后是没有王位继承权的。

一想到这点，褒姒心里就不舒服，不断对幽王软磨硬泡，要立伯服为太子。她还与外朝的虢石父结成同盟，相互利用，在许多问题上采取一致行动，联手向幽王施压。

幽王宠溺褒姒，什么事情不对她百依百顺？独独是正宫太子姬宜臼，不敢轻易罢黜。因太子的母亲，也就是自己的正宫王后，是申侯之女。申后之所以能成为王后，不是因为天生貌美，得到宠爱，而是因为这从一开始就是一门政治婚姻，她的母国在周朝西边，是抵御犬戎的重要屏障。千亩之战后，王朝主力被摧毁，周王朝想继续在丰镐两京站住脚，就必须深度依赖申国。也就是在此一战后，申后的未来王后之位和姬宜臼的未来太子之位，被牢牢确定下来。幽王即位后，他们成为连带的受益者。

幽王本就不喜欢申后，得到褒姒之后，更是将她冷落一旁，置之不理。虽然如此，但一直忌惮她强势的父亲，不敢轻言废黜。但如今褒姒仗恃得宠，要立她儿子为太子，让他很是烦恼。世上没有正宫王后，会丢开亲生儿子，认别人孩子做太子的道理。要废黜，就得王后连太子一起废黜。这样，势必和申侯结下大仇，宗周之地以后就难得安宁的日子。

开始幽王还哄着褒姒，说伯服年纪小，大了再做决断不迟。褒姒也不傻，说："王啊，女子以色悦人，日后臣妾老了，王难免厌倦，喜欢上年轻的女孩。可怜我的儿，日后就命苦啦。"说罢，眼泪如断线珍珠，颗颗坠落。

幽王看着，疼惜得不得了，搂着她说："爱妃莫哭、莫哭！疼煞朕也！疼煞朕也！朕对天地神明发誓，永生永世不负于爱妃，不负我们的儿子！"他把褒姒紧紧抱在怀里，生怕她转眼化为风雾消失去。"此事急不得，待朕深思出个良计，扶立伯服为太子。"

幽王终于招架不住褒姒的柔情攻势，决定要立伯服为太子。但要公开废黜宜臼，得找出他的明显过失，方能服人。而且为了把事情影响控制到最小，最好先不要动申后。于是，他受命虢石父在外散布宜臼的谣言，收集他伤德败礼的证据。但宜臼立身颇为严谨，虢石父忙活了许久，只收集到一些鸡毛蒜皮的缺点。

幽王将这些小缺点公诸朝堂，与大臣们讨论换储的事宜，遭到强烈反对。皇父、郑桓公等一干老臣表示，现太子年纪又长，品性端正，且有强大的申国为依靠，不宜废黜改立。更有人直接攻击，褒姒出身寒微，身份低贱，他的儿子没有资格继承王朝大统。幽王整张脸怒得涨成红茄子，拂袖离去。

此计不成，又生他计。也是怪那褒姒不断给幽王灌迷魂汤，他想宜臼如果死了的话，大臣们就没得话说了，自己想立谁就立谁。于是，他就开始想，怎么弄死宜臼呢？当然不能自己动手，否则逃不过谴责，哪还有闲情立新储。但王者既然有了这个念头，还担心没有出谋划策、动手执行的人？

天下没有不透风的墙，幽王密谋再深，难保没有消息走漏出去。镐京上下，突然阴云密布。人们到处传闻，幽王和褒姒将对太子不利。上自公卿大臣，下自贩夫走卒，人们的内心都是惶乱的。正值国家多难之际，内部又起纷争，还不知这倾盆大雨何时下起来。

皇父和郑桓公等虽然可以在朝堂上反对幽王废储，但对于他的幕后行动，也无可奈何。作为臣子，总不能拿刀拿枪去跟君王作对。如果他彻底疯狂的话，他们只能安坐静观，不动不为，跟着他一起被毁灭。

出身王侯之家的申后，自小就有敏锐的政治嗅感。虽然深居宫中，但她时刻感受到敌人剑拔弩张的气焰。她知道，如果再不作出决断，儿子将性命不保。她最后一次在宫中召见宜臼，深情缠绵地抚摸着他的头发说："儿子啊，都说虎毒不食子，可你的父亲，再也不是你的父亲了。他已经被那个狐狸媚子，彻底迷了心魂。你离开镐京吧，赶快走，再晚来不及了！"

姬宜臼紧紧搂住母亲，说："母亲，孩儿不走。大臣们都支持我，他们会保护孩儿的。"申后摇了摇头说："孩子，你不要傻了。那些人都是很顽固的忠臣，他们不会为了你，和王拼命的。这个世界上只有你的外公，有自己的兵力，能保护你。你赶快离开镐京，投奔他而去。"申后忍痛推开宜臼，转身离去。宜臼跪在地上哭泣，思前想后许久，下定了决心，方离后宫而去。

幽王五年，即公元前 777 年，周王朝太子姬宜臼趁着夜色逃离王都镐京，投奔西申国去。在这场波诡云谲、空前激烈的争储之战中，姬宜臼败给了一个年方三岁的婴孩，败给了妖媚妖娆、夺人心魄的褒姒，败给了残暴冷酷、昏庸无能的父亲。姬宜臼出奔后，他的太子之位被废，申后的王后之位也被废。周王朝与西申国彻底决裂，丰镐两京最后一块坚固的屏障被撤除，灭亡的大幕揭开。

褒姒虽然依靠她最大的资本——艳丽妖媚的容颜，夺得这场斗争的暂时性胜利，但是她的短视和愚昧，注定不能享受到最后的果实。她在不知不觉中，把朝野上下推到自己的对立面，掘下埋葬自己的深坑。在伯服和宜臼之间，人们给予后者最大的同情。多年以后，流亡在外的宜臼经一番周折，继承回王位。而年幼的伯服，则与母亲身死兵燹之中。褒姒枕头旁边的那个男人，虽然贵为天子，除了贪恋美色，却毫无能力，最终也没保护到这个他爱到发狂、不能自拔的女人。

　　　　　　　　　　　　　　　　　　　　西周三百年

第三节　预谋已久的逃亡

皇父席卷珍宝，迁居中原

太子出奔，朝野震惊。幽王宣布废黜申后和太子，更是激起愤怒和恐慌。幽王初年首席大臣是皇父，宣王的小老弟。年轻时，皇父也是个有作为的人，打过不少仗，立了一点功。中兴之治，也算有功劳。因宣王对世家猜疑过多，不敢过多依赖，所以大力培养他的老弟皇父和郑桓公。两人之中，皇父比郑桓公又处处先行一步。凭着过硬的资历，幽王即位后，他被任命为辅政大臣。^①可这位小老弟，和他哥哥宣王一样，年轻之时聪明灵光，年老之后糊涂昏聩。

宣王之后国力衰弱，形势险恶，如果下大力矫而正之，励精图治，尚有反转之机。但皇父的心思精力却不在此，他觉得自己老了，不想再搞什么大的折腾。再混混几年，多捞点钱财，培植点势力，然后悠闲退休去。在幽王即位后四五年，皇父虽有辅政之名，却无其实。他最后的成就，就是捞了大量钱财珠宝，填满几座院落，还豢养了一批精于溜须拍马的人，布满朝廷。

对于幽王嬖宠褒姒，皇父开始不以为然，哪个男人年轻时候没好色过？玩过一阵腻了，就换胃口了。两人烽火戏诸侯，他也不理。自己已经年迈了，哪里还有力气给年轻人去擦屁股。没过多久就要退休了，谁

---

① 《竹书纪年》："王锡太师尹氏、皇父命。"

捅的篓子谁以后修补。可当幽王提出要罢立太子时，皇父就坐不住了。太子那是谁啊？是申后的儿子，申侯的外孙。当年他和宣王在千亩，给姜戎打得屁滚尿流，命都差点不保，定下城下之盟，才苟且到今日。如今想来，犹心有余悸。申侯不比他人，是王朝的重大依靠。开罪了他，日后可有的苦果吃。于是，他狠狠地把幽王顶回去，叫他别打这歪主意了。

幽王是不在朝堂上提改储了，但一直在背后算计阴谋。皇父瞧不出其中玄机，更不要说控制事态的发展。直到太子出奔后，他和其他文武大臣一样惊愕和愤慨。为了表示抗议，他数日没去朝见幽王，诈病在家休息。他不行动，幽王和褒姒却在行动。王宫的使臣来到皇父府邸，传达要册封褒姒为王后、伯服为太子旨意，问他参不参加？皇父气得一下从床上蹦起来："无法无天了！无法无天了！"

老皇父拄着拐杖，颤颤巍巍来到朝堂，质问幽王："王当真执迷不悟，要立褒姒为后？"幽王满脸羞惭说："叔父，申后管教无方，致令太子出奔，使国家与朕蒙羞，不堪母仪天下。朕废其位，尊依刑典，不在私情。"

"哼！哼！"皇父直勾勾盯着幽王，"王心里打的什么主意，我不知道吗？太子为什么出奔？不是因为褒姒在后面使坏暗算，让他无容身之地吗？他不跑，现在还有命？"

皇父激动得来回走动，又说："王恁地糊涂啊！那个女人出身微贱，对王家根本没有帮助。王宠她就宠好了，何德何能让她做王后？伯服也才三四岁，如何承担得起国家未来？现在太子出奔，申侯已非常恼怒，再废申后，如何对他交代？宗周日后还有安宁日子吗？"

幽王淡然说："看来叔父年纪大了，胆子却变小了。我堂堂大周天子，何惧一申侯？自古兵来将挡，水来土掩，何须忧心太甚。"皇父气得满脸通红，白胡子弯成了钩，说："当年老夫追随先王南征北战，出生入死，那个时候还没有你。现在你长大了，翅膀硬了，嫌弃我没用了。好！若你执意立那女人为后，我走！从此我退隐关东，再也不过问朝廷大小事情！"

皇父本来想以自己的地位和掌握的资源，要挟于幽王，让他打消废后念头，重新与申国交好。没想到幽王是个短视薄凉的人，看到目的有达到的可能，哪里还想后果，马上顺水推舟说："叔父年纪大了，如今又染上病头，也是应该多点休息。多年来劳烦叔父，朕内心实在有愧。东土气候温和，物产甚丰，确实是颐养天年的好地方。只是从此一别，不能随时问候，心中实是难舍。"他压低声音，勉强作出呜咽的声响。

皇父年纪大了，幽王不给他台阶下，当下气不过来，愤怒离去，心想："你小子不尊耆老，愚信妇人，总有后悔的一天！"回到府邸，打点行装，备齐敛聚多年的金钱珠宝，周知幕僚臣属和富庶人家同行，浩浩荡荡离开宗周，向他在关东的封地向（河南省开封市尉氏县）迁移。

《诗经·十月之交》有记载皇父的迁离："皇父孔圣，作都于向。择三有事，亶侯多藏。不慭遗一老，俾守我王。择有车马，以居徂向。"意思说，这个皇父太聪明了，选择在向营建都邑。他带走三个重要官员，还有许多富豪人家。没有留下一个贤德的老臣，守卫周王和京城。可见皇父多年的经营，底盘是如何的强大。他带走大量的人、财、物，使与犬戎相比，原本处于下风的宗周力量，再遭大幅削弱。诗歌的意思很明显，后来宗周的覆灭、关中的沦陷，与皇父迁离大有干系。

虢石父贪权攫利，迁居关东

皇父离去后，曾挤挤攘攘的朝堂，为之一空。幽王册立褒姒和伯服的典礼，台下只站了零零落落几个大臣，其他的都是侍卫和宫女。幽王图谋得逞，自管与褒姒共乐，哪管他人怎想。事后才让虢石父出来收拾残局，重新组建朝廷班子。

虢石父好谄谀取媚，深得幽王和褒姒的欢心与宠信。他们给予了他最大的权力，由他任意作为。虢石父贪图攫取财利和权力，无心也无力去经营国家，王朝的形势更加败落，人民的怨声更大了。

在巧取豪夺的同时，虢石父为了家族利益，着手把虢氏在西方的财产和人口，迁移到东方。据考证，虢氏在陕西的封地，在今宝鸡市境内。迁移之后的虢氏，在今河南三门峡市境内。因原封地毗邻犬戎，经常受到侵略，损失很大。虢石父有权有势后，向幽王求得东方封地，慢慢把家族人口和资产往东方迁移。为了在三门峡地区立足，虢石父还在幽王七年，即公元前775年，兼并了本地的焦国。

先是皇父迁移于向，后虢石父迁移于三门峡，他们共同放弃了西方，这是巧合，还是有共同原因？深入探究，不难发现其中真相。宣王之前，犬戎虽有侵凌，但活动路线都在关中平原之外。如厉王中期的多友之战，犬戎游弋在山地边沿，不敢南下平原，因畏惧周军实力。但在宣王末年，形势急转直下。千亩之战后，周军精锐主力被灭，已经无力保卫关中平原的和平。自此后犬戎入侵，都是直接突入关中腹地，扫荡周人的城邑和聚落，残杀平民，掠夺财产。严重的自然灾害，加上战争的伤害，使得关中平原哀鸿遍野，哭声一片。

实际上，烽火戏诸侯的故事，就提供了这种背景的解释。《吕氏春秋》记载："周宅丰镐近戎人，与诸侯约为高堡，置鼓其上，远近相闻。即戎寇至，传鼓相告，诸侯之兵皆至救天子。"烽火示警或传鼓相告的具体细节，可能有虚构，但犬戎兵锋常及丰镐两京，一定是真实的事情，否则不会有这样的故事衍生出来。因此不难明白，千亩之战后关中平原一带周人惶惶不可终日的感觉。他们不知道犬戎哪一日来，不知道家园会不会被毁，不知道财产会不会被夺，不知道能不能活过明天。

曾经万国来朝的尊荣，曾经威服诸侯的骄傲，此时都烟消云散。现在他们拥有的只是碎裂的国土、扫地的尊严和崩溃的精神。周王朝这艘无敌巨舰，在历史的海洋中劈波斩浪近三百年后，已经破败残损，即将覆没。千千万万的周人明白，这样的末日，是无法改变的宿命。他们只有加快脚步，尽力逃出这艘即将沉没的大船，才能拯救自我。

像皇父和虢石父这些人，家业越大，感受越强烈，所以行动就越快。皇父五十年军政生涯，虽然临老昏庸，贪财好利，但深明形势，知道申国对王朝的重要性。若与申国的关系无法挽回，那么亡国无日矣。当幽王在他和褒姒之间选择了后者，他就知道大势去矣。他之所以移居于向，表面原因是气恼幽王，深层原因是早点离开这艘即将沉没的大船，明哲保身。

虢石父何尝不是如此，自私自利。虢国本在宗周之前，他若忠心，就应该坚持经营，坚守阵地，抵挡犬戎对宗周的冲击。他倒好，直接跑到宗周背后，让宗周直面犬戎。可叹幽王昏庸愚蠢，两只眼珠终日盯着褒姒，被人卖了还不知。

虢石父主政之后，专事谄谀和夺利，人心离散，国力更加衰落。幽王终日和褒姒厮混，无心国事。但不免有人说一些这不好那不好的话，听着心烦。他总得做些什么，来应付他们。传闻郑桓公姬友在民间的声望很高，老百姓喜欢他。幽王想对他委以重任，这样舆论就不会说自己不作为，批评得那么激烈了。

于是，在公元前774年，西周灭亡前三年，幽王任命叔父姬友为王朝司徒，授予人事、军事管理权等相当大的权力。办完此事，他觉得万事已了，又沉醉回后宫的花丛中。

郑桓公忧心家族安危，问策史伯

君命不可抗，郑桓公虽接受了任命，却苦着一张脸。如今内政外事，一片糜烂，千头万绪，无从下手。要拯救这局势，谈何容易？别说拯救局势，拯救自己都难。看着皇父、虢石父等一个个把家族和资产转移到东方，他心头也浮起同样的想法。未雨绸缪，若宗周不在了，还能延续香火，保存财产；若宗周再次振兴，再迁回来也没问题。

但郑桓公在东方没有封地，不能想迁就迁。中原一带诸侯世家星罗棋布，势力之网密不透风，要插一脚进去太困难。搞不好没站稳脚跟，就被吞没。

郑桓公愁思辗转，数夜难寐。这一日从官署出来，闲步到太史寮，突然想起史伯。心想史伯是位博古真人，对当今形势定然有透彻了解，我何不求教于他，请他指点迷津？于是，郑桓公问得史伯在处，走到他房前，轻叩了门扉。

史伯打开门，颇为吃惊地看了郑桓公一眼，说："司徒大人亲临史馆，可是要验检文献？"郑桓公轻叹了一口气，步入房里说："闲来无事，与史公聊聊。"史伯给郑桓公让座，两人坐下来一阵闲扯。

史伯察觉到郑桓公虽然故作表情淡然，信口而谈，但心不在焉。就问："司徒大人莫非有事而来？但请直言。"郑桓公左顾右看，沉默一会儿，方说："友确有大事求教史公。虽言为公不敢顾私，但于今形势，外忧内患不断，恐大祸降临。身为朝廷大员，捍御王室，乃友职责所在，死不足惜。然家中妻孥子弟颇多，若祸延及他们，于心不忍。是以前来求教于史公，可有良策，救我一家逃脱大难？"[①]

史伯将了一捋斑白的胡须，说道："王权衰落，戎狄昌盛，你的家族要避开祸难，就不能靠他们太近。关中平原，虽是文王武王兴起的根基之地，但日后将被战乱裹挟，民不聊生。"

郑桓公问："若关中不能宁居，我族当迁至何处？中原诸侯林立，哪里能容我族安身？"

史伯站起身，从箧子里翻出一张布图，在郑桓公面前展开，指着说："王朝在中原的中心，是成周。成周的南面，有荆蛮、申、吕、应、邓、陈、蔡、随、唐等国；北面，有卫、燕、狄、鲜虞、潞、泉、徐、蒲等国；西面，有虞、虢、晋、隗、霍、杨、魏、芮等国；东面，有齐、鲁、曹、宋、滕、薛、邹、莒等国。这些国家，不是历代周王的子嗣、兄弟、甥舅，就是凶顽的戎狄蛮夷。他们势力强大，仇视异己，不可轻易迁入。"

郑桓公说："史公博学多闻，请为友指示一道明路。"

史伯把手指向了齐鲁西面，说："最适合的去处，就在济水、洛水、河水、颍水之间。在这里子爵男爵的国家，有虢国和郐国。虢国仗恃权势，气焰嚣张；郐国凭借地险，态度傲慢。两国国君，贪图财利又无

---

① 史伯和郑桓公的对话，见《国语·郑语》。

知。司徒若以国难为借口，向虢、郐两君暂借寄放家人和财产的地方，他们一定不敢拒绝。现在朝纲紊乱，弊病百出，两国国君骄傲又贪婪，一定蔑视周王。到时司徒再以成周军队，奉辞伐罪，一定会成功。占有了这两个国家，那么邬、弊、补、舟、依、厉、华等城市，都是你的领土了。前面是颍水，后面是黄河，右边是洛水，左边是济水，拜祭茱山、骒山的神灵，饮用溱水、洧水的水源，再修订开明的刑典，治理人民，郑国的地位就可以巩固了。"

郑桓公高举双手，左右一合，向史伯一拜，说："史公指点，让友茅塞顿开。郑人东去，逃离火海，定不忘史公再造之恩。"后来郑人果然东迁虢、郐，然后相势以成周之兵，灭了两国，占有其地。一个郑国，就从无到有，从有到强，从中原地区冒了出来。后来的郑国，成了周平王东迁的重要依靠力量，也是春秋初期的小霸主。

郑桓公后来又与史伯谈及四方形势，史伯预言秦、楚、晋、齐将会崛起。虽然当今形势憭若明烛，但郑桓公心有不甘，他最后问了史伯最后一个问题："周朝的国运到头了吗？真的没有转机？"

史伯叹气了一声说："差不多是到头了吧。古人言：民之所欲，天必从之。现在王抛弃光明正大的人，喜欢邪恶黑暗的人；讨厌贤明的人，亲近鄙陋的人；舍弃团结的态度，专好同一的事物。上天夺去了他的理智，想不衰败就很难了。现在西申、缯、犬戎正当强盛，周朝骚乱。王还一心只想纵欲，不是自取灭亡吗？王对申国提出遣返太子宜臼的要求，要杀他以成就伯服，申国一定不答应。在褒姒和虢公煽动下，王一定对申国动兵。申国方与缯国、犬戎交好，将会联兵保护太子。届时两军开战，大祸降临。距离宗周灭亡的时间，不会超过三年。司徒大人要避难，就赶快行动吧，等到灾难降临再着手，恐怕就晚了！"

郑桓公内心凄怆，拜谢史伯而去。回到家中，即刻联络虢、郐两国，将郑氏人口和财产，逐步迁移到中原。在皇父、虢石父、郑桓公这些顶尖精英"深谋远虑"，一个个逃离关中时，同样的逃难场景，也演绎在中下层人民身上。赵氏为周王世代"弼马温"，造父驾着穆王，周游四方；奄父驾着宣王，虎口逃生。然而这样忠心的拥趸，也对幽王丧失掉信心。奄父的儿子叔带，舍弃了家族效忠了几个世代的周王室，逃到晋国避难。赵氏家族在新的地方繁衍生息，历经几百年努力，终于在战国时代造就出一个新的国家——赵国。

> **周人躲避兵灾，**
> **上演末日逃亡**

单靠对几位重要人物东迁的描述，远不足表现周人家破人亡、狼狈逃亡的凄惨之象。人们发现，自汉代以后，周人的祖居之地周原，就经常有青铜器出土的记录。清代道光年间，岐山县先后出土大盂鼎、小盂鼎、毛公鼎和大丰簋。光绪年间，又出土大克鼎。二十世纪五十年代以来，周原地区出土的青铜器达到三千多件，重要青铜器有史墙盘、卫鼎等。

这些出土的青铜器大部分是窖藏品，小部分是随葬品。而且藏在地窖中的青铜器都很凌乱，摆放没有秩序，组件常有缺失。这说明了，这些物品是在仓促间掩埋到地下的。

为什么周人会把这些代表他们权力和地位的珍贵物品，匆匆掩埋到地下呢？只有一种可能，就是遭受到了严重的战乱威胁，在生命和珍宝之间只能二选一，他们忍痛选择埋下祖传的宝物，匆匆逃离生于斯长于斯的家园，奔向未知的远方。

最有可能上演这场末日逃亡的时间，应该在千亩之战后，宗周覆灭前。宗周覆灭之前的两三年，则是逃亡浪潮最汹涌的时候。虽然幽王还终日沉迷女色，荒怠政务，但王朝顶层的贵族们，已明晓大势无法扭转。他们绕过了幽王，向各自的家族下达了撤离指令。

周原上那些曾经显赫无比的古老贵族，被犬戎游军封锁在孤岛之内，痛苦已久。在抗争多年以后，他们不得不选择更痛苦的诀别。那些厚重沉朴的青铜物件，代表祖先的功业、家族的荣耀，却因形体巨大、数量众多，无法带在身边。他们洒着泪水，挖下深坑，将它们埋入地下。

也许当时他们还有幻想，有朝一日收复失地，会让它们重见天日。但这样的梦想，却永远实现不了了。他们拄着拐杖，携着老幼，迤逦东去，越过渭河，越过宗周，越过崤山，来到中原，开始了新的生活。那些伟岸的青铜器，连同他们伟大的历史，被湮没在历史风尘中，一沉睡就是几千年。

第四节　镐京覆没

幽王受褒姒和虢石父唆使，出兵讨伐申国

关中大族悄悄实施东迁，同时期周幽王的态度耐人寻味。按理，允许或默许世家大族外迁，必将严重动摇人民的信心。原本骚动的局面，可能招致雪崩。而没有了世家大族的屏卫，周幽王的自身安全也会更加没有保障。但奇怪的是，没有任何迹象表明，他有采取过行动阻止外迁。人们不禁怀疑，他有实际了解过世族大家的行动吗？还是一切都被蒙在鼓里？或者，周幽王本人也有迁都中原的意向，只不过没有来得及实施？

不论是哪一种可能，周幽王都没有充分评估到事情的危险性。他可能觉得几大家族迁离，无关紧要，关中的力量还很强大。他可能觉得犬戎的实力没那么强，还决定不了宗周的存亡。他可能觉得王朝的军事力量还很强大，可以轻易抵挡外敌的入侵。凡此种种，促使他继续悠游度日，享受与褒姒的旷世爱情。

周幽王在位十一年间，发生了两场战争，结局都是惨败。第一场战争发生在公元前776年，即幽王六年。史书记录，王朝派遣伯士率军讨伐六济之戎，周师大败，主帅伯士被杀。战争地点和规模也不得而知，凭借"戎"的称号推断，敌人处在宗周西边，可能就是犬戎。这场战争，可说是彻头彻尾的溃败，连主帅也身死敌手。周军力量之孱弱，可见一斑。同年犬戎围攻犬丘，秦仲的大儿子秦世父被俘虏。或许伯士伐六济之戎，与秦世父被围犬丘，存在联系。周、秦协同作战，被犬戎逐个击溃。

遭此大败后，周幽王并没有汲取教训，把精力投入到重建军事和经营外交上，尽力挽回颓势。终日只是娈宠褒姒，甚至不惜为之违背群臣意愿，开罪诸侯。褒姒虽然逼走了太子宜臼，但仍未心满意足。她虽深居宫中，但耳目众多。外头人的指摘与不满，皆心中明晓。若是一般人对她有非议，自是能借助幽王之手，轻易报复，但若是不在幽王掌控范围内，就无可奈何了。

最让褒姒恐惧的，无过于人们对故太子的思念。虽然姬宜臼流亡到了申国，幽王也废了他的太子之位，但民间提到姬宜臼，还是一口一个太子太子的，褒姒的亲生儿子伯服，完全被视为无物。她知道自己和儿子的最大威胁，就是逃而不亡、阴魂不散的姬宜臼。他若一日不除，自己永远芒刺在背。但宜臼既已在申国，想要置他于死地谈何容易？她只能日夜啼哭于幽王面前，乞求为她母子俩做主。

故太子被迫流亡，周幽王面临的舆论压力很大，经常被大臣批评顶撞。宜臼既已在申国，他本不想再作理会，任他自生自灭。怎耐褒姒日夜啼哭乞求，让他好生烦恼。幽王对她说："你已是王后，伯服也是太子了，还管那个千里之外的人干吗？他一辈子也回不来了，威胁不到你们。"

褒姒梨花带雨说："王啊，你说得倒是轻巧，不知道外间的人，一口一个太子地喊他，把我们的伯服当作不存在。你若永远在，我们母子无忧；若你老了，我们依靠何人？想从前，孝王立了齐胡公，齐人杀了胡公，又立齐献公。宣王立了鲁懿公，鲁人杀了懿公，又立伯御。现在国人的心志，一如齐人、鲁人。王若老了，褒姒自然追随王于地下。可怜我们的伯服年纪轻轻，无人扶持，后果难料啊……"

褒姒又是哭啼，又是诉说，让幽王既心痛又心烦。说得久了，他也觉得有理。身为王者，居处高位，每个人都想从自己这里获得褒赏，捞取好处。久而久之，他发现与自己对话和交流的人，都隐藏有一定的目的，防备和警惕之心，逐渐增强。在这种心理背景驱使下，导致他相信的，就越来越信；不相信的，就越来越不信。而褒姒和虢石父，就是仅有两个获得他越来越信任的人。

在褒姒及其政治同盟虢石父唆使下，周幽王展开外交斡旋，企图以和平方式从申国带回故太子宜臼。为了达到目的，周幽王表面承诺不追究宜臼的责任，保证其安全，并赐予他封邑定居。申侯一眼就看穿幽王的阴谋，有褒姒在，太子宜臼在周王朝绝无安全度日的可能。他果断拒绝了幽王的请求，并申明如果不是回去继承王位，他是不会放回宜臼的。哄骗一套行不通，幽王采取了军事恫吓，声称要攻打申国。申侯也不惧怕威胁，对他置之不理。

周幽王遭申侯严词拒绝，面目无光。加之在内有褒姒床笫间揶揄，嘲笑他身为天子，不能让区区申侯听命；在外有虢石父不断怂恿，要致罚申侯，重振王权。于是，周幽王就昏了头，以为这是容易达到的目标，就开始绸缪伐申了。

公元前 772 年春天，西周灭亡前一年，周幽王召集诸侯到镐京，在宗庙太室召开会议。这些"诸侯"，包括王畿重要世家，以及附近一些小诸侯国。周幽王向他们宣布，申侯勾引太子出奔，又与犬戎勾结，不尊王命。自己打算讨伐申侯，希望获得支持，大家有钱出钱，有力出力。

诸侯闻罢，大失所望。故太子宜臼因幽王嬖宠褒姒，被迫逃亡，获得国人普遍同情。幽王不检讨自身过失，反变本加厉，要讨伐申国，逼死宜臼。如此作为，非但无情，且有悖人伦。况且申国国力方强，又与犬戎联合，要打败他们，谈何容易？冒昧行动，可能会赔了夫人又折兵。诸侯内心不满，敷衍了事。太室之盟草草了事，周幽王没有收获多少实际的支持。

但周幽王凶狠的姿势已经假装出来，不打一仗，很不应景，面子搁不下来。于是，由虢石父主持，耗上大半年时间，凑出一支外强中干的军队，前去讨伐申国。《竹书纪年》记载："秋九月，桃杏实，王师伐申。"在九月收成的季节，桃杏结出青黄的硕果，景象喜人。而周幽王，却点燃了西周灭亡的导火线。

犬戎联盟反击，镐京陷落

申侯接到周军来攻线报，度量不是周军对手，赶紧联络缯国和犬戎，请求支援。从九月周军出师，到翌年正月犬戎联军攻破镐京，历时三个月。可以想象，战争一定有过一个僵持阶段。这个阶段，可能是周军围攻申国，久攻不下时期；也可能是周军与犬戎联盟对峙，还没决出胜负时期。

很明显，在犬戎军没有大规模抵达战场之前，周军尚能保持力量的均衡。在犬戎大军到达之后，周军遭到毁灭性打击。周幽王和他的弄臣，不但低估犬戎军的实力，而且低估了他们此次行动的目的。当周幽王明白犬戎目的不仅在解除申国危机，而是志在灭国时，悔之已晚。

犬戎军第一次与周军接触，解除了其对申国的压制。第二次与周军接触，给予其毁灭性打击。紧接着犬戎沿着泾河上游疾速挺进，杀奔镐京。宗周附近的军队，全被调拨去对抗犬戎联盟。周幽王相信，即使再不济，也能和联盟军平分秋色，阻止他们东进。没想到最糟糕的情况发生了，周军尽数被歼，逃离的信使仅提前不到一天抵达镐京，禀告凶险的形势。

周幽王正搂着褒姒纤腰，在后宫作乐。听闻战报，心头一片茫然。他转头望向郑桓公，问："现在怎么办？"郑桓公急忙说："我王，镐京即将失守，保不住了。赶快动身前往成周，再召集诸侯，徐图后事。"周幽王呆立一阵，突然天良发现，"哇"一声哭出来："列祖列宗！不肖子孙对不住你们啊！"

宫廷中一阵扰乱，幽王带着褒姒和伯服，一行匆匆逃离镐京。临行前，郑桓公说："王啊，此去不知何时还，去拜别文王和武王的神灵一下吧。"幽王等候褒姒收拾整理，浪费不少时间。一行人出宫，路经文武宗庙，探使又报犬戎逼近，即将进城。幽王遥望文武宗庙，泪水涌出眼眶，道："朕今日丧颜落魄，无颜面对祖宗！"说罢，径直离去。

未几，镐京陷落。犬戎军在镐京内横冲直撞，杀抢烧夺。他们搜寻不到幽王，把城内珍宝掠夺殆尽，又燃起大火，烧掉周朝王宫和周室宗庙。熊熊烈焰，吞噬金碧辉煌的宫殿，吞噬肃穆庄严的庙宇，也吞噬闪耀历史的流金岁月。公元前1046年左右，一代霸主周武王营建和迁都镐京，从此这里成为周王朝的中心，一直到公元前771年被犬戎攻破遭毁，历时近三百年。这座曾经无比荣耀的城市，就此退出历史舞台。

第五节　平王东迁

犬戎杀幽王于骊山下

犬戎没有在镐京抓到周幽王，并不死心。打听得知他东奔了，急速往东方追赶。周幽王原来带了大批随从和财物，拖拖拉拉，行进速度很慢。跑出三十公里，把东西扔了，只带了褒姒、伯服、郑桓公，以及一小队侍卫，加速逃跑。无奈幽王和褒姒未曾远行过，一路上颠簸劳累，苦不堪言。走一阵，休息一阵，终于延误时机，在骊山脚下被犬戎军追上。犬戎坚决杀害了幽王、伯服和郑桓公，俘虏褒姒离去。

犬戎军的作为，让人非常不解。如果从政治上的最大利益考量，俘虏周幽王，无疑是最佳的选择。天子在手，诸侯皆受节制，谁人不忌惮三分？活着的周幽王，可以帮助他们将侵略成果合法化，无须再损耗有生力量来对抗周人的持续反击。而最重要的，敌人有个昏聩的君王，不正是自己最牢固的盟友吗？可惜犬戎心中没那么多想法，看到仇人，分外眼红，手起刀落，直接将幽王杀死。可怜幽王贵为天子，连个乞怜的机会也没有。挚爱的女人，也被夺去为妃妾。

犬戎行事欠缺考虑，甚至可以说鼠目寸光，但不能低估犬戎对周人的仇恨。自西周中期开战以来，双方斗争与残杀的时间超过百年。周人固然怨恨犬戎，犬戎也必然仇视周人。而犬戎对周人的伤害，人们至少了解一二。但周人对犬戎的伤害，人们一无所知。很有可能犬戎在最近的战争中遭到重大伤害，因此而激起他们强烈的报复心理。没有给周幽王哪怕一个摇尾乞怜的机会，就将他直接了断。

但毕竟这个鲁莽的行为，在政治上是不明智的。其负面影响，随即而至。首先与申国、缯国的联盟，即刻瓦解。申国和缯国反对周幽王，但不代表同意杀死他，更不要说与全体周人作对。他们原本的目的，是扶持故太子宜臼登上王位，再从新王的政策中获取回报。但犬戎杀死幽王后，若再与其为伍，将陷宜臼于不义境地，不能获得周人的同情和支持。因此，申国和缯国不得不与犬戎决裂，重新修复与周朝诸侯的关系。

其次，关中本地的周人反抗力量，本就不弱，加之源源不断开进来的诸侯国军队，犬戎瞬间陷入反抗斗争的海洋。杀死周幽王，彻底冻结犬戎在政治和外交上与诸侯展开协商的可能，他们只有凭借野蛮的武力，来保卫在关中取得的侵略成果。

历史记录显示，镐京沦陷，幽王被杀后，率军进入关中靖难的诸侯有晋文侯、卫武公、鲁孝公、郑武公和许文公（见图13-1）。除了许文公之外，其他都是姬姓兄弟之国。在此危难之际，他们肯率军前来勤王，说明宗法制的向心力还颇强。处在西陲的秦，当时名义上是大夫，因久与犬戎作战，战斗经验丰富，兵力颇强。在秦襄公率领下，秦军一路东进，八百里秦川狼烟滚滚，他们边行边与犬戎作战，寻找周幽王下落。

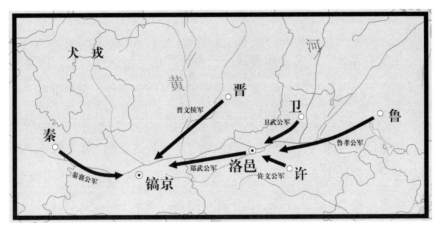

图13-1　诸侯勤王图

未久，诸侯获悉幽王凶讯，大家痛哭一片，相聚在一起商议王朝的未来。此时，申侯派遣使者前来接触诸侯，表示杀害幽王和郑桓公是犬戎单独所为，申、缯两国并不知情，并已与之断绝关系。使者告知故太子姬宜臼尚在申国，诸侯可以迎归镐京。

诸侯狠狠詈骂申侯一顿，怪罪若不是他勾结犬戎，何至镐京沦陷，幽王被害？然而事实已成，再痛骂怨恨，也无济于事。为今之计，是拥立新的周天子，稳定民心与秩序。思来想去，幽王众子之中，唯有故太子姬宜臼，最有资格继承王位。姬宜臼无辜被褒姒迫害，获得广泛同情。且幽王在骊山被害时，他远在申国，诸侯并不将此账算在他身上。

于是，诸侯经过商议决定，由鲁孝公、许文公、郑武公随使者前往申国，迎回姬宜臼。姬宜臼虽与父亲有嫌隙，但幽王之死，大出其意料。当初申、缯两国与犬戎联盟，仅限于自卫反击，并不含攻破镐京与杀死幽王的协议，然而事情的发展超出意料。联手击败周军后，犬戎便不受控制，长驱直入，将战火烧到王朝本土，焚毁镐京，杀死幽王。父亲虽不是自己亲手杀的，却因自己而死，姬宜臼内心怀有很深的负罪感。

虽然鲁孝公、许文公和郑武公一再声称前来迎接回自己，继承王位，但姬宜臼内心有很大猜忌。自身的惨痛经历告诉他，父亲都有杀儿子的企图，何况其他人？诸侯是否想诱骗自己回去，杀死来向父亲告罪？姬宜臼不排除这种可能。于是他通过申侯转达意思：除非在本地继承王位，否则他不会跟随鲁、许、郑三侯东返。申侯觉得外孙的顾虑，很有道理。他也向三人主张，太子在申国举行继承王位仪式后，再行东归。鲁、许、郑三侯知道姬宜臼深怀猜忌，言语之间无法开释。为了促使东归成行，三人作了决定，在申国举行继位典礼，拥立姬宜臼即位，是为周平王。[1]

---

[1] 《竹书纪年》："申侯、鲁侯、许男、郑子立宜臼于申。"

周平王东迁，西周灭亡

周平王在诸侯护送下，回到镐京。然而这里宫殿已被焚毁，无处居留，只得又向别处，寻找新的居点。此时犬戎以焦获（今陕西省咸阳市泾阳县北）为中心，[①] 占据了关中平原许多城邑。诸侯行军与之遭遇，即刻开战。双方水火不容，冲突不断。

犬戎没有统治平原城市的经验，一下收获巨大的战果，难以消化。他们忙于一个据点一个据点地把守，无暇组织大规模会战。而诸侯军队杂合，军令不一，战斗力也有差别，他们专注于保护周王，没有余力收复失地。

在诸侯拥立平王继位时，另一边虢公翰也拥立王子余臣为王。虢氏是幽王信臣，向来与诸侯不睦。虢石父死于乱军之中，其族人虢公翰召集王朝旧军，找到王子余臣，拥立为新王。王子余臣即位于携地，故又称周携王。

天无二日，民无二主，周平王和周携王，自然互不承认。这样，关中平原就出现了三股势力，周平王一方，周携王一方，犬戎一方，相互争夺厮杀，各不相让。关中大地陷入战争的火海，哀鸿遍野，民不聊生。

三方长期对峙，最不利的就是周平王一方。因为他依靠的诸侯军，都是从各国长途跋涉而来，长久留在关中，置国内不顾，很不现实。若收复失地，消灭犬戎和周携王，又没有压倒性的优势力量。长此以往干

---

① 见《史记·匈奴列传》。

耗着，不是办法。于是诸侯商议，想请周平王先迁居成周，先确保安全；日后平定关中，重建镐京，圣驾再回。周平王也没有好的方法解决当前的乱局，想着先保命为主，就同意了。当时关中七个显贵的大姓跟随平王一齐东迁，负责供给后勤物资。[1]

东向的路途，比西方安静多了。唯一的威胁是处在中间三门峡地段的虢氏新国，但双方好似没有发生战斗，周平王和七姓贵族平安抵达成周。[2] 周平王和王朝权力机构的东迁，意味西周灭亡，东周时代开启。

周平王特别感激诸侯拥立和护送之功，特别是晋文侯和秦襄公。他给了晋文侯丰厚的赏赐，并令其经营关中东部，勿让其为周携王占有；将秦襄公从大夫提升为诸侯，令其经营关中西部，勿让其为犬戎占有。周平王与秦襄公盟誓："戎无道，侵夺我岐丰之地，秦能攻逐戎，即有其地。"从此，秦国方可以与诸侯通礼互聘，平起平坐。

西周灭亡后十余年，晋国势力还活动在关中平原。公元前760年，即周平王十年，晋文侯杀死周携王，除去周平王心头大患。二王并立的局面结束，周平王的唯一权威得到保障。而秦国经过与犬戎漫长的斗争，逐渐从甘肃东南迁到关中西部的岐丰之地。因与周平王有过盟誓，秦国名正言顺占有了姬姓王族的祖居之地。在晋国势力退出关中后，秦国又向东发展，彻底驱除犬戎，夺回丰镐故地。嬴姓秦国前前后后，经过近百年艰苦卓绝的斗争，终于成为关中平原的新主人，这也是未来秦始皇统一中国的根据地。

而郑武公在父亲郑桓公任幽王司徒时，得以主管成周军队。所以他

---

① 《左传·襄公十年》："瑕禽曰：昔平王东迁，吾七姓从王，牲用备具。"
② 《竹书纪年》："元年辛未，王东徙洛邑，锡文侯命。晋侯会卫侯、郑伯、秦伯以师从王入于成周。"

能带兵入关靖难，并护送平王东迁。郑武公后如史伯所言，以东虢和郐不遵王命，动用成周军队讨伐，消灭了两国，扩大新郑国的地盘。之后又将成周军队私有化，变成为郑国军队。郑国能在短短时间内，从无到有，一跃成为春秋小霸主，这就是其中秘密所在。

周平王姬宜臼，因其早年不幸的遭遇，获得广泛同情。在他和褒姒的儿子伯服之间，人们更倾向于支持他。然而在其继位主政之后，表现却很平庸。东迁洛邑后，莫说收复故土的行动，恐怕他连收复故土的念头都没起过。大嘴一张，就把岐丰故地送给秦国，真是崽卖爷田不心疼。虽说周平王做了五十年的天子，其实是五十年的傀儡。不独军政大事受制于人，有时吃喝拉撒，还要乞食于诸侯。就其本人作为而言，很是不配早期获得人们的同情与支持。

而西周平民，在王朝灭亡之后，又有何感想？《诗经·都人士》是这样一篇诗歌，它描述西周遗民遭经乱离之后，忆昔镐京繁华和衣冠人物之盛，如今不可再得，有那种缓缓地、悠悠地心伤感觉：

> 看那西都旧君子，身着晶亮黄狐裘。
>
> 精神样貌没改变，言谈举止有礼法。
>
> 乱离之后返旧京，引得人民延颈望。
>
> 看那西都旧君子，头戴草笠垂丝带。
>
> 同行妇女真漂亮，黑发如绸滑又顺。
>
> 别离以后难再见，思念绵绵绕心扉。
>
> 看那西都旧君子，琇玉摇曳耳边垂。

同行妇女人人识，名叫尹吉好姑娘。

别离以后难再见，愁思郁结难缓解。

看那西都旧君子，束带随风飘又摇。

同行妇女好气质，秀发盘卷弯又翘。

别离以后难再见，心中迷乱脚跟随。

不是束带有意飘，束带本来长有余。

不是秀发有意翘，秀发本来向上扬。

别离以后难再见，为之四顾心惆怅。

西周留给后代的遗产

西周三百年，有伟大的英雄，有传奇的事迹，有光辉的功业，犹如灿烂的史诗、壮丽的画卷。我们深入探究这个朝代的意义，发现它不止有让人心潮澎湃的表象，在中国历史上，西周处在一个里程碑式的位点，具有特殊的意义。

在西周之前，华夏文明已萌芽发展。伏羲神农时代的先民，在蒙昧的意识中，燃烧出文明的星火。从炎黄到夏商时代，文明获得进一步发展，星火燃烧成火焰。然而，让华夏文明具有鲜明的独特性和辨识度并照亮世界的东方，则是西周时代的成就。西周一代在思想层面、制度层面、器物层面和实践层面的创造，硕果累累，蔚为壮观。它奠定了中国文明坚固的基色和底调，使得华夏文明方始成为真正意义上的华夏文明。

西周时代下启中国历史上创新能力最为旺盛的春秋战国时代，更加凸显了其奠基的重要作用。如果没有经过西周三百年的酝酿和积累，不会迎来后来时代的爆发。正确认识西周，认识西周时代的遗产，不但能帮助我们客观认识文明演进的路线，而且能帮助我们深度认识华夏文明的精神本质。

在历史背景未明朗化前，对西周遗产进行讨论，多少会有虚浮缥缈的感觉。但在完成了整段西周历史的叙述，这个问题也就不再天马行空，而是有了落地的空间。当我们认识到西周留给后代皇皇遗产，就不会认为它是一个平庸的朝代、可有可无的朝代，而是伟大的朝代、不可或缺的朝代。

一、思想的遗产

在西周时代，中国人已经形成较为成熟的思想观念。这些思想观念指导人们生存于世的行为与活动，也是后代继续思考探究世界真相的基础。

在信仰观念上，周人认为在自然世界之外，有一个天的意志存在。天有其人格化一面，如它有意志，有情感，能感知世人的苦乐，会执行赏善罚恶的命令。天也有其非人格化一面，如它无形无相，没有居所，无处不在。准确地说，天是一个代表正义力量的超然存在，是人间秩序的监督者。当世俗的权力和政治的运行，超出合理范围，天就会行使权利，进行赏善罚恶。最为可贵的是，周武王作为最高统治者，亲口喊出了"天视自我民视，天听自我民听"的口号。周人普遍的观点认为，帝王虽具有权力，但不可凌驾在人民和天之上，而要接受监督。在远古时代，中国人便形成这种先进的民权意识，非常难能可贵。这种信仰思想被传承下来，与祖宗崇拜一起成为后世王朝权力的制约和监督力量。

在道德观念上，周人建立了"德"的评判标尺。德在意思上，是对善的一种抽象升华。有德，是为善之意。分析来看，德既有相对于个人的私德，也有相对于集体的公德。更多时候，它是作为评价政治善恶的标尺，而被人们讨论。有德的政治，就是善政；无德的政治，就是恶政。西周时代，中国便确立了以德治国的指导思想。后世的王朝沿袭这种思想，以道德治政也就成为古代中国政治的重要特征。

在哲学观念上，周人有易、五行、阴阳等三种概念解释。易是古人对认识世界的最早概念，包含三层意思：第一层是简易，即世界所有原理是简易的；第二层是变易，原理不是一成不变的，而是经常变动转易；第三层是不易，简易和变易的方法与内涵，以及最高的原理，是永远不变易的。三易互为彼此，互相通变。五行为木、火、土、金、水，古人认为是组成世界万物的基本要素。阴阳是隐藏在物质背后的气，其变动流转、升迁强弱，会影响到现实世界。三种概念解释，原本独立存在。后人将之融合一体，组成一个统一而庞大的体系。在古代社会，谈论世界原理，皆离不开易、五行、阴阳的概念。

在伦理观念上，以血缘关系为纽带的宗法思想，在周代得到极大强化。家长既是对内的家族领导，也是对外的政治领导。国家通过对家族集团的控制，达到对家庭的影响控制；通过对家庭的影响控制，达到对个人的影响控制。从宗法体制沃土中衍生出来的君臣、父子、夫妻、兄弟、朋友五组伦理关系，是古代社会最基本的关系。人间纷繁复杂的人际关系，由此得到规范。而对先辈的尊敬、对祖先的崇拜，也成为制约君权的一种理论力量。如汉臣常言"天下乃高祖之天下，非陛下之天下"，[①] 以限制后代君王的话语权和决策权，是其体现之一。

---

① 见《后汉书·卷三十二·樊绦列传》。

二、政治的遗产

稳定且持久地保持对广大地区和众多人民的统治，是一种非常可贵的政治经验。英国历史学家汤因比认为，就这种经验而言，中华民族的能力在世界上独一无二。然而这种经验，并非中国人天生就有，也非到了秦始皇时代才有，而是经过数十世代的积累，才凝结出的智慧结晶。西周时代，中央王朝直接统治下的地区面积和人口数量，远超夏商两代。通过实践，西周积累了丰富的政治统治经验。这些政治经验，有的通过《周礼》这样的文本传承下来，有的通过官吏个体的口耳相传、私相授受传承下来。这些宝贵的经验被继承和发扬，方能确保中国在任何时代都可建立起实力强大的国家，方能常时维系着中华主体不分裂，保持中华国土大一统。

借助于强大的政治实力和军事实力，西周极大扩张了华夏文明圈。周王通过同姓分封，把长江流域、河北、晋北地区，纳入中央的统治范围。虽然在周王朝式微之后，中央的权力不能常达边疆诸侯。然而这些先代撒下的种子，却在后代得到收获。吴国、燕国虽然与王朝相隔千里，但政教秉承中央。数百年后它们各自壮大，都以为和中国同文同种，对中华文化有极大向心力。西周馈赠的遗产，为后来政治的统一和文化的融合，打下坚实的基础，提供了巨大的便利。

周室东迁之后，王朝的影响力衰弱，但周朝的政治文化影响力一直在延续。晋国、齐国、鲁国、郑国，都是王朝宗旨的奉承者。特别是晋国，本是周武王儿子的封国，其掌握中原霸权近两百年。晋国在某种层面上，代表着姬姓王族，代表着周王朝。如果算上吴国和燕国，姬姓王族的强大影响力，一直贯彻周朝兴亡始终。由于制度原因，西周王朝在建立两百多年后，走上衰退的道路。但由它分封出来的各大诸侯国，成为它留下最直接的政治遗产。这些诸侯国在各个地方发展壮大起来，促推中国政治文化向前蓬勃发展。由于中央弱四周强的局面，间接促成东周百花齐放、百家争鸣的盛局。西周苦心栽培的诸侯国，虽然没有保持对它忠诚，但客观上却促进黄河、长江流域的全面发展，这也是西周对后世的一大功绩。

三、礼乐的遗产

礼乐文化是西周文化最显著的特征，也是古代中国文明最显著的特征。古代中国能以文明大国的姿态傲临四周蛮夷戎狄，皆以有礼乐文化之故。

"礼"是经过大量生活实践形成的习俗。早在夏商时代乃至更为久远的上古时代，礼就已经萌芽和发展了。在刀耕火种的石器时代，人们用食物祭祀鬼神和祖先，就是礼的开端。夏、商、周三代之礼，因革损益。周公姬旦在自古以来的生活实践形成的习俗基础上，进行加工改造，重新定义了礼的含义，制定礼的纲目。在他去世后，相应的机构一直在运转，完成对周礼大厦的修葺补充。

礼乐的功能，可使个人的欲望情感得到节制，进而在社会上起到移风易俗的作用。而其着手之处，又有区别。乐者为同，礼者为异；乐由中出，礼自外作；乐主其盈，礼主其减；两者相反相成。乐又与诗歌结合，在西周文化教育方面发挥巨大作用。

礼作为治理国家和社会的主要手段，在历朝历代备受重视。每逢改朝换代，建立新的礼制，都是新王朝一项重大工作。而周朝由政府采集诗歌，再经过乐工加工改造，创作成乐曲的做法，也被历代王朝所继承，如两汉魏晋南北朝，都有乐府。

在文质相代的历史传统中，周朝把"文"发挥到了极致，因此孔子称赞周朝"郁郁乎文哉"。拥有繁荣昌盛、精细优美的礼乐文化，一直是古代中国的特色和骄傲。

四、文教的遗产

在上古时代，官府和贵族集团是文化整合与传播的主体。周朝的太史寮，是王朝的学术文化管理中心。周王朝通过其触角发达的官僚系统，把产生于民间的文化收集上来，加以筛选整合。升华出来的精英知识，再由官方传播到大贵族和士大夫阶层。由于官方大力倡导，西周在文化教育方面取得极大成果。

作为《诗经》主体的十五国风，本是采集于各国的诗歌。这些诗歌经过加工改造后，成为贵族教育的基本内容。一名贵族，如果不具备深厚的"诗"的知识，是不合格的贵族。他不但会遭到众人耻笑，而且承担不了邦国重要职务。翻开《左传》，随处可见公卿贵族引诗表意的记录。对于《诗经》作品，他们可谓熟读成诵，随手拈来。一方面，作为西周文化遗产之一的《诗经》，它在各大诸侯国的传播推广，使得大中华家庭形成相同一套的文化系统、相同一套的价值观、相同一套的艺术审美体系。另一方面，《诗经》作为中国最早一部诗歌作品集，它对后世文学发展影响深远。

此外，隶属于周王朝体制内的知识精英，也是文化创新的主体。班固认为，诸子百家皆出王官。儒家、墨家、道家、法家等各派别，本源出西周王朝的官僚系统。因为工作和思考的侧重面不同，导致理论有异。这种观点我们不绝对赞同，但认为有一定道理。盖当时学在官府，最顶尖的知识，一定掌握在王官之手。周朝势盛的时候，知识的系统尚能统一。随着周朝势衰，被压制已久的王官创造力，迸发了出来。他们从不同的立足点出发，提出解决时势的多样方法。经过数代演变，最终孵化出春秋战国的各大学派。从西周时代到春秋战国，是一个知识主导权不断下沉的过程。没有王官的知识传播和主动创造，就没有后来文化大繁荣的趋势。诸子百家与西周文教传统，有着难以剪断的关系。

西周文教的另一遗产，是对人的职业价值观和行为素养要求的设定与强化。这一点，可通过具体事例来说明。如赵穿弑杀晋灵公，史官董狐写是赵盾杀害了晋灵公。崔杼谋杀了齐庄公，齐太史也写了崔杼弑君。晋国史官和齐国史官不畏权势，都表现出大义凛然的职业素质。但这种职业价值观和行为素养要求，不是晋国和齐国自有的传统，而是输出于西周王朝。只有中央王朝，才能对不同诸侯国灌输同一思想观念和行为标准。周史官书写宣王被杜伯冤魂索命，便是不畏权势、不避君讳的体现。除了史官之外，士人、武官、大夫、庶民等，都有自身的职业价值观和行为素养要求，违反了这些要求，会受到舆论批评和社会的否定。在《左传》里面，我们了解到这些要求被定义到非常精细的地步。从春秋时代的情况反推，可以了解到西周的文教系统功能强大，成果斐然。

总之，自周公以来开创的文教传统，经过近三百年的不息运作，积累了太过丰厚的文化底蕴，犹如一个巨大的蓄水池。到了春秋战国，这个汪洋的蓄水池全部开闸，疾腾的浪花随流水喧嚣而下，灌溉神州大地，使得中华民族迎来了思想文化的大丰收期。

主要参考文献

一、古籍

[01]《史记》[M].北京：中华书局，1999

[02]《尚书》[M].北京：中华书局，2015

[03]《诗经》[M].北京：中华书局，2012

[04]《周易》[M].北京：中华书局，2016

[05]《礼记》[M].北京：中华书局，2017

[06]《周礼》[M].北京：中华书局，2014

[07]《左传》[M].北京：中华书局，2012

[08]《国语》[M].北京：中华书局，2013

[09]《墨子》[M].北京：中华书局，2011

[10]《荀子》[M].北京：中华书局，2011

[11]《孟子》[M].北京：中华书局，2010

[12]《管子》[M].北京：中华书局，2009

[13]《汉书》[M].北京：中华书局，1999

[14]《后汉书》[M].北京：中华书局，1999

[15]《吕氏春秋》[M].北京：中华书局，2011

[16]《古烈女传》[M].上海：上海三联书店，2013

[17]《山海经》[M].北京：中华书局，2011

[18]《六韬》[M].北京：中华书局，2016

[19]《韩诗外传》[M].北京：中华书局，2011

[20]《古本竹书纪年》[M].郑州：中州古籍出版社，1989

[21]《穆天子传译》[M].贵阳：贵州人民出版社，1997

[22]《逸周书全译》[M].贵阳：贵州人民出版社，2000

二、著作

[01]杨宽.《西周史》[M].上海：上海人民出版社，2016

[02]许倬云.《西周史》[M].北京：三联出版社，2018

[03]李峰.《西周的灭亡》[M].上海：上海古籍出版社，2016

[04]高士奇.《左传纪事本末》[M].北京：中华书局，2018

[05]葛兆光.《中国思想史》[M].上海：复旦大学出版社，2004

[06]龚鹏程.《中国文学史》[M].上海：东方出版社，2015

[07]柳诒徵.《中国文化史》[M].北京：中华书局，2015

[08]郑振铎.《插图本中国文学史》[M].北京：中华书局，2016

[09]吕文郁.《周代的采邑制度》[M].北京：社会科学文献出版社，2006

[10]胡适.《中国哲学史大纲》[M].北京：中华书局，2015

[11]冯友兰.《中国哲学史》[M].北京：中华书局，2016

[12]童书业.《春秋史》[M].北京：商务印书馆，2010

[13]郭克煜主编.《鲁国史》[M].北京：人民出版社，1994

[14] 高思栋主编.《齐文化资料汇编》[M].济南：齐鲁书社，1997

[15] 金权荣.《周代淮河上游诸侯国研究》[M].开封：河南大学出版社，2014

[16] 任伟.《西周封国考疑》[M].北京：社会科学文献出版社，2004

[17] 彭林.《中国古代礼仪文明》[M].北京：中华书局，2016

[18] 张岂之.《中国学术思想编年》[M].西安：陕西人民出版社，2002

[19] 陈来.《古代宗教与伦理》[M].北京：三联出版社，2017

[20] 吕思勉.《先秦史》[M].南京：江苏人民出版社，2014

[21] 钱穆.《国史大纲》[M].北京：商务印书馆，2010

[22] 徐刚.《中国古代星宿揭秘》[M].北京：人民邮电出版社，2016

[23] 陈梦家.《西周青铜器断代》[M].北京：中华书局，2004

[24] 尹盛平.《周原文化与西周文明》[M].南京：江苏教育出版社，2004

[25] 中国社会科学院考古研究所编著.《中国考古学 两周卷》[M].北京：中国社会科学出版社，2004

[26] 赵丛苍 郭妍利.《两周考古》[M].北京：文物出版社，2004

[27] 北京大学考古博学院编.《周原出土青铜器精粹》[M].北京：文物出版社，2002

[28] 中国青铜器编辑委员会编.《中国青铜器全集 西周卷》[M].北京：文物出版社，1996

[29] 吴镇烽.《殷周青铜器铭文暨图像集成》[M].上海：上海古籍

出版社，2012

[30]曹玮.《周原甲骨文》[M].北京：世界图书出版公司，2002

[31]谭其骧主编.《中国历史地图集》[M]. 北京：中国地图出版社，1982

[32]王国维.《王国维文存》[M].南京：江苏人民出版社，2014

[33]夏商周断代工程专家组.《夏商周断代工程1996—2000阶段成果报告》[M].北京：世界图书出版公司，2000

三、论文

[01]韩巍.《西周金文世族研究》[D].北京：北京大学，2007

[02]尹盛平.《西周金文世族与宗法制度》[D].西安：陕西历史博物馆馆刊第11期

[03]彭裕商.《虢国东迁考》[D].北京：历史研究，2006年第5期

[04]晁福林.《论平王东迁》[D].北京：历史研究，1991年第6期

周族可考世系表

		名号	都城
	01	后稷	邰
	02	不窋	
	03	鞠	
	04	公刘	豳
	05	庆节	
	06	皇仆	
	07	差弗	
	08	毁隃	
	09	公非	
	10	高圉	
	11	亚圉	
	12	公叔祖类	
	13	公亶父	周原
	14	季历	
	15	文王	丰邑
	16	武王	镐京

西周列王系年表
（公元前 1046—前 771 年）

	王 号	姓 名	在位时间
01	周武王	姬 发	前 1046—前 1042 年
02	周成王	姬 诵	前 1042—前 1020 年
03	周康王	姬 钊	前 1020—前 995 年
04	周昭王	姬 瑕	前 995—前 976 年
05	周穆王	姬 满	前 976—前 922 年
06	周恭王	姬繄扈	前 922—前 899 年
07	周懿王	姬 囏	前 899—前 891 年
08	周孝王	姬辟方	前 891—前 885 年
09	周夷王	姬 燮	前 885—前 877 年
10	周厉王	姬 胡	前 877—前 841 年
	共和行政	共伯和	前 841—前 827 年
11	周宣王	姬 静	前 827—前 781 年
12	周幽王	姬宫湦	前 781—前 771 年

注：此表仅作参考。

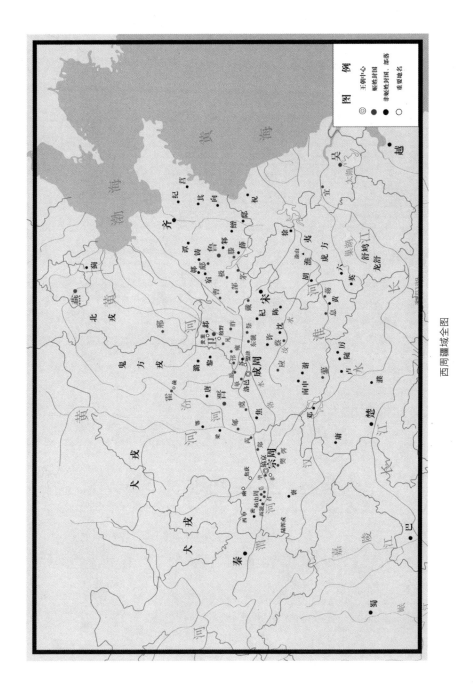

西周疆域全图